英語教育史
重要文献集成

［監修・解題］江利川 春雄

■第6巻■ 英語学習法 1

◆英語の学び方
澁谷新平 編

ゆまに書房

凡　例

一、「英語教育史重要文献集成」第Ⅱ期全5巻は、好評を頂いた第Ⅰ期全5巻に引き続き、日本の英語教育史において欠くことのできない重要文献のうち、特に今日的な示唆に富むものを精選して復刻したものである。いずれも国立国会図書館デジタルコレクションで一般公開されておらず、復刻版もなく、所蔵する図書館も僅少で、閲覧が困難な文献である。
　　第6巻　英語学習法1
　　第7巻　英語学習法2
　　第8巻　英語教員講習1
　　第9巻　英語教員講習2
　　第10巻　英学史研究

一、復刻にあたっては、歴史資料的価値を尊重して原文のままとした。ただし、寸法については適宜縮小した。

一、底本の印刷状態や保存状態等の理由により、一部判読が困難な箇所がある。

一、第6巻は、英語学習法1として、次の文献を復刻した。
澁谷新平編『英語の学び方』大阪屋號書店、1918（大正7）年2月3日発行、四六版、416ページ。
本書は、神田乃武、井上十吉、斎藤秀三郎、岡倉由三郎など日本の英語教育界を代表する大家たちが、自身の体験に基づいて英語の学び方を述べた貴重な記録で、日本人にふさわしい英語学習法の宝庫である。

一、本巻の復刻に当たって、複写等で協力をいただいた上野舞斗氏（和歌山大学大学院生、現・関西大学大学院博士課程）に感謝申し上げる。

英語学習法 1　目次

渋谷新平編『英語の学び方』

解題　　江利川 春雄

英語の学び方

How To Learn English

And

Mottoes For Students Of English

BY

S. SHIBUYA

TOKYO
OSAKAYA-GO

HOW TO LEARN ENGLISH

AND

MOTTOES FOR STUDENTS OF ENGLISH

———※———

神田乃武外
齊藤秀三郎
井上十吉　二十三大家述

英語の學び方

附英學生の座右銘

東京　大阪屋號發行

緒　　言

　本書に載する現代英語廿六大家講述『英語の學び方』は編者が曩に『英語の日本』記者として親しく諸大家の膝下に侍し拜聽の榮を得たるもの、附錄『英學生の座右銘』は同じ雜誌の大正六年新年號の附錄であつたものを轉載したのである。又諸所に六號活字で挿入してある『受驗談』或は『英學生に對する注意』はこれ亦同誌上から借り來つたものである。

　世界の大戰亂が如何なる條件の下に局を結ぶかは容易く逆睹し得べきでないが、現下の形勢を以つて推し測れば戰後に於ける英獨の勢力範圍が戰前のそれに比して著しく擴大されるであらうと思ふ。殊に確かな豫想は、北米合衆國と我邦との交渉が著しく頻繁になり行くにつれて邦人の生活上英語の智識が必須條件の一つとなることである。

　此時に方つて本書が現代英語界に一家を成せる廿六名士の斯語研究上の意見を輯錄して、世の英語研究者にその踏むべき路、執るべき手段を敎へむとするのは

決して無益の業ではあるまい。唯茲に讀者の注意を促して置きたいのは所載の各家の意見が必ずしもあらゆる點に於いて一致しては居らぬことである。これは各家の性情、周圍が自から然らしめたので、讀者諸君は諸家の意見を通讀して後、自己の目的、性質、周圍に稽へて會心のものを取つて、之を大體の方針とし、更に諸家の所說を參酌加味せらるゝならば、茲に最良の研究法を發見さるゝに違ひないと信ずる。

而して、又本邦英語界の多士濟々たる、本書所載の廿七名家を以つて之を代表して完きを得たりとはいひ得ないかも知れない。編者は、世の要求に應じて本書の續編を刊行するの機あらむことを待望してゐるものである。

終りに臨み、學兄であり恩師である長谷川康氏が、御多忙にも不拘、菲才なる編者の文を一々校閱加筆の勞を執られた溫情と、『英語の日本』が『英學生の座右銘』其他を割愛せられた厚意とに對しては衷心から感謝の意を表さずにゐられない。

　　大正七年一月　　　　　　澁谷新平

目 次

語學を學ぶ根本を決めよ
　　第二高等學校教授
　　　粟 野 健 次 郎 氏……………1

英語界に對する希望
　　前文部省督學官
　　東京音樂學校長
　　　茨 木 清 次 郎 氏……………22

通俗科學の著書を讀め
　　公使館一等書記官
　　　井 上 十 吉 氏……………36

英語界全般に對する余の意見
　　東京高等師範學校教授
　　　石 川 林 四 郎 氏……………42

中學校と專門學校との連絡を計れ
　　第二高等學校講師
　　　飯 塚 陽 平 氏……………82

目次

如何に學び如何に教へんか
第三高等學校教授
　　伊　藤　小　三　郎　氏 …………97

會話の必要と教へ方
東京高等商業學校名譽教授
　男爵 神　田　乃　武　氏 …………114

英作文修得方法に就て
早稲田大學教授
　　勝　俣　詮　吉　郎　氏 …………125

讀方本意に語學を修得せよ
早稲田大學教授
　　岸　本　能　武　太　氏 …………149

常に英語の雰圍氣を作れ
第八高等學校教授
　　小　松　原　隆　二　氏 …………173

語學修得の本末を誤る勿れ
東京高等商業學校教授
　　小　谷　野　敬　三　氏 …………190

語學修得の準備的要素と方法
學習院教授
　　熊　本　謙　二　郎　氏 …………198

目次

語學は理詰に修得すべし
第一高等學校教授
畔 柳 都 太 郎 氏 ……………210

國狀に鑑みて語學を修得せよ
第六高等學校教授
三 宅 亥 四 郎 氏 ……………218

英語を學ぶに必要な智識
慶應義塾大學教授
宮 森 麻 太 郎 氏 ……………232

自奮努力に依りて學べ
東京外國語學校教授
村 井 知 至 氏 ……………250

直讀直解の效果
第一高等學校教授
村 田 祐 治 氏 ……………257

日本流の英語を發揮せよ
陸軍大學教授
岡 田 哲 藏 氏 ……………275

目次

實用英語に始まり修養英語に終れ
東京高等師範學校教授
岡倉由三郎氏 ……………293

語義研究に就て
正則英語學校校主
齋藤秀三郎氏 ……………309

通俗普通の語學に親め
大使館一等書記官
篠野乙次郎氏 ……………314

語學修得は實地練習にあり
東京高等師範學校教授
鹽谷榮氏 ……………321

語學の修得は自學自修にあり
第二高等學校教授
玉蟲一郎一氏 ……………327

女子と英語
女子英學塾長
津田梅子女史 ……………336

目　衣

定り文句を會得せよ
　　神戸高等商業學校敎授
　　　山　口　造　酒　氏 ………………353

實用英語を主こせよ
　　シヤバンタイムス學生號社長
　　ヘラルド、オヴ エーシヤ
　　衆議員議員　頭　本　元　貞　氏 ………………365

―>※※※※※※※<―

附　　錄（その一）
（受　験　談）
目　　次

―>※※※※※※※<―

■受驗生に一言す………………………………
………東京高等商業學校敎授　長　谷　川　方　文　氏……21
■中學生のために……………編　　　　者…148
■中學敎師を優遇せよ………………………………
…………第二高等學校敎授　土　井　林　吉　氏…209
■英作文に就て………………………………
…………東京高等工業學校講師　佐　伯　好　郎　氏…217

目次

■高等學校受驗者のために…………………………………
　　　………………第六高等學校教授　落　合　貞　三　郎氏…231
■中學生の缺陷………………………………………………
　　　………………商船學校教授　小　見　忠　雄氏…292
■受驗生に………………………編　　　　　者…308
■英學生に………………………編　　　　　者…326
■一般受驗者のために………………………………………
　　　………………陸軍士官學校教授　秋　元　正　四氏…335
■受驗者のために……中央大學講師　長　谷　川　康氏…352
■受驗生に………………………編　　　　　者…364

附　　錄　（その二）

（英學生の座右銘）

目　　次

———❈❈❈❈❈❈❈———

◎陸軍大學教授　岡　田　哲　藏氏…………………1
◎東京高等師範學校教授　岡　倉　由　三　郎氏……………1
◎早稻田大學教授　伊　知　地　純　正氏……………1
◎英語精習主幹　岩　堂　　保氏………………2

目 次

◎寶文社長 境　利　彦氏…………………2

◎ヘラルドオヴエーシヤ記者 花　岡　簑　定氏…………3

◎國民英學會長 磯　邊　彌　一　郎氏…………3

◎東京高等工業學校教授 泉　　　　哲氏…………3

◎第四高等學校教授 大　谷　正　信氏…………3

◎第六高等學校教授 落　合　貞　三　郎氏………… 4

◎萬朝報英文記者 今　井　信　之氏…………5

◎東京高等商業學校教授 舟　橋　　　雄氏…………5

◎ヘラルドオヴエーシヤ社長 頭　本　元　貞氏…………6

◎神戸高等商業學校教授 山　口　造　酒氏…………6

◎海軍敎授 川　井　田　藤　助氏…………7

◎關西學院敎授 岸　波　常　藏氏…………8

◎東京高等師範學校敎授 鹽　谷　　　榮氏…………8

◎立敎大學學長 元　田　作　之　進氏…………9

◎早稻田大學敎授 岸　本　能　武　太氏…………9

◎東京朝日新聞記者 杉　村　楚　人　冠氏…………10

◎東京帝國大學文科大學助敎授 市　河　三　喜氏…………10

◎山口高等商業學校敎授 宍　倉　　　保氏…………10

◎女子大學學長 松　浦　政　泰氏…………11

目次

- ◎英語文學主幹　平　田　禿　木氏 …………………… 11
- ◎山口高等商業學校教授　奈　倉　次　郎氏 ………… 12
- ◎ジヤパンアドヴアタイザ記者　秋　元　俊　吉氏 …… 12
- ◎小樽高等商業學校教授　中　村　和　之　雄氏 …… 12
- ◎早稻田大學講師　日　高　只　一氏 ………………… 13
- ◎慶應義塾大學教授　宮　森　麻　太　郎氏 ………… 14
- ◎山口高等商業學校教授　木　村　重　治氏 ………… 14
- ◎文部省督學官　茨　木　清　次　郎氏 ……………… 15
- ◎神戶高等商業學校教授　小　川　忠　藏氏 ………… 15
- ◎神戶高等商業學校教授　小久保定之助氏 …………… 15
- ◎東京高等商業學校教授　山　口　鑓　太氏 ………… 15
- ◎學習院教授　南　日　恒　太　郎氏 ………………… 15
- ◎早稻田大學教授　高　杉　瀧　藏氏 ………………… 16
- ◎早稻田大學教授　安　部　磯　雄氏 ………………… 17
- ◎第六高等學校教授　佐　々　木　邦氏 ……………… 18
- ◎東京高等師範學校教授　神　保　格氏 ……………… 18
- ◎第三高等學校教授　伊　藤　小　三　郎氏 ………… 19
- ◎慶應義塾大學教授　畑　　　　　功氏 ……………… 19
- ◎早稻田大學講師　會　津　八　一氏 ………………… 19

目　次

- ◎ヘラルドオヴエーシヤ記者　本　田　増　次　郎氏…………2
- ◎正則英語學校講師　佐　川　春　水氏……20
- ◎英語界編輯主任　長　井　氏　毅氏……20
- ◎第二高等學校教授　玉　蟲　一　郎　一氏……21
- ◎慶應義塾大學教授　廣　井　辰　太　郎氏……21
- ◎京都同志社大學教授　浦　口　文　治氏……21
- ◎市岡中學校教諭　上　田　畊　甫氏……22
- ◎京城ソウルプレス主筆　山　縣　五　十　雄氏……23
- ◎國民英學會講師　高　橋　五　郎氏……23
- ◎東京高等師範學校教授　伊　藤　長　七氏……24
- ◎正則英語學校講師　神　崎　保　太　郎氏……24
- ◎學習院教授　金　澤　　久氏……25
- ◎早稻田大學教授　武　信　由　太　郎氏……25
- ◎東京帝國大學文科大學講師　千　葉　　勉氏……25
- ◎商船學校教授　勝　田　孝　興氏……26
- ◎明治專門學校教授　大　橋　榮　三氏……26
- ◎東京府立第三中學校教諭　木　下　芳　雄氏……27
- ◎學習院教授　野　田　幾　三　郎氏……28
- ◎陸軍士官學校教授　秋　元　正　四氏……28

目　次

- ◎學習院講師　山　田　　巖氏…………29
- ◎英語研究編輯主任　吉　田　幾　次　郎氏…………29
- ◎東京帝國大學文科大學助教授　齋　　藤　　勇氏…………29
- ◎日本大學講師　宇　高　兵　作氏…………30
- ◎第二高等學校講師　飯　塚　陽　平氏…………30
- ◎第一高等學校教授　岡　田　實　麿氏…………31
- ◎第一高等學校教授　村　田　祐　治氏…………31
- ◎中央大學講師　長　谷　川　　康氏…………31

――完――

英語の學び方

語學を學ぶ根本を決めよ

第二高等學校教授

粟野健次郎氏

實用英語に終始するの弊――語學を學ぶ根本を極めよ――現在の敎へ方を改良せよ――語學の學び方――單語を豐富にせよ――語學修得の難事――外國語にせよ――日本語習熟の急務――偉人思想家と外國語。

一昨年の敎員大會の折に Bishop Cecil が「衣食のために學問をするなどといふ考は吾々英國人の頭にない」と言はれた一言は健忘性の編者でも今尙ほ記憶に新たなる一言である。學問の爲に學問をする――これが學者の眞面目である。が、さて、此セチ辛い世の中にあつて、利を追はず名に憧れず、樂を唯讀書思索の間に求むる底の學者が果して幾人かあるだらうか、……此疑念に對して大きく Yes と答ふるの愉快を編者に與へた人は仙臺の粟野先生其人である。

第二高等學校の圖書館に藏する英書は殆むど先生の提供に係り、しかもどの本の何頁を拔けて見ても先生閱讀の痕を見出さないものはないと聞いて居る。英國在留中下宿樓上に籠居して漢籍の研究に日を暮した先

生、獨身生活を續くる五十年　しかも訪客に煩はさるゝことを嫌れて白晝戸を鎖して燈火の下に讀書すると傳へられてゐる先生——未だ其聲咳に接しない内に畏敬の念に打たるゝ心地がすると同時に孤獨隱棲の學者にあり勝な世を憤り人を惡む隱者的風貌が眼に浮むだ。

然るに面のあたり先生に接して見ると此歸納的斷案がすつかり裏切られてしまつた。先生にはそんな陰影が微塵もないのみでなく、仙人の風も、隱遁者の臭も更になかつた。先生は豐かな雙頬に快活な笑を浮べて、遠來の編者を勞り、hospitality とはこんなものだらうと思はれるやうな態度で此無名の寒生を迎へて下さつた。

實用英語に終始するの弊『英學者が本を讀む事にのみ熱中し、滿足して居る時代は旣に過ぎた、今は盛んに書き、自由に饒舌らねばならぬ時代である。と Practical English を極力推獎される方が多くなつた樣ですが、是れは時代の風潮や要求から來たものであつて、一面から見れば道理のある傾聽に値する議論である。だが、其の根抵たる標準の見地が、一方に偏して居るので、吾々は何人にも是れを推薦し、實行せしめる事は、物質的の方面は暫く措き、精神的に即ち一個の「人」を造る上から考へると、甚だ危險な樣に思はれ如何程物質的方面からの要求あるにしても、躊躇せざるを得ません。吾々は富を作り、そして社會上の強者

に對抗し、物質の上に強くなつて行く事が如何に必要であるかは寧ろ神經的な程承知はして居るが、それより先きに「一個の人間」を造つて行く事が尚ほ大切な、そして貴重で崇高な事であるまいかと思ひます。夫れにも拘はらず、世の總てをたゞ、實用々々と右から左に利用化されるやうな、卑近淺薄な實用主義によつてのみ導いてゆかうとするのは、英語を學ぶ根本義を遺忘した誤れる、そして危險な議論の樣に思はれます。

語學を學ぶ根本を決めよ『英人なり佛人なりが、外國語を學ぶにはその人々名々にチヤンとした目的があり、たゞその目的に適應した研究法を執つて居るのです。漠然英語を遣つて見やうかなど云ふ醉狂的な人間に對しては、"吾々は沒交渉であるが、何等かの目的を有つて居る人の中にも或は旅行の準備にする人もあらうし、專門の學問研究のため、必要に迫られて勉強する人もあらう。學問のためと云つても、科學、哲學、文學と其の考究する目的に相違があるであらうと思はれます。然らば其目的に從つて英語を學ぶ事が一番確實な道でまた捷徑であると思ひます。もう少し具體的

に申して見ますると、假りに旅行の目的で勉強する人なら、Conversation に最も重きを置くのがよからう。そして Pronunciation や Accent を正し、尚ほ日用の英語に習熟して置く事が得策であらう。又學問のために他國語を學ぶ人なら、Pronunciation などは兎も角として自己の習熟せんとする學科を研究するに最も都合良い樣に、つまり科學の人なら、其の方面の單語や文章に慣れる工夫をする事が得策であらう。夫れにも拘はらず何もかも旅行者か、Guide 若くは商人の英語、即ち Practical English のみによりて總てを統一し去らうとするのは愚劣な策ではありますまいか。

　以上は外人のやり方を參考し一般的の事に向つて申したのですが、さて、もつと切實な問題——日本人が英語を學ぶのは何のためかといふことを考へて見ませう。根本的にいへば自國語ならば第一に生活上の必要のみならず、國民の義務としても學ばねばならんし、又第二には自己擴充の上からして十分遣つて置く必要もあるでせう。然し他國語の研究は生活上絕對の必要もなし、又、國民の義務でもありますまい。して見る

と、これは自己擴充、即ち學者自身に取つて何等かの必要から之を學ぶのに違ひなからう。學校に籍を置いてゐる人なら學科目の中に這入つて居るから、止むを得ず學ぶのかも知れぬ。(然し是れは洵に幼稚な、誤まられた觀念だが)然し其の學校に外國語を入れた當局者の頭には、何等か的確な主義方針がなければならん筈です。個人々々に就いて見れば學ぶ目的も千差萬別でせうが、日本人の多くの場合を考察して見ると大約二種に分たれるやうです。第一には參考書を繙くために勉強する人で、殊に大學豫科は純然此目的で遣つて居るのであらうと思ふ。第二には實用のため、即ち實際に話す、實際に書くために學ぶ人で、商業學校や、實業方面に活動せんとする人々は斯うなければならぬと思ふ。然らば前申した樣に名々が其目的に適合して行ける樣に語學を修得する事が必要な所以だらうと思ひます。要するに語學を學ぶには、何より先に其の根本の目的を決める事が肝腎で、其の根本を決めず、彼れ是れ申したとて全く机上の空論で更らに効果が擧るまいと思ひます。

現在の教へ方を改良せよ『英語の教へ方とか、學び方とか云ふ事は元來初步入門の中ばかりの事で、少し進んで來れば其麼必要がなくなるものです。又外部から種々な事を注意した所で何等の權威もありません。寧ろ自分の良いと思つた、好きな方法に依つて試みる方が最良の方法な譯ですが、現在中學から高等學校時代の英語の教へ方に就き其の改良すべき部分を一寸申上げ、次項に教へ方、及び習ひ方に付一言申して置きませう。

現在改良すべき所が非常に多い樣に思ひもすが、就中教科書です。現在の教科書を見ますするに、Story が其の大部分を占めて居るやうですが、もう少し Essay の類を多くし、材料を多方面に求めて、尚ほ種々變つて英文に接觸せしめ置く必要があります。(此理由に就ては後に說明します　第二に、歷史、地理、物理化學數學類の教科書は英文で書いたものを使ふ樣にする事です。是れは獨り英文を讀み粉す力が出來て來るのみでなく、原書を讀み得ると云ふ信念が生じて來て、他日自己專間の參考書を繙く場合の助けにもなる事は偉

大な賜だと思ひます。殊に中學では他方面の知識を普遍的に教へて居るから、英文の教科書を使用して居れば、中學卒業後如何なる方面に向つても都合がよい譯です。第三に中學時代に Idiom や Preposition などに骨を折つて居られる樣だが、あれは甚だ無意義な愚な骨折で、あんな事をして居ては英語は駄目ですな。元來 Idiom なんと云ふ代物は、他國人が單に本の上で研究したり、教師の一寸した說明位で眞實に了解の出來るものではありまんよ、況んや之を使用するに於てをやです。Idiom をほんとうに覺え込むのには、西洋人と交際してゐなければ駄目です。私などに Idiom を殆んど知らない位ですが、更に不自由を感じません。Idiom は英米の日常生活の、謂はゞ言文一致體の言語で、科學哲學の本には、一つもありやしない。次に Preposition は日本語の「手爾乎波」です。だから幼稚な英學生に對し、打付け Preposition などを說明したところで解る筈はないのです。日本語を教へる場合だつてそうぢやありませんか。小學の一二年から「手爾乎波」を教ふる馬鹿はありますか。中學生などに向つて、恁

麼説明を細かくして、幼稚な頭を渾沌させて其の全力を傾注さするのは、語學教授法の根本を失脚した危險な遣り方で、吾々は大に反對し度いと思ふてゐます。第四に文典の敎へ方ですが、文典に於て「憑麼間違をするな」とか、或は「斯う書いた英文は間違ひである」と態々間違を指摘して詳細に説明して居られるが、あれも甚だ量見違な敎へ方です。何故なれば人間の心理作用で――中學時代は殊に著し――禁じられたものに對して却て熾烈な慾望が湧き、他言するなと斷はられた事は却て他言したく、又心に深く印象されるものである。其の結果知らず々々々々他言を敢てするるに至る事が非常に多いものです。斯うした心理作用からして文法上の間違ひを特に注意されたため、夢想だもして居なかつた間違が、腦中深く銘刻されてゐて、そして正しい文の記憶が薄くなつた際、腦底深く藏された誤文が、正しいものとして表象される虞れがあります。これは決して空言や杞憂でなく　事實上明確な現象なのです。斯う云ふ點からして文法を敎ふる場合には、斯樣に書けと、其の文範を示して、其の間違を示さぬ方

が最良の方法と信じます。第五に文典の試驗などに、"correct the errors, if any" など云ふものを、今尚ほ見受けますが、何と云ふ愚昧な事でせう。恁麼方法で英語を教へ、又試驗する事は、第四で申した心理的現象の錯誤のみでなく、簡單な英文さへ書けぬ中學生に向つて、"correct the errors" とは何の事です。正しい英語が書けぬ人に、英語の誤りが直せる筈はありますか。それより第四に申した樣に模範を示し、尚ほ書かせる事に練熟させる方が一番良いです。第六に Paraphrase させる事ですが是れも愚の骨頂です。其理由に就ては後に詳しく說明しますが、英語の教へ方が大體恁麼具合だから、一向に實績が舉らないのです。私は現下の英語教授法に一大改良を加へん事を希望して居ます。

　語學の學び方『有名な探險家で考古學者であつた、獨人 Schliemann の語學の勉強仕方を紹介しませう。彼れは他國語を學ぶのに、先づ自國語に譯された本を買ひ求め、それによりて其の原書の內容を究め置き、然る後原書をたゞ暗誦したものだそうだ。斯麼調子で Goldsmith の The Vicar of Wakefield; Walter Scott の

Ivanhoe なご迄も讀んだそうだ。そして英語に費した日數僅かに六箇月である。更に進んで露語、佛語其他もやつたとの事。伊西語の如きは六週間で話す事も書く事も自由に出來たと云ふ事である。尚ほ彼れは Latin, Greek を二箇年間に研究し盡して、獨逸の Rostock 大學に Greek の論文を提出して學位を求め、そして高言して曰く『余の論文には誤りはない、若し誤りがあつたなら夫れは自分の罪でなく、原語の罪である。自分はたゞ暗誦したに過ぎない』と附言してあつたそうだ。

　以上は Schliemann の語學勉強の大體であるが、私は此の眞髓が尤も良い方法だと思ひます。語學は何國語にまれ理窟を抜きにしてたゞ學ぶにあるのです。理窟を並べたり下らぬ文句を云つて居るやうでは語學の習得は出來るものでない。語學を勉強するのに、その國人の言ふ事が間違つて居るなどと文法と對比して學者振る人は野暮の骨頂で、其麼人に限つて語學は發達しない。其證據に御覽なさい、小供には文法が解らないし、殊に抽象的な文法は了解し能はぬ御蔭で、小供は他人の言ふ事が良いものだ、間違ひのないものだと信

じ、そして夫等を直ちに眞似るのに、何等の不安も苦痛も感じないものだから、却て大人よりも速かに發達するぢやありませんか。語學は信頼するに足る丈の人物の書いたり、話したりする事を理窟を抜きにして眞似るのが一番です。斯う云ふ點から考て見ても、Paraphraseなどする事は愚な話です。Paraphraseの出來ぬ者は駄目だなどゞ、Paraphraseを金科玉條の如く思つて居る樣だが全くつまらん事で、殊に名文などは、一字一句否な句讀點の訂正さへもよろしくありません。一言も多からず、少なからざる所に名文があるのです。若し名文に訂を加へたならそれは魂のない名文であらう。此學校(第二高等學校)などでも外國人をしてParaphraseさして居りますが、私丈は贊成してゐません。たゞ因襲的に未だ實行して居るのですが恐らくは何等の効果もなく、却て粗雜な頭を混亂させる位が關の山でせう。其麼暇があつたなら、大家の書いた名文を暗誦させる方が、幾程効果が擧るか判らんと思ひます。大分重複してごた々々しましたが、要するに、語學は斯ふ讀め、斯ふ話せ、斯ふ云ふ樣に書いたのが名文だと

教へて、そして暗誦さする事が真の語學敎授です。』
敎授は餘裕綽々、何の屈託なく語られた。

次に佛國の Le Bon と云ふ敎育心理學者の話であるが、「言語は各人意思の表白だから、使ふ人によつて異なる所があるのは至極尤もな事であるから、語學を學ぶ人は成るべく多くの人の書いた、多方面のものを渉獵し、含味し、通曉せねば眞個に了解する事は、不能である」と云つて居る。是れは蓋し至言で私も是には大に贊成であります。言語は自己の意思の表白、文は意思の表象だから他人に通ずれば夫れで結構なんです。夫れにも拘はらず、文法上斯うの、あゝのと云つて居るのは愚の極です。一つ文法位で總てを律せんとするのは笑止千萬な譯、また矛盾も甚だしいではありませんか。

第三に他國語のみではなく、兎も角他人の書いたものを見て、それが解ると云ふには、其文章の構造のみが解つた所で駄目です。其の書いてある内容が自分の心に共鳴反映せねばなりません。尠くとも夫れを解し得る丈の思想が旣に自分にも養はれてゐなければなりません。かるが故に自己修養が急務です。

第四に、日本の英語教授の仕方を觀まするに、英語で話す事が少なく、日本語で話しをする方が何十倍多い。其の結果原語の思想や印象は腦裡に銘刻されず、生徒の頭や耳に殘つて居るものは日本語の印象と、教師の粗雜な思想のみである。恰かも外人の言ふ事を、通譯から聞いてゐる樣なものだ。斯麼事で語學教授は出來るものでない。もう少し原語や原著者の思想に接觸させてやる工夫をせねばならぬと思ふ。それには教科書を生徒の智識に比し、餘程低いものを使用して餘り其の文の構造や字句に腦力集中さとぬ樣にせねばなりますまい。

　單語を豐富にせよ『參考のためたりと、娛樂に供せんためたるとを問はず本を讀むのには澤山の單語を知らなければ甚だ不自由を感ずるでせう。娛樂のために本を讀むのに字引と首引をして居るやうでは、趣味も愉快もあつたものでありますまい。然らば本を讀むのに幾程の單語を知らねばならぬかと云ふに、Shakespeare に一萬五六千、Milton に八千、Thackeray と Irving には五六千の字があり、Bible には五千五百四十二字

の異つた文字を入れてあるそうだ。して見ると斯麼尋常一樣の本を讀むのにも五六千の單語を知らねばならぬ。極く Simple な本にも五六百の文字は入れてあるとの事、哲學の本を讀むのには二萬以上の字を知つてなければならんそうです。然し單に旅行する丈なら何程も要らぬそうだ。西洋人には何十萬と云ふ夥多な字を知つて居る人が尠なくないそうだが、又實際其位知つてなければ本は自由に讀めますまい。斯うして見ると吾々は尠くも二萬以上の字を暗記する事に力めねばならぬ樣だ。單語を豐富に知らずに參考書を讀まうとするのは無理な事で要するに駄目です。

　語學習得の難事『私は斷言して置きますが、元來他國の言語を學び、その國人の如くに完成せしめ　自由に使用するのは無理な註文だと思ひます。夫れに向つて努力するのは敬意を拂ひますが、其の眞に Master する事の不可能な事は十分に認めて居ります。然し單に本を讀む位の所なら、先づどうやら出來るでせうが、會話、作文に至つては殆んど望みありませんな。其證據にはバックルと云ふ十九ケ國語に通じ大天才が、或

時獨逸を旅行して、談話を試みた所一向に通せず、大に魔誤付いたと云ふ有名な談があるが、彼の如き大天才にして既に然り、況んや吾人に於てをやです。兎も角語學の習得が如何に困難であるかと云ふ事が想像され得るでせう。又 Oxford や Cambridge には Latin; Greek の秀才が雲の如く集つて、幾十の星霜を、是れが研究完成に腦漿を絞つて居られるが、未だ一人も役に立つた學者の出來た事を耳にしません。假令 Erasmus の様な大天才な學者でも到底駄目であらうと思ひます。又日本に漢文が傳つてから二千年近くにもなり有名な學者も大分輩出した樣だが、未だに眞實に完成しては居ません。賴山陽は斯學の大家として推賞され、又自らも許して居つた樣だが、支那人の大家に聞いて見ると、まだ Point にも達してゐないとの事です。英國中で獨佛語を上手に使ふ人は三四人位のもので、獨人や佛人にも英語を巧みに使ふ人は矢張三四人位のものでせう。斯う云ふ人々と雖或る特殊な人で、例へば其國人を妻にしたとか、小供の時父に伴はれて其の國に行き、其地で教育を受け成長したとか云ふ人の樣です。

日本人でも十二三歳以下の小供の時に英米に渡つて、彼地で教育を受けた人なら、仲々上手に使ふ様ですが、或る年齢を超過した人には、眞實に Master する事は不可能の様です。何故恁麼に六つかしいかと考へて見まするに、一國の言語は其歴史と深い關係を持つて居り、その人情風俗が、長い間に種々複雑した影響を之に及ぼして、それ自身獨特のものを形成し、他國のといふにいはれぬ相違の點を生ず從つて他國人は怎麼に苦心しても眞實に了解の出來ぬ所がある譯で、徹底的に Master する事の不可能な所以なんです。

　一外國語とせよ『以上申した様な譯で、語學の習得は難中の難事であるに拘はらず、高等程度の學校では二ケ國語を遺らして居る。一ケ國でさへ滿足に出來ぬのに、二ケ國語を習得させる道理は、私には何の理由か了解が出來ない。殊に實業專門學校で英語の外に一週一時間位の獨逸語を入れて居る所などは、全くの形式で、獨逸語はほんの御景物見たいなものに過ぎないと思ひます。こんな事に一週一時間でも精力を費すのは、ほんとうに下らん話で何にもならぬ。卒業してから獨

逸語が何の役にも立たないに違ひない。私は思ふに外國語を入れるなら一ケ國語で澤山だから、其一ケ國語に向つて Best を盡させ、成るべく役に立たせる樣にし度いものだと思つてゐます。

日本語習熟の急務　飜つて日本の國語即ち國漢文はどうかと考へて見まするに、實に Latin; Greek 以上に複雜、錯綜して居り、研究するに從つて尚ほ其の深きを覺るといふ有樣です。殊に萬葉集などに至つては意味深遠容易く窺ひ難いものです。西洋では Latin; Greek を研究し Master した人には博言博士の稱號を與へますが、日本語を眞實に研究する事は博言博士以上の困難だと思ひます。最近殊に西洋文明が輸入されて來て、總てのものを歐化して來ました。例へば西洋料理と日本料理とが結婚して合子丼が生れ、日本服を着た紳士學生が靴を穿き、洋服を着た學生が下駄や足駄を穿いて居る。建築を見るに純粹の日本固有のものがなくなつて、西洋と日本との結合した、變な建物が多くなりました。怎麼具合で其の不調和不釣合な事夥しい。然るに多くの人々は一向に怪まなくなりました。

詰り夫れ丈吾人の眼や心理が歐化されて居るのです。斯く事物が歐化されて居るからは、吾人の言語の上にも一大變化を及ぼして居る事は明白な譯で、日本語が昔日と比較して一層複雜錯綜して來て居ります。そして純然たる日本固有のものがだん々々影が薄くなつて來て。日本人でありながら日本語を眞に習得し兼ねて居る樣な始末です。國語と國家の消長と云ふ問題を考へて見ますと、吾々は外國語を Master せんと焦る前に、自國語を習得し整理して行き度いと思ふ。又夫が當面の急務だと思ひます。

偉人、思想家と外國語 『世人は外國語の素養のないものは思想や大人物(偉人)になれぬ樣な事を申しますが、是れは偏狹な考です。獨逸今日の文明や、隆盛は決して國民全體が外國語の素養があつたからでもなく、外國語の御蔭でもありません。獨逸今日の隆盛は獨逸國民の不屈不撓の精神、そしてそれが徹底して居る事と、自國語の整頓にあつた事だと私は確信してゐます。

獨逸には各國の文明が、例へば科學、哲學其他總てのものが自國語に飜譯されて居ります、それが然も無

色透明な自國語に表現されて居るのだから、獨逸國民は自國語さへ立派に稽古して置けば、各國の文明が苦もなく吸收する事が出來るのです。又大哲學者であつた Greece の Plato や 日本の偉人であつた豊太閤も外國語の素養あつた人ぢやないぢやありませんか。是れを以て見ても外國語の智識と思想家乃至偉人とは、何等の關係もまた權威もあつたものぢやない。私から申しますと、人には各々天賦がありますから語學の才のない人が無理にあたら精力をこれに向つて、過多に費すのは寔につまらん事で、其麼精力を他に應用すれば、大事業を完成し得る事と思はれます。最後に一言斷つて置くが、先程語學は暗誦するに限ると申しましたが、此暗誦力と他の方面の暗記力には何等の干繋もありませんし、語學の才はよし缺けて居つても、思想家や偉人になれます。

語學に及ぼす歐洲戰亂『英語を知らねば、外國の思想を咀嚼し、了解する事が難しいが、少しでも遺つて置けば、夫れが手引となりて、思想瞭解を易からしむるのだ、と申された方もあるそうですが、Reader の二

三冊讀んでも、讀まんでも差したる相違はありますまい。そして吾々の解し難いと云ふ所は、重に彼と我との心理狀態の相異、若しくは慣習の異なる點であるから、夫等を常に研究し置き、そして科學なり哲學なりの無色透明に譯出されたものを見れば、外國語學の素養がなくとも、飜譯書で十分智識を求める事が出來ませう。私はそんな形式の事より先程申した、自分の精神組織に思想なりが斯うした智識なりが受け入れる下地を作つて置く事が大切だと思ひます。

　今回の歐洲動亂は如何に轉回し如何なる結果を結んで終を告ぐるかは、吾人の豫測する能はぬ所だが兎も角獨逸人は總ての點に卓越して居る事、獨逸人の偉大な精神を持つて居る事が一般から認められた事と思ひます。假令表面獨逸の利己的見地、横暴的行動に對しては惡んでも、内心に獨逸の偉大な點に對しては多大の尊敬と注意とを拂つて居るだらうと思ひます。だから此戰爭終結後は彼れ獨逸が過去に採り來つた、學術其他を大に參酌するものが出て來て、斯界にも一大變化がある事だらうと思つてます。殊に歐洲戰亂の結果

語學熱が勃興して來た事は一面甚だ嬉ぶべき現象でしやう』と語り了られ一寸頭を仰げ、小首を傾けて、ニコヤカに編者を凝視された。厚情を謝し辭して立ち出づる校庭の樹下徑、新綠に渡る夕風冷かに面を吹いて思はず頸を縮むる耳許に「駄目ですな」の一言編者自らが叱られたやうに響く心地がした。聞く所によれば先生は Nihilisim 者だとの事だが果して眞乎。（文責在編者）

受驗生に一言す

東京高等商業學校教授
長谷川方文氏

試驗準備を試驗間近になつてからやり出すのは、なさゞるに優る數等だが、一生の運命を支配する試驗を受ける人の覺悟としては聊か物足りない感じがする。

|書取| 第一ペンの持ち方使ひ方に慣れて居る必要がある Hearing の不完全な人は今日からでも四五の友人と結束して互に熱心に練習したなら假令一日でも效果十分現はれる事だと思ふ。練習の方法として必ずペンを用ゐて、鉛筆などは絶對に使用せぬ事が肝腎だ。若し一人にて練習する時は發音しながら書取る方がよい。たゞ見て寫す事丈では效果が擧らない。

|和文英譯| 和文英譯は理窟よりも實際に練習する事が一番に效果がある。練習方法として新聞の短かな記事を英譯して見る事などは、獨り和文英譯の力を助長せしむるのみならず、自信力の養成上に於て僅少ならざる利益ある事と信じてゐる。然し新聞記事もあれやこれやと選擇する事は宜しくない。新聞をパツと擴げた刹那眼に映じたものを難易問はず練習せねばならぬ。そして疑問ある所は先輩に尋ねれば效果が薄い。尋ぬる事は稽古の初まりで、疑を抱く事は進步の階梯である。疑問は聞く事によりて解決される。（英語の日本より轉載）

英語敎授上に對する希望

前文部省督學官
音樂學校校長

茨木淸次郞氏

　硏究方法の進步と學生の努力——昔日の學び方——書取に就て——英語零圍氣——思想發表の具たる英作文に就て——英作文修得に就て——一般語學敎授上に對する一層の希望。

　茨木氏は金澤藩で三千石を領した名門の出で、夙に東京帝大の英文科を卒へ、直ちに第四高等學校敎授に任ぜられ、幾くもなく英文學硏究の爲英國留學を命ぜられ、彼の地に留ること三ヶ年、歸朝後復同校に育英の職を奉じて居られたが、やがて時の文部次官澤柳氏に其逸材を認められて現官に任ぜられたのである。（附記：——此談話は督學官時代に承りしものなり。）

　氏は儁敏の質を包むに恭謙の德を以てした英國風の紳士で　眞面目なしかも打解けた態度で大要下のやうな談話をなされた。

　硏究方法の進步と學生の努力『近來一般に英語の硏究法が進むで來て敎へ方習ひ方共相俟つて益々改良されつゝあるのは慶賀すべきことである。就中、敎科書の進步は著しいもので、現今の敎科書の多くは其敎材

の選擇といひ、其排列の方法といひ、本邦の學生が學び易いやうにと編纂者が苦心の結晶ともいふべきものである。又一面には之を扱ふ敎師も昔日と較べて隔世の感があるほどに敎授上の技倆が進步して居る。今の英學生の境遇は幸福といはねばならぬ。

しかし正宗の利及も持つ人によつては却て害になる。正宗を揮ふだけの腕を養はずにたゞその銳利なるを恃むで居れば必す不覺をとる。敎科書といふ武器がいかに改良されても若し學生自身に奮勵努力の精神がなかつたなら、實力上、鈍刀を持つた劍道の達人に後れをとるのは見易き道理であるまいか。

昔日の學び方『私共が英語を學むだのは今から廿五六年も前の事であるから、今日と比較すれば總ての點が幼稚で御談しにならない。第一敎科書には日本人の手で編纂されたものなどは一册もなく。總て外國出來のもので、Wilson Reader, Union Reader とか或は National Reader 位のもので、今日の我が國學習者の利便のために作られた敎科書と比較して見ると其の不便や宵壤の懸隔がある。又學ぶ上に於ても今日の如く、讀み方、

譯解、作文、文法などの總ての分科を互に相關聯せしめて習ひもし教へもする様な事は夢想する事が出來なかつた。其の當時は譯讀が主であつて讀み方なぞは既に從屬的の位置にあり、英作文などに至つては僅かの力を用ふるに過ぎなかつた。要するに當時は總ての分科が互に關聯せずに個々獨立の姿を呈し居り、英語を學ぶと云つても其實譯解のみの練習であつた。英語の研究が進んで來た今日から其當時を回想して見ると寔に不完全な學習方法であつたと云はざるを得ない。だが、其不完全なやり方の中で吾々を益したものが二つある。一は譯解の方法で、一は書取の方法である。

譯解に就ていへば、生徒自身に下調をして行き、學校でも先生の指導の下に讀み且つ解するのであつて、教はるのではない。間違や意味の不徹底の個所があつても先生は Hint を與へて本人に再考三思させ反覆思索の餘地を與へ、それでも解せぬ場合に始めて先生が譯をつけて吳るのである。斯うしたやり方は一見進步が遲いやうであるが、其收獲の大なること到底漫然と講義を聽くの比ではない。學生自身幾度も原文を讀み

返し。解説も、咀嚼して見るから、自然その妙味をも味ふことになり、英語そのものに親むことにもなり、やがては眞の學力を養へたのである。

第二は書取で、先生から書取らせられた所を若し間違へると、其の間違ひた字に付て少くとも五回別な紙若くは帖面に書き直させられ、教師の檢閲を受けねばならなかつた。若し此際再び間違を繰返すと、今度改めて十回書き直して、再び教師の檢閲を受けねばならぬのである。其頃私が就いた譯解の教師は今は故人となられた方で、書取の方は米國人に教はつたのです。今日から見れば大部風が變つて居たと云はねばならぬが、習ふ方に於て、夫れが却て爲めになつたと感謝して居ます。

書取に就て『一體書取の如きは間違つた字に對しては十分の自覺を喚起し、其場に於て徹底せしめて再び誤りを繰返さぬ樣にして置く必要がある。若しそれら誤りに對して批評訂正することなく、放擲して置いたなら獨習たると教師に教はるとを問はず、效果が薄弱であらう、由來書取の如き學科に對しては成るべく其

の練習の度數を多くする事が有效である。若し出來る事なら、毎授業時間練習せしめて貰ひ度いものである。然し長い時間これが練習に費す必要はない。極く短少の時間であつてよい。要は短時間でも成るべく頻繁に練習した方が適切有效である。

English Atmosphere 獨り語學に限つた事でなく何事も Atmosphere の中に居るのは、事に熟達するに最も有効な方法であるが、就中語學は其の空氣に浸つて――せめては觸れて――居る事が甚だ必要である。假令へ類なき天才であらうと、よし語學に熟達し切つた學者であらうと、絶えず English Atmosphere に觸れてゐなければ、兎角其の力が鈍り勝な憾みがある。私等の學んだ外國人などは、篤學の士で外國人の仲間にも語學者として認られてゐた人であつたが、其の先生は常に斯う云ふ事を云つてゐた『自分は Greek と Latin とに對して毎日必ず五分なり十分なり觸れる事を怠らない』と外國の國語を學ぶ人には此位の努力は是非なければ達し得るものであるまい。日本人も英語を學ぶには常に此心掛けを忘れてはならぬ。此 English Atmosphereを作るには所謂練習が必要で、練習或は繰返しと云ふ事は英語の何れの部門に於ても同様に必要であるのは言を俟たないが、書取の練習などは成るべく頻繁にすれば一方手や耳の練習になり、一方單に一時たりとも思想乃至は精神を眞個に夫れに沒頭し傾注せしむる事は効果が淺からぬ事であらうと思ふ。

思想發表の具たる英作文に就て『近來語學修得方法の進歩に連れて將來に於ける外國語學の立場を眞個に考へる樣になつて來たのは更らに嬉ぶべき現象である私は外國語は我が國教育の實際の上から見ても是非共必要なものの一つである樣に思ふ。在來の樣に外國語で書いた本を讀むと云ふ事も有益で且つ必要な事には違いないが、現今及び將來は更らに一歩進んで吾々自らの思想を外國語で發表する事でなければならぬ樣に思ふ。夫れには英作文の習練を積んで置かねばならぬ。作文は在來英語を習ふ上に於て最も困難を感じて來た一つで、學ぶ人は其熟達に腐心してゐる事も明かである。然し斯樣に英作文も大方の努力によりて漸次進歩の徴を示して來た事は事實である。換言すれば理解の

進步に連れて、英作文の力も進んで來て居る、と言つても敢て過言ではあるまい。以前は書物丈は讀めても作文は一向に出來ず、又練習も、試みもしなかつたものであるが、今日では中等諸學校を初め、大多數に於て讀書力の養成と共に思想發表の具たる英作文にも多大の努力を拂ひつゝある樣である、是れらは所謂語學と云ふ形から見れば一段の進境であらうと思ふ。願くは斯の如き善良の傾向は將來に於ても變へず、一層大なる速力を以て續けて行かれん事を希望し度いものである。然し實際上讀書力と發表力（作文）とを平等に養成して行くことは中々難かしいやうに思はれる。その譯は何事も必要に應じて發達をするもので、多數の人々が英語を實用に供するに方り、讀書力を要する事が多くして、發表方面の力を借りる事は少ないから自然作文の力は發達しなくなるのである。然し以前の短所を矯正して語學上完全の域に近からしめんとする努力或は傾向は今後共に十分盆々獎勵助長して行く事が大切であらうと思ふ。夫れに就て此作文を習ふ方法が差當り研究に價する重要な問題の一つであると思ふ。

英作文修得に就て『語學の研究が進むに連れて、其の修得方法や教授方法に關し、種々工夫され考究されて行き、夫れに關する異見を發表し、或はその便利のために編み出れた教科書も鮮なくないが、教授する人々が、これら教科書を實際に活用する場合に於ては、更らに一層の研究と工夫とを積まなければ、編者の切角の苦心も效を奏する事は出來まい。殊に一個人のみを敎へるならいざ知らず、數十名の生徒を一ケ所に集めて授業する場合に於ては、一般的に即ち總ての人に對して有效なる敎授をなすと同時に、又個人々々の力を發揮せしめて行くには更らに一層の工夫を夫々適切に加へて行かねばならぬ。殊に作文の如きは名々の思想を名々の筆によりて發表するのであるから、假令同一な問題に就て文を草する場合にも、各自の學力以外、思想の働きなどにも大なる相異がある事であらう。これら名々の作文に對して、敎師は一々眼を通して、批評或は訂正してやればよいのであるが、餘裕は夫れをゆるさない所から、或る一人の學生が發表した英作文のみを敎授者が訂正批評して見せ、夫れを他の學習者の

模範となし或は標準としてしまう様である。然し單に之れのみに終るものだから、各自の工夫し、或は推敲した思想なり文章なりが、何等光りを發せずに、暗々の裡に葬り去られて、其の代り他人の綴つたもの、卽ち自分の思想と共鳴せぬもの、或は力の離れ過ぎたものが換つて模範にされてしまうのである。斯うした敎授方法は個人の力を發揮する上に於て、乃至個人の思想の働きを開發し助長せしめて行く上から、遺憾の所が多いのは痛心の極みである。然し斯の如き事に對しても、漸次考究を積まれてゐるやうであるから遠からず完全に近づき得るのであらうと期待してゐる。次に作文は短かい個々獨立の文を習ふよりも、思想の上に連絡ある數文よりなつた文章を學ぶ方が有效でありはせぬかと思ふ。近來斯うした敎へ方が少しく行はれて來た樣であるが、兎角一つの Sentence の中で、或る一つの言葉の用法を主として敎ふる目的から、短かい個々獨立の文をのみ敎へてゐる傾きがありはせぬかと思ふ。斯う云ふ短い文章のみを敎へてゐると、一朝長い文章を書く必要の起つた場合に、前後の關係や、動詞

の時の關係が朦朧曖昧に陷り、文章の聯絡を失して十分のものを作り兼ねる虞れがありはせぬかと思ふ。であるから、初學のものなら萬止むを得ないが、やゝ習熟したる場合には成るべく思想の連絡ある一文章を書く樣に習はせ度いと思ふ。夫れも餘り長いものは困難で、却て學習者を挫けさする虞れがあるから、日用の文章として、葉書に草する合の長さのものが出來れば先づ結構とせねばなるまい。

談しは少し混雜した樣であるが、是を要するに教授者は教授上種々な研究せらるゝと共に、一方學習者は亦一層の奮鬪努力をなして、英語として總ての方面、（讀む事、書く事、談す事）に益々連絡統一したる智識を得る樣に努むる事は今日の要求に照して益々必要な事であらうと思ふ。まゝ今度は此位にして置きませう』と談話を結ばれた。

一般語學教授上に對する一層の希望

公私極めて御多忙なる先生に對して是以上御邪魔するのは寔に恐入る事とは知りながら、此好機會に英語の先生の是非心掛くべき事」若くは「英語先生たるもの、是非共修得し置くべき學問」或はもつと露骨に、的確に、「英語先生たるべき要素」と云つた樣なものを伺はずに歸るのも亦甚だ惜しまれたの

で、御迷惑とは思ひつゝ「御差支なければ何卒」と御尋ねして見た。夫れと云ふのも一は是から英語教員御志望の讀者諸君のためと、一は現に教師の職に御出での方に對しても、必ずや裨益する所があらうとの婆心からであつた。先生は『いや決して迷惑の事はありません、讀者のため、乃至斯界を益する事でありさへすれば、知り得る程度、常に感じつゝある事どもを御談し致しますが要素などと云ふ事は止めにして、一般教授上に對する私個人としての一層の希望を述べて見ませう』と申された。編者は深刻なる感謝を捧げずに居られなかつた。

『英語の先生に對する私の希望を擧げたなら、澤山ありますが、其の中一般の諸先生が實行の出來る極めて通俗な事のみを申して見ませう。

先づ第一外國の風物を出來る丈廣く、そして深く知解してゐて貰ひ度いものです。教科書を教ふる場合に理論上の事や抽象的の事は、理性或は常識を以て判斷する事はさしたる難事であるまいが、風物は理窟を以て判斷するわけには行かない、斯んな事は現に教職にある諸君は痛切に感じて居らるる事と思ふが、解つて見れば極めて簡單な馬鹿々々しい事でも、解る迄は非常の困難を感ずるものであるから、外國の風俗習慣等

は成るべく廣く知解して置く必要がある。そして生徒に對しても斯うした事は實際の品物によりて教へる方がよい。夫れに就て繪畫は最も役に立つ道具で、雜誌の繪、外國の繪葉書、或は商品目錄（但し圖解したもの）等を利用する事が簡便で有益な方法である。私は初め Boot と云ふのは怎うしても、乘馬隊の軍人が穿く長靴でなければいかぬものと心得てゐたものだが、豈に計らんや外國人は、深護謨靴や編上靴迄もBootと云つてゐるのである。斯んな混同を生ずる社會的事物を明確に知るには商品目錄などが大變に都合がよい。

　第二に教科書の扱方である。教科書を使用するに當り、編纂者の考を噛分けて使用せねばならぬ。夫れを無考に何心なく使用すれば、獨り無意味に終るのみでなく、生徒の學力進境上甚だ不利益であるから、教授者は編纂者の考を研究して其期待に背かぬ樣努めて貰ひ度い。

　第三に譯のつけ方である。譯を下す場合には成るべく正確な日本語を以てして貰ひ度いものである。正確な日本語を以てする事は、豈にたゞ日本國語の正確を

保つと云ふ立場からのみでなく、文章の習得上乃至は個人の修養上にも重大な關係ある事であらうと思ふ。此點からして一つゝゝの言葉を精練すると共に、部分々々をもよく照合せて成るべく正確な日本語に譯し、そして尚ほ原文の表白に忠實でなければ眞個でない。夫れには絶えず我が國語に注意して、相當の智識を養つて行く事が肝腎であると思ふ。

　第四に英習字の事である。敎師は英字を書く場合には字劃を正しし明瞭な文字を書く樣にして貰ひ度いものである。一方で英習字に努力してゐながら、それ以外の時間に文字を亂してしまうのは矛盾も甚だしいものである．夫れから學生は少し英語が進んで來ると英習字が亂雜になる惡傾向があるが、これは大家とか、文豪とか云ふ人は文字の書き方が大概達筆なものから何となく夫れを眞似て見たくなり、或はさうした字を書くのが大家であると云ふ僻見から、亂雜に流れてしまうのであるが、これも注意せねばならぬ。英習字も日本の習字と同じ事で、一度は正確な文字を習つて、だん々々略して行くのでなければ眞の文字を書く事は

出來ない。習熟せぬ中から亂すのは甚だよろしくない。

　第五には發音の事である。以前發音は餘り省みられなかつたが、近頃單語の發音丈は注意される樣になつたのは慶ぶべき事である。然し未だ文としての讀み方及び文章全體の讀み方には余り研究されてゐない樣だが、今後大方諸君の努力によりて此點も十分に研究される事であらうが、一日も早い事を希望して置く。

　第六には敎科の種類によりて大凡どの位の所迄敎へたらよいかと云ふ、大體の方針を考へる事である。敎科書を使用する場合にも此必要あること言を俟たない。敎科書には種々なものを使ふだらうが、其の敎科の種類に應じて、敎科書を獨立せしめ、或は夫れに附隨した事項を調達して、敎科書と相俟つて、或は補充し或は斟酌して其の宜しきを得て行く事が肝腎である。要するに敎授すべき事は敎師の腹案によるべき事であるから、敎授の實績を舉げ得るか否かは一に敎師の技倆如何にある事であらうと思ふ』 深く厚情を謝して邸を辭し赤坂御所前の廣場を貫く大路を四谷見附に向ふ。濃い靄に包まれた六日月はホンノリと行程を照して、身はいつか印象派の畫中の人となつて London 郊外を徜徉ふかと疑はれた。（文責在編者）

通俗科學の英書を讀め

公使館一等書記官
外交官試驗委員
井上十吉氏

純文學に偏する勿れ――通俗科學の書を讀め――外國新聞雜誌を讀め――辭書編纂の苦心。

萬卷の書に圍まれて、我邦英學界の耆宿井上先生の謦咳に接する時、濃厚な English atmosphere に編者を包むで今日ばかりは英語が外國語ではないやうな氣分がした。「此の雨中を遠方ようこそ」と懇ろな挨拶に只管恐縮しながら：―

どうすれば本が讀めませうか『私は學校の英語教師の職を退いてから暫く學校に關係しませんので、今の學生のやり方は一向に分りませんが、自分として確信して後進生に御薦めの出來るのは學力以下の本で自分の趣味に適したものを成るべく澤山讀む事。そしてその中で最も taste に適つたものを何度も々々々繰返して精讀することが何よりも有効な方法でせうな』と申されるその尾について抜からず、『多讀する時には辭書を引かないがいゝでせうか』とお訊ねすると『それは一概にはいへますまいね、假令多讀の方針でドシ々々讀むで居る時で

も、見たことのない文字や難解の熟語などに出會つた場合には心ゆくまで研究するのがよいでせう』と無雜作に答へられた。氣が注いて見ると編者の問が頗る愚な出問であつた。やがて先生は『今日英學生の讀んで居る本はといへばScott, Carlyle, Emerson, Shakespeare, Milton, Byronといつたやうな大家の創作で、通俗な讀物を一向顧みないやうであるがこれは餘りに純文學に偏したやり方ではありますまいか。尤も語學に相當の自信が付き思想も斯うした著書を解する迄に發達して居る人でありさへすれば、勿論結構なことであるが、若し學力思想の孰れかが缺けて居る場合には憑麼諸名家の作は英語の學力を增進する助けともならず、思想開發の上にも大した效果なく寧ろ妨害となる場合がありはしまいか。私は今の少年諸君に通俗的に書いてあるScienceに關する著作を讀ませたいと思ひます。これは獨り英語を實用向に發達せしめる效能があるばかりでなく、常識を養ふ上にも多大の利益があり眞に一擧にして兩得な方法だと思ふ。Scienceの本は專門家の外讀まぬものゝ樣に心得てゐるが飛んだ量見違ひである。殊に通俗科學の本に

は平易に且つ趣味深く書いたものがありますから、選擇宜しきを得さへすれば決して無味乾燥のものではない。隨分面白く卷を措く能はぬものが澤山にある』と熱心に語られた。科學書を學生に薦められる大家がポツ々々ある。佐久間信恭先生も其御一人かと記憶して居るが、これはいかにもよいことに相違ない。今の英語の讀本には餘りに story が多過ぎはしないかと思ふ。

和文上達に上達するには？と新しい題目に就いて御意見を叩くと、先生は窓外の蕭々たる秋雨に咽ぶダリヤ、コスモスの婀娜なる姿を恍惚てゐられたが、編者の問に夢から醒めた人の如く向き直つたが、尙ほも軒端に滴る雫の音に耳を澄しながら『どんなお話をすればよいのですか』と反問される。編者は一寸面喰つた。"和文英譯"といふ熟語が先生のお耳には變に響いたのかもしれないと思つて少し質問の意味を說明すると、『あゝ、さうですか。それは矢張り練習するより外に仕方はありますまいね。その練習の方法としては大家の著作よりかもつと通俗な本を讀む方が利益が多いかと思はれます。世間には中學卒業生に對つて Stevenson の style を model にしろなどと申される人もあるやうですが、これは無理な註文です。style で author が判るといふ程度の學力は容易に得られるものでない。中學を出るか出ない人達に立派な author

の style を model にせよといつたところで、何處を手本にしていゝのか見當がつく筈のものではない』と一寸話を切つて煙草燻らして居らるゝ先生の御樣子には些しも官臭がない。學者臭いところらどは徹塵もない。「通俗な本と申します？」と一歩を進めてお尋ねすると『先づ外國の新聞雜誌や、それから先程申上げたscience に關する著述などでせう。そしてその言ひ廻し方を眞似て日本の新聞記事を英譯して見ることなどが捷徑で良い方法でせう。要するに和文英譯は大文章を書く（出來れば結構だが）といふよりは日常平易な事柄を clear に且つ complete に書き表はさうと心懸けることが肝要です』これは他の處で聞いたのであるが先生は Austen 女史の Pride and Prejudice を愛讀して英文を學ぶ上に大層有益だと申されて居るさうだ。

　辭書　の使用法に就いて御意見を伺へば『讀書の際に辭書に賴るとか賴らんとかの問題はその人々の學力讀む本の難易に因ることでせう。そして餘り賴り過ぎては害になりますがさればといつて難解な文字に出會つた時に何よりの相談對手たる辭書を座右に備へないのも隨分不用意なことです。イヤ、辭書といふものは作り方が

中々六ケしいものです。譯語を多く載せると使用者を迷はせるし、少ないと種々な場合に適合した譯語を舉げられないし、その要を採り、煩を省くといふことが容易な業でありませぬ』井上英和大辭典を著された過去七年の苦心の痕を眉字の間に見せて語られる。辭書の編纂は想像以上に骨の折れるものであつて、著者の之れに伺つて心血を賤ぐ態を目撃すると假令多少の缺點があつても文句は云へるものでないとの事。

井上英和大辭書の特徴 時計はもう九時を打つた周章てて「先生の辭書の特徴は」と藪から棒に御尋ねすれば、謙遜な先生は不斷閉口された御樣子であつたが徐ろに『私の辭書の特徴とも云ふ可きものは、

第一術語卽ち專門語を比較的多く入れ、それに一般社會に通じる平易忠實な譯語を下した事。元來術語は專門の Circle では羅典語の學名で通ずるが、專門以外の人には英語の俗名が至極必要なものです。殊に最近 Science の智識が發達し、趣味が擴つた今日、其必要を痛切に感じたから、專門の書籍、英佛獨の辭書を參照して推敲の上譯をつけて置きました。

第二には熟語を撰擇して澤山入れた事も尚ほも一つ熟語以外の Phrase でも解り難いものを入れ、それに文

例を示し、そして忠實完全な譯文をした事です。國情習慣を異にする、外國語は其國の人なら、小供でも解るやうな普通の Phrase でも吾々には解らない事が澤山ある。難解の本が讀めても小供の本が讀めないと云ふ事は、是れ其人の英語研究が强ち古典的に偏した罪のみではない。だから私は此點にも力を注いで置きました。そして尙ほ其の辭を明瞭に徹底せしむる爲めに出來る丈多くの文例を入れて置きました。

　第三には Spelling を正して Accent を始終一貫した事。多くの辭書は數人の手によりて編纂されるものだからAccent が一貫しない樣に思はれる。尙ほ此點に就いて私の衿恃は英國出版の辭書にも盲從はしなかつたと云ふ點である。と語り了られた。邸を辭して辿る中野の野路は雨に煙つて郊外の秋將に老いんとして居る。(文責在編者)

英語界全般に對する余の意見

東京高等師範學校教授
石川林四郎氏

無責任な著書と經濟觀念――誤譯と日本語との關係――家康遺訓の飜譯に就て――實用英語に就て――社會の風潮に迷はされたる語學研究――綜合教授と其の餘弊――經濟觀念と辭書――文法修得上の注意――譯讀と飜譯――直譯と意譯――英作文に就て――發音に就て――會話に就て――外國の風物慣習の研究。

　もはや七八年にもならうか、Dr. Henry Churchill King Pres. Oberlin College. が青年會館で「合理的生活の原理と」云ふ六ケ敷い講演をなされたことがあつた。Subconsciousness がどうのかうのといふ六ケしい專門語の行列を聽く耳許がしどろもどろ、今更ながら無學の身が恨めしく思ふと同時に「今日の通譯は大役だ、巧くやつて呉れゝばいゝが」と他人のことならず取越苦勞をして居ると、これはまた二度　吃驚。當日の通譯として壇上に起つた青年紳士の譯し方の巧妙なこと。さしも解し難く聞こえた演說を一句、一節、スカリ、スカリと齒切れのよい日本語に譯し來つて聽衆に確かりと要旨を會得させるお手際にはホト々々感にたえてしまつた。此青年紳士こそ、石川林四郎氏その人であつた。

　其後編者が小石川に寓して居た頃每朝久世山へ散步に行くと屹度石川先生が一高へ出勤の途中に出會つた、先生は必ず何やら詩の本を持つて

朗讀しながら歩いて行かれる。——成程先生が新進の英學者として日に重きを加へて行かれる原動力は此不斷の勉强にあるのだな、とこゝでまた自分の怠慢を警められた。

近い頃神田男爵を訪問した折に、男爵が特に訪問するべく勸獎された二三の英學者があつた、其の中の一人は、石川先生であつた。さなくとも是非訪問したいと思つて英友會の幹事長谷川康氏に紹介狀も頂戴してあつたのだが、何やかや延引してやうやくにして七月九日の早朝梅雨霽れの青葉を渡る涼風に心の塵も洗はるゝやうな綠陽に圍まれた小石川大塚坂下町の御邸に先生をお訪ねした。先生は快活に「いや別段にたいした意見もありませんが折角のお出ですし、貴君の雜誌の長谷川君が英友會其他に多大の盡力をして下さる、厚志の一端に報ゐる積りで自分の平素考へて居る事柄を話しませう」と約三時間半に渡つて熱心に語られた。

無責任の著書と經濟觀念 慶應の宮森氏が著者の無責任を排すと云ふ趣旨で痛快な論評を試みられたが、時節柄大に斯界の注目を惹いた事であると思ふ。私も宮森氏の說には理想論としては至極贊成です。何人も責任のある著書を待望して居るのですし、又著者自身とてもまさか責任を自覺しないことはなからうと思ひます。だが一度理想を離れ、現實に立歸り、經濟問題に思を廻らして見ますると、强ち著者の無恥を責むる事もならず、出版屋の無責任に對し痛棒を加ふる事も酷の樣に思はれて參ります。何事も經濟觀念を先にして

行動し、物事を批判するのは決して悦ぶべき現象ではないが、不安定な現代の生活に於ては、此觀念を全然離れて事を爲し得ぬのは情けない事ながら、また止むを得ぬ事であります。實際教科書或は參考書などの原稿は、本屋には山と積んである位だが、如何なる時期如何なる體裁、如何なる考案をして出版をしたなら、より多く賣れ、より多くの利益を得る事が出來るだらうかと云ふ事に苦心して出し後れて居るのです。要するに出版物は如何にして内容を善き意味に於て充實させやうかと云ふ事には餘り苦心せず、如何にせばより多く賣れるだらうかと云ふ事を主として苦心するのである。賣らんがために手段を選ばずと云つた風の傾きがあるのです。

次に宮森氏は著者に誤説謬論の多い事も申されたがあれも事實である。それと云ふのは第一眞實に英語を了解して居る尊敬すべき英學者は、自己が十分翫味し得た書に向つては飜譯または解釋の勞をとることはあつても他のものに向つては容易に手を下さうとしないが、英語が漸く解りかけた位の人の方が多く著述をし

たがる一般の傾向があるから一層目立つて誤説が多い様に思はれるのである。又大家の名を冠した書籍にしても事實大家が自ら筆を下す場合が少ないので、所謂小家が執筆をして、出版に先立ち、出版屋と經濟關係から、大家の名を冠し或は校閲の形式によりて出版するものが多いのである。然らば何故其麼無責任な事をするかと責むるだらうが、其所は理想一天張では一寸解釋の付かぬ所である。然し出版屋と所謂小家の經濟問題をヨーク考へて見れば、這般の消息が瞭解され言はず語らずに、可憐さうだ、無理もない大目に見てやれと云ふ心意氣になる事だらうと思ひます。

誤譯と日本語との關係 尚ほ宮森氏は現代文士の飜譯に誤譯の多い事を痛嘆され、適切なる事實を指摘して、現代文士を鞭撻なされたが、これも一應尤もなことで、文士諸君は誤譯それ自身に向つては一言半句の辯解もあるまい。然し私は此誤譯は文士のみに限つた事でなく。純語學屋にも尠なくない事實であると思ひます。夫れは兎も角として一體誤譯を何故するか。換言すれば如何なる所に缺陷があるためにするのだらう

かと云ふ根本問題を考へて見度いと思ひます。—(1) 語學夫自身が不可解のため、卽ち難かしいために、誤譯するのが多いだらうか、(2) 將た、原語の意味は解し得ても、それを日本文に表白する場合に、知らず々々々誤るのだらうか、つまり、日本文が難かしいためだらうか——私は此二問題につき種々な場合を綜合し、考察して見まするに、前者の場合も勿論多いが、後者の場合も豈決して僅少でない事を發見しました。

元來日本語の難かしい事は到底英語の比ではありません。日本人であるから、日本文が自然に解し得ると思ふのは甚だしき謬見で、日本人の書いた、少し複雜した文章を、更らに譯して見さへすれば直ぐ解る事だが、一頁に二ケ所若くは三ケ所位は屹度原作者の意味を履き違ひて居る事だと思ひます。私は今日の讀賣新聞文藝欄を見て轉た此感を深うしました。君(編者)此記事を見給へ(七月九日日曜附錄文藝欄、三井甲之氏の感想、研究、評論の論文）これを見て、直ちに誤りなき口語體に譯せる人は幾人あるでせうか。高等教育を受けた智識階級の人にも怪しいものですな。文士諸君

の誤譯を辯護してやる譯ぢやなりませんが、文士諸君は斯かる難かしい日本語を修得し、尙ほ其上に圓熟させる事に苦心し熱中し居るので、純語學者が語句の解釋や、文法に全力を傾倒する樣には英語に向つて力が及ばないのは無理もない事で、多少の誤譯は、大目に見てやり、餘り咎めん方がよからうと思ひます。

　私は時々地方中學を參觀に參りまして、國語漢文の敎へ方をも視察しますが、國語漢文の解釋にも、英語に劣らず誤譯珍譯がある事に氣付きます。これ程澤山ある誤譯を人も怪まなければ。自身も怪まないのである。これは日本人に日本語はまゝ憇麼ものだ位に思つて居るから、夫程に注意を惹かないのです。謂はゞ聞き馴らされて居るからであります。是れと同じ樣に日本人の誤譯を、日本人同志が重大問題にして、盛んに騷ぎ立てゝ居るが、西洋人は一向に驚かない。さりとて私は誤譯して差支ないと云ふのではない、吾々は益 Best を盡して誤譯なからしめんと努力するは勿論肝腎だが、少し位の誤譯を大袈裟に騷ぎ立てゝ、英學生をして徒らに恐怖を惹起さしめる事も愼まねばならぬ事

であると思ふ。

　日本語に誤譯の多いと云ふ尤も適切な例を擧げて御覽に入れませう。

　『人の一生は重荷を負て遠き道を行くが如し。急ぐべからず。不自由を常と思へば不足なし。心に望起らば困窮したる時を思ひ出すべし。堪忍は無事長久の基。怒りを敵と思へ。勝事ばかり知て敗る事を知らざれば害其身に至る。己れを責て人を責るな、及ばさるは過ぎたるよりまされり』是れは徳川家康が慶長九年正月、親ら自書された、子孫に對する遺訓で、普く人口に膾炙して居る名句であるから、何人も十分瞭解して居らねばならぬ筈であるが、事實は大違で、大半誤解して居るをしい。此名句をさる大家が次のやうに英譯して居る。

Precepts of Iyeyasu.

　Life is like unto a long journey with a heavy load. Let thy steps be slow and steady, that thou stumble not, persuade thyself that imperfection and inconvenience is the natural lot of mortals, and there will be no room for discontent, neither for despair. *When ambitious desires arise in thy heart* recall the days of extremity thou hast passed through. Forbearance is the root of quietness and assurance for ever. Look upon wrath as thy enemy. *If thou knowest only what it is to conquer,* and knowest not what it is to be defeated, woe unto thee! it will fare ill with thee. Find fault with thyself rather than with others. Better the less than the more.

これをまた、ある文學の大家が「此文當に能く原文の眞意を寫せるのみならず、巧妙なる點に於て、原文に異ならず」と評された。實際此英譯は大體に於て古雅な所と、そして又巧妙で鮮かであるが、又未だ推敲の餘地ある所と、甚だしき誤解（日本文、英文共）した所が二三ある。第一「心に望起らば困窮したる時を思ひ出すべし」を "when ambitious desires arise in thy heart, recall the days of extremity thou hast passed through" と譯して居るところから判斷して見ると。譯者は「心に望起らば」を何か天下倂呑の野心でも起つた時を想像したらしい。何故なれば Ambition といふ字

は決して善い意味に於ける、心の動きを示す文字でない。日本語の「野心」がまあ當つて居るかも知れん。若し此心に望を、野心と云ふ意味に解するものとせば何故困窮した時の事を想ひ出せと云ふのだからうか。前後の關係が甚だ不釣合になるわけではないか、夫れも其筈、此「心に望起らば」と云ふのは、決して其麼野心を想像し或は意味したものでは斷じてないので、要するに此遺訓は家康は子孫に對して、「贅澤な慾望が起つたなら、困窮した時の事を思つて己れを抑制せよ」と戒めたのである。だからこの「心に望起らば」は "Immoderate desires," 位がよからうと思ふ。第二に「勝つ事ばかり知つて敗る事を知らねば害其身に至る」を "If thou knowest only what it is to conquer,......" と譯して居る。此譯文を通じて、識者の心情を想像して見ると、譯者は「勝事」に戰爭の場合を聯想したらしい、然しこれも決して其麼意味でない、これは「身分を笠に衣て、下々の忠言を用ゐず自分の意見のみを通さうとする強情」を戒めたものであるから、"To have ones own way"「又負ける」は "To give in" 等とするが適

譯かと思ふ。第三に「及ばざるは過たるよりまされり」
を "Better the less than the more" と譯して居るが,是れは
純然たる文法上の誤用である。以上は第三を除し第一
第二は英語の使ひ誤りでなく、純然たる日本文の誤譯
である。大家既に斯の如しだ。日本文を吾々が斯樣に澤
山の誤譯を繰返して居るのであるが、日本人には一向
に氣が附かない。又氣が付いた所でさしたる問題とも
思つてない。是れと同じ樣に英米人が日本人の誤譯位
は物の數とも思つてない。宮森氏が「飜譯せんとする人
は著者を十二分に了解してかゝらねばならぬ」と申さ
れたが、至言だと思ふ。只怖るべきは皮相の了解だ。
現に家康の名句を譯した大家が、家康は群雄を制した
英雄であると云ふ觀念に支配された結果「望を」 "Am-
bition" 「勝事を」 "Conquer" 負くる事を "to be defeated"
と思つたらしい。斯う云ふ事は知識あり、敎育ある人
程陷り易い誤りで、平凡な事を何か深遠な意味あるも
のゝ如く考へ、つまらぬ事、散漫な事を Poetical に
見或は Philosophical に批判したりする事は一面悅ぶべ
き事であるが、一面警戒すべき事である.」と語られて窓

を排された。降りしきつた雨も何時の間にか止んでゐた。老鶯の鳴聲と共に流れて入る雨後の風一入に涼しい。

Practical English「Practical English 卽ち實用英語に就ては識者既に十二分に論じ、當局は勿論の事、敎師自身も此點に就き、實績を擧げ樣と苦心して居るやうたが、學校の敎育は、何分にも敎場內の事で、總ての點に於て範圍が確然と限定されて居る樣な譯で、思ふ半分の効果さへ擧げ得る事が出來ないのは遺憾である。又生徒の方とても、幾何程焦つた所で、學校で使用されて居る敎科書や、英語の時間位では、English atomosphere を作る事が出來まい。これも無理もない事である。これは會話の出來る英語の事に付き論じたのですが、Practical English, 所謂實用的英語とは如何云ふ英語を指して云ふのだらうか、「西洋人と話の出來る英語を云ふのだらうか、又は「實際上に役に立つ英語」と云ふのだらうか、若し前者が世に云ふ所謂 Practical English だとすれば、年一度も西洋人の顏さへ見られない樣な邊陬の地方や、又は斯うした地方の常として生徒に對し、自由に會話や英作文を敎へ得る

教師を得る事が出來ぬものであるが、斯る地方中學などに於ては、さう云ふ意味の實用英語を、怎うして教へ込まれやうか。若し又 Practical English が後者卽ち實際上に役に立つ英語を指すものとすれば、其人々によりて種類を異にすべきもので、Practical English には一定不變の定義見たやうなものがない譯である。中學生から曰はしむれば、夫れは疑ひもなく、高等專門學校に入學され得る英語、換言すれば入學競爭試驗に合格され得る英語の力を養成する事に皈着する。事實の所是さへも地方中學では容易の業でない 年々多數の卒業生中、目的を達し得るものはほんの少數に過ぎぬ。世の所謂 Practical English とは前者に屬して、卽ち往復文位自由に書ける英語の力を云ふらしい。是れは寔に結構に違ひない、能ふべくんば是非さうあり度いが、中學生に對し斯樣な Practical English を推獎し實行せしめたならば、其の結果如何だらうか、勿論日常の Salutation 若くは或簡單な往復文位は出來る樣になるかも知れんが、夫れが爲め譯讀の方が疎かになり、高等諸學校の入學試驗に英語の、口頭試驗を行は

ぬ以上、そう云ふ人の十中の八九は入學の目的を達する事が出來ないかも知れぬ。其麼 Practical English をやつた人こそ災難である。Practical English の是非に就ての議論は別問題として、中學生に對し實行し推奬した結果、斯う云ふ悲惨を生み出す事になるのである。更に Practical English の効力を進んだ意味に考へて或る小數者、例へば外國人と直接交際し或は交通する人尚ほ其中でもう一段秀でた、更に小數の人、例へば英語で著述をする人、若くは外交上の重要問題を英語で討議せんとする人々に取つて Practical English の効力果して如何と云ふ事を考へて見ませう。

　第一の場合、即ち外國人と直接交際し、文通し得る英語の力を養つて置く事、是れは世が文明に進み、諸外國との交通が益々頻繁になればなる程、甚だ必要な事である。然しながら吾々は日本語で日常の Salutationや、一寸位な日本語の洒落などが達者な西洋人に對して、乃至は Guide 屋見た樣な思想の幼稚な英米人に對して、日本語で本當に胸襟を披いて談じ合ふ氣になれないと同じ樣に、英米人も矢張り斯樣な英語の力の幼

稚な日本人に對して、相當に考へた、深い思想や、重要な問題を談じ合ふ氣にはなれまいと思ふ。眞實僞らざる告白のない所に、眞の交りはあるべき筈はありますまい。

第二の著述の場合を考て見るに Practical English の御蔭を蒙つた、巧みな會話や、俗語を鮮かに使用し、流麗な英文を書いて成功する事は、日本人としては Impossible な事であるまいか。文章が多少 Japanized でも相當に練つた文章であつて、其所說に深遠な思想を吐露してあれば、外國人を敬服せしむる事は強ち難事でもあるまいと思ふ。然し後者の場合に於ける成功は決して Practical Engilsh の御蔭ではない。

第三の外交問題を討議する場合に於ける效力、如何と云ふに、其問題が重要であればある程、一言一句を等閑に付する事は出來ない。かゝる場合に於て、英語が Fluent であるとか Prompt であるとか云ふ事は何等の價値もない事で其麼事丈では終局の目的を達し得ない。又簡易な談話交通等はその方面に馴れた至極重寶な配下の者を使役しも濟む譯である。要するにかゝる

場合、卽ち全體の責任が一字一句の末にもかゝつて居る場合には、語學の研究が緻密に出來て居るか、乃至は正確な研究に基礎を置いたものでなければ、最後の成功は困難である。以上申した三つの點から判斷を下して見ると、世の所謂 Practical English と云ふものは餘りに效力のないものであると云ふ事に皈着する。要は英語を研究的態度で修めた人でなければ、何事にまれ、社會の上級を代表する事は出來ないと私は考へるのです。

　Practical English が左程に難有くないと云ふ實際の經驗談を一つ示さう。私の知つて居る二人の學生があつた。一人は外國で育つたために英語を話す事も、一寸した手紙を書く事も自由であつた。他の一人は不自由な境遇の下に居り、不自然な勉强の下に眞面目に硏究した學生であつた。換言すれば前者は Practical English に就て後者に優る遙かであつたのだ。此學生を同級に收容して、在學中には學力を比較して見ると、此二人の間には入學當時は前者の方が遙かに秀れて見えたがやがて同じ樣になり、卒業間には劣つて了ひ、卒

業後の勝利は全々後者に飯したのであつた。

話は大分枝葉に渉りましたが、要するに私は Practical English とは怎麼英語を指すかを明確にし、さて然る後、果してさう云ふ英語が有益であるか怎うかを徹底的に論斷して貰ひ度いものです。私をして曰はしむれば日本の英學生が目的とすべき Practical English とは (1) 卑近な意味に於ては、「中學生が高等諸學校に入學し得る英語の力、又、高等諸學校其他諸大學の生徒は自分々々の學業を修得するに都合のよい英語力」を指すので、(2) 進んだ意味に於ては「平凡な英米人と對等に、そして自由に Gossip を交換し、Chat し得べき英語はどうでもいゝから、卓越した英米人と思想 學藝を交換し得る英語、尚ほ進んでは練つた思想や學術上の事で、彼等を驚歎せしむる文章（よし流麗でなくも）を書き得る英語力」を指すべきであると思ふ。

Practical English に附隨して、發音の善惡を必ず引合に出すやうだが、發音とても Practical English 激賞者の云ふ程悲觀する必要はない。英米人か日本人か一寸判らぬ樣な巧妙な、立派な發音をする事は寔に結構

だが、吾々に其麼點に成功を望むのは無理であらう。だが私等はよし Japanized された發音でも、努力さへすれば自己の思想を發表してそして不自由を感せず、聽き取らする文の會話や朗讀をする事は敢て難事ではなからうと思ふ。吾々はそれで滿足する。要は思想と實力とを養成する事に努力して後、世の所謂 Practical English に努力すべきである。

　社會の風潮に迷ふれ『英國では Modern language を教ふる教師を夫々本國から招聘して、獨逸語は獨逸人に、佛蘭西語は佛蘭西人に教へさせた所、其成績が甚だ擧らなかつた。獨逸では之れと反對に、英語でも佛語でも、獨逸人自身が研究的に教授した所、發音等に不正確な點はあつたが、實力の增進と、徹底的の語學の素養を得た點に於て、英國より何十倍よき成績を擧げ得たと云ふ事を Jerome K. Jerome が Three men on the Bummel と云ふ本で稍眞面目に論及して居る。是れはさもあるべき事だと思ふ。外國語の理解し難い所は、同病人である同國人でなければ、眞實に了解し得るものではない。外國人が自國語を自國人に教ふるや

うな觀念からやられたなら、語學は眞個に會得され得るものでない。近來「外國語は外國人に學べ」と云ふ事を主張する學者もなか々々多くなつたが、一考すべき重大問題だと思ふ。

一體社會の人は獨り思想界の事のみでなく、語學研究に於ても、餘りに社會の風潮に左右され、動かされ易い傾向がある。浮草の夫れにも似て今日は東、明日は西と彷徨つてのみ居たのでは、研究者に取つて、大なる損失である。其麼事では眞實の研究は出來得まい苟も是と定めて發足したなら假令野嵐に阻まれやうと間道に妍を競ふ花園があらうと其麼ものに迷はされずに斷乎として進んだ方がよい。社會の風潮に殊に迷はされ易いのは、地方に居る人々であるやうだ。地方に居つて眞面目に研究して居る人々でも、比較的成績舉らず、技倆振はないのは、餘りに社會の風潮を氣にして研究的方法を時折變更する所以ではあるまいかと思ふ。新らしい著述が出る毎に研究的方法とか、學科の案配が絶えず變遷動搖して居る樣に見えるが、決して其麼ものではない。物質界の流行が經濟觀念の支配下に、

日々變動するやうに見えるが其の眞相は一向に靜かなものである。是と同じ樣に思想界學術界の方も急速に變り行く樣に思はれるが、是れ等は物質界と同じ樣に經濟觀念から來るので、學夫自身は、變遷や風潮に左右せられて、早急に移り行くものではないから、夫れらを一々取上げる必要は更にない。

綜合的教授と其餘弊『只今經濟觀念の支配下に、英語研究や學科の案配が、變り行く樣に見えると申しましたが、其の最も甚だしいものゝ一つは、綜合的教授法です。最近是れが流行して參りまして、中學校などで Reader 一冊の中に語學各方面の教材を蒐集し置き Reader のみによりて文法も作文も、或場合には會話も敎へやうとして居るのである。斯樣な Reader が非常に流行して來たが、是れも深く立入つて考へて見ると Reader を萬能にして、Reader を澤山賣り込まんとする、一つの經濟觀念から來た現象に過ぎないものである。是れと同じ樣に文法の教科書には文法以外、一切の語學上の知識を增進する機會を包含させやうとして居る。英作文の教科書には、文法會話は勿論の事、

進んで Reader の領分迄も侵蝕しやうとして居る。其結果如何と云ふに、未だ確實な調査も了してゐないが却て實力を減退せしめる傾向がある樣に思はれる。然し斯の如き綜合的教授は必ずしも批難して排斥すべきものでない。一方から見れば、教授法の進歩が齎した現象とも見る事が出來る。元々譯讀とか文法、英作文など學科の差別分割は、語學修得上の便宜から設けられたものだから、綜合して分割教授以上の效果と實績とを擧げ得るなら、差別觀念に囚はれず、實行する事も敢て差支ないどころか大に結構な事である。然し在來では中學三年以上にこれを實行して實績を擧げ得た人は殆んどあるまい。それがために中學四五年に於ては餘儀なく分割されて居る譯である。それにも拘らず最近に實行して互に領分を爭ふて居る所から見ると以前に増して研究が進んで來たのかも知れんが、遺憾な事には經濟上から來た社會の風潮に促がされた嫌がある一面慶ぶべき現象であるが一面危險な現象が伴ふから注意を要する事である。』

經濟觀念と辭書『只今、精神界、學術界の事迄が、

物質界と同じ様に經濟觀念に支配され、研究的方面までも、時々刻々匆急に變り行くのは寒心すべき弊風だと申したが、此惡風潮を殊に著しく表現して來たのは最近發行の辭書である。辭書の辭書たる使命は、其文字本來の意義と、今日現に行はれて居る使ひ方を示して置けば足りる譯である。所が多數の辭書を見ると、文法は勿論の事、英作文の材料迄も網羅して居る。甚だしいのは振假名さへ附してある。(殊に最近發行の辭書は競ふてこれを眞似る樣だ。)然し其振假名が不正確であるのみならず、又其振假名によりて發音の出來ぬものさへある。是れは語學の素養貧弱な學生の便宜を計つた、親切心からかも知れぬが、主として出版屋の經濟觀念から來た事で、成るべく多數を賣込まんがための苦心から編み出された拙なる細工に過ぎないのである。私は語學上からかゝる辭書の弊害を一寸論じて見やう。

　今試みに實用上 Transitive verb として用ゐらるる verb を引いて見ると、必ず Intransitive verb の用法をも示してある。又 Adjective として用ゐらるべき言

葉で、或る特別の場合に限り Adverb として使用される種のものは、初めから Adverb として辭書の上に示して置く。又或る作者が Noun を特別の場合に Verb として使用すると、日ならずして verb として辭書に現はれてゐる。斯ふ云ふ種の辭書は、昔日の嚴格な辭書よりも、幾十倍便宜かは知らんが、一方昔日の人が苦心や努力によりて漸く會得了解し得た難問を、恰かも當然の如く覺え込む結果、其智識に秩序や、因つて來る系統がなくなり、從つて其印象も弱いので、實力がついた樣に見えて、其實智識の根抵が確立しない虞れがある。例へば Please に「何卒」と云ふ意味がある樣になつたのは、文法上の難問題であつだのだ。此 "Gordian knot" とも謂ふべき Please を、今日では中學一年生が「何卒」と譯して居る。然し Please が何卒となつた脈絡や系統を知つて居るものは寔に僅少であらう。"Please come." は "Please to come." とも云つたこれは "Be pleased to come." なる Passive voice が Active Voice に代用した形で、又 "If you pleasse" は "If you be [are] pleased." と云ふ Passive を Active に代用した

ものである。故に、(a) 後の場合に於ける Please は明かに Verb で、(b) 前の場合 (Please come) は Adverb であると云ふ事を說かずに、たゞ打付けに Please は Adverb では「何卒」と云ふ意味があると、辭書で見た丈では言葉本來の働きや變遷等を學ぶ機會を失つてしまふ。これは一面甚だ遺憾な事であるまいか。

文法修得上の注意『文法もさうである、Science として言語の當然保つ得べき權威を捨てゝ、唯學生の機嫌を取るためになんでも御座れ主義に實用一點張の傾向を示して來た。勿論 Language は活物であるから、變遷もしやう、時の流れに從ふ事もあらうから、十年前の文法を其儘一定不變の原則として固守せよと云ふのではない。又文法の規則に當嵌まらない文章は悉く惡文、又は誤文であると咎むる樣な野暮を云ふのではない。私とても文章は文法通りに行くものではない事は十分承知して居る。例へば：―

"Each other" は二人の場合、"One another" は三人以上の場合であるとは文法上の原則であるが、實際上に於ては、一流の大家が此通りは使はない。又：―

"Better of the two." は比較の場合であるが、此 Better の代りに Best を使ふ場合もある。これらは文法上の違反であるが實用上必ずしも排斥出來ぬこともある。そして Language は活物であると云ふ立場から行けばかゝる違反しても尚ほ意味が通じて、そして一般に行はれて來た場合には、文法上の法則を改正せねばなるまい。現に或る人の文法書の中にはかゝる反則を正當と認めて居る。一家の見地として差支ない譯だ。然し飜て考へて見ると假令大家が使用して意味が通じたからとて、其反則を直ちに正當と認めてしまうのは、實に危險な譯、殊に保守的文法書の中にかゝる流行をなんでも混入し、そしてそれを是認する事は或意味に於て文法の存在を否認するものである。

今現に行はれてゐる文法書を見るに科學の出發點から出でないで實用的方面、若くは單語から出發して居る。例へば A と An とを説明するのに、A は或る場合に An ともなると説明せずに、A は斯う云ふ場合 An はあんな場合と恰かも此二つを別個の言葉であるものゝ如く説明して居る。若しかゝる解譯の見地を是

認するものとすれば、Pronoun や Verb の變化も、總て別個の言葉として取扱ふのが蓋し當然であらう。所が後者の場合には Number や Tense によりて變ると說明して居る。要するに Pronoun や Verb は科學的に說明し、Article の如きは科學的に說かないのである。又 Gender の問題もさうである。英語に於て代名詞適用の上から Gender の區別を問ふものは少しあるが、語學上女姓として取扱ふものはほんの少數に過ぎない。例へば Horse の女性が Mare である事は文法上の問題で又實際問題である。Count の女性は Countess である事は文法上の問題であるが、Arl に對する Countess は事實問題であつて、文法上の問題ではない。然るに或文法書のにはかゝる實際問題を文法上の問題と區別せずに滅茶に蒐めて居る。甚だしき文法書には Mr. Art Smith の女性は Mrs Art Smith であると書いてある。斯麼譯で最近文法の書には、參考になりそうな事はなんでもかでも取り込んで、しかも夫れを本論の中に入れ、恰かも一定不變の原則であるかの如く記して居るのである。便宜は便宜だが危險も伴ふから注意すべき

である。文法の Principles と文法に關聯する Data と區別して敎へもし、習ひもする事が肝腎である。實濟本意から編み出された文法のために、餘り迷はされぬ樣警告して置く。

　譯讀と飜譯『此二つも種々議論あるやうですが、私は單刀直入に本問に入つて御話しませう。譯讀に就て所謂迂遠な直譯は排斥すべきであるが、又巧妙なる意譯に焦るのも憎むべき事であると思ふ。今日の學生一般が氣のきいた譯し方に苦心し心膽を碎いて居る樣である。是れは一寸考へると大變嬉ばしい事の樣に思はれるが、其實、却つて憂ふべき傾向である。由來飜譯と解釋とは別個の問題であつて、一般學生に課すべきもの將た一般學生が努力すべきは解釋の方であつて、飜譯ではない事を始終念頭に置いて貰ひ度いものである。

　巧妙な譯、氣のきいた譯をするのは大に結構だが、語學の力が貧弱な中に、斯うした事に過度に苦心すると、是非共注意して、着眼し、努力せねばならぬ、文法や構文の方面に注意を缺き、着眼すべき所に着眼せ

ず、其結果原文の意味を不徹底に終らしめる場合が往々ある。又中には眞個の了解が出來ないため、即ち生半可な了解を掩蔽せんがために、殊更に技巧を弄して譯文を修飾する下劣な人もある一層警むべき事である學生殊に初學者がかゝる惡習慣、かゝる誤魔化し的になり了へるのは一大事であるから、解釋が徹底しない前に意譯に焦る事は呉々も謹むべき事である。由來巧妙な譯は解釋が出來てからの餘技とも稱すべきものである。餘技にのみ注意を奪はれてしまふと、原文の意味が何時も漠然としか解らなくなつたり、或は巧妙な意譯をして見なければ、原文の意味が不明瞭に陷る樣になつたなら、讀書をして直ちに意味を徹底明確ならしむる事は出來なくなるだらう。要するに英語の研究は、其根柢を徹頭徹尾堅實と正確の點に置き、そして其の目的とする所は、文の構造を文法的學術的に分解して、其の内容を論理的ならしめ、理解は徹底的ならしむる事にあるのである。かゝる研究に基礎を置けば啻に讀書力が増進するのみでなく、聽取の力も自然に付き、發表の方面に於ても、僅少の練習によりて、た

ゞに自由に話せるのみでなく、正確、高尚、優雅な談話をなす事が出來る樣になる事は事實に徵して明確な事である。

　語學修得の第一は、意味の正確を期するにある事は只今申した通りであるが、然らば此意味を正確徹底ならしむるには如何すればよいか、換言すれば準備的の勉強方法は何であるかと云ふに、第一は單語の研究をする事である。近頃語源の研究が盛んになつて來た樣だが、これは語學發達上寔に結構な事である。語源が正確になれば單語の意味が明確徹底して來る。又單語の意味が明確になり、自由になれば、文章の意味も從て判然して來るから、解釋力 (Construction) に餘裕が付き、譯文が如何にも自然になる。つまり眞實の意味に觸れて、それを把握する事が出來るから、表現の方も徹底して來る事になるのである。例へば解釋の意味の Construction は Verb の Construe から來たので構成の意味の Construction は Verb の Construct から來たものであると云ふ事を語源の上から十分研究して置けば、同じ Construction と云ふ文字に接した場合に

其所に云ひ知れぬ利便と、愉快とを得る事が出來やうと思ふ。純語學屋が法制經濟の先生から、Construing に Construction の意味ある事を聞いて、驚いたと云ふ事があり、Casual の字を Causal と混同して、誤譯をした滑稽談があるが、英語の先生にして恁麽事では心細い限りであるまいか。畢竟斯の如く迷ひ、斯うした混同を生ずるのは、語學修得の最初の出發點が惡かつた事を證明するのであらうと思ふ。此點からしても語學入門の最初亦決して等閑にすべからざる事が知られるであらう。又單語の研究が確實に完成して居れば單語を組合せた Phrase も要領を得て來る。Phrase が要領を得て來れば、長い Sentence も誤りなく解釋する事も易々樂々になる譯である。

　翻譯は解釋が十分出來てからの問題で、徹底的解釋のない所に、眞個の譯はない筈である・翻譯をする場合の注意としては、翻譯は逐語的であつてはならない又 By Sentence でもよくない。要する所其思想のある所を逐はなければ眞個の翻譯ではないのである。

　最近學生の譯文が氣のきいた風、巧妙な譯文を書か

うざ、過度に焦心する結果、文章の眞の意味を摑み兼ねて居る實例の一二を紹介して置かう。そして如何なる所に注意するのが肝腎であるかを具體的に申上けやう。

" But, the real historic strength of England, physical and moral, has never had anything to do with this athletic specialism it has been rather hindered by it." (G. K. Chesterton)

是れは先頃高等學校二年生に出した試驗問題であるが、此問題中 "But the real……and moral" を正確に譯した人は一人もなかつた。大抵の生徒は「英國の體育上道德上に於ける眞の歷史的の力……」と譯してあつた。この Moral; Physical を副詞に譯した所などは中々器用であるが一體「英國の眞の歷史的の力」とは何の意味だらうか、私にはトント解らない。譯する場合には第一原文に重きを置く事は勿論だが、譯文を論理的に考へて見て、變だな、不徹底だ、など氣が付いたなら、尚ほ一層原文を分解的に研究して見て、譯文を推敲する底の眞面目さがなければなるまい。此文は要す

るに「英國が昔から強かつた」と云ふ事に過ぎないのである。次に "Athletic specialism" を「世界第一の競技上の Champion を出した」と云ふ意味に譯した人は殆んどなかつた。つまり文の體裁とか、修飾とかに心が奪はれ居て、文の眞髓を捕捉する餘裕がないらしいのである。譯文は文の眞の意味を表白して置けば、それでよいのであるから、內容の理解に努め、外形上の字句の修飾には、餘り拘泥しない方がよいと思ふ。

第二に：—

"Truth need the wisdom of the serpent as well as the simplicity of the dove" (Help's Friends in Council)

是れは確か高等師範の三年生に出した試驗問題であつたが、是れも私の滿足な答案を得なかつた樣に記憶して居る。"Truth" を「眞理」と譯した人が非常に多かつた。「眞理」と譯した人は、此文の眞意を捕捉し兼ね思想を了解し兼ねた人に違ひない。由來 Truth など云ふ字は、一字で其意味を決定する事は出來ぬ。使ひ樣に依て譯文を異にせねばならぬ文字である。こゝは眞理ではない。「眞實」「正直」「僞りを云はないで眞實

を語る」「眞實を守らんと欲すれば」などがまあ適譯かと思ふ。此文は Bible の中の文句であるから、其方面の智識がある人であつたなら、眞個の意味を捕捉し得たらうと思ふ。次に "As well as" を「及び」とか、「等し」とかに譯した人が多かつたが此場合の "as well as" は、此句を狹んで、前出せる句に重きを置き、後出の句の意味が輕いと云ふ事に注意するのは、重要な着目點である。要するに此文の肝腎な主腦は "Truth" の解釋にあるので、そして "As well as" の關係を知るには論旨を十分に知る必要がある。序に一寸申して置くが、先程申した通り、此文の解釋には Bible reference が必要であるが由來英文を眞個に翫味するには、宮森氏が、申された通り、Bible の素養を付けて置く事も大に必要な事であるから、英學生諸君は進んで研究すべきである。

　大分話が長くなつたが、是を要するに、如何に譯さうかと云ふ前に、一體此文は如何云ふ事を論じて居るか、と云ふ事を愼重に考へねばならぬ。文字に就ても譯語を研究する前に、文字の語源、其文字從來の用例

の範圍によりて、其意味を考へ、然る後譯文を全體のConstructionの上から決定してゆくべきである。

英作文『先生の"A School Manual of English Composition"(中學校用英作文敎科書)は現今作文の敎科書中、尤も完備したものゝ一つとして、高評を博し、珍重されて居るのは(殊に第三卷は補科習用として)、諸者の十分承知の事と思ふ。該書の緖言には英作文に就て詳細論じてゐるが、編者は稍變つた方面の高說を得たから諸君に提供する事にする。『英作文を練習する事に就て、尤も注意すべき必要な事は、第一消極的方面で。「如何にせば自分の意思を發表され得るや」と云ふ事で、これは「間違ひのない表白」を期する苦心である。第二は積極的方面で、「如何樣に意思を表白せんか」と云ふ苦心である。Languageの表白を的確ならしむるには、自己の工夫によりて發見する事は困難であると共に、又不自然である。一通り言語表白の形式を暗記してしまふのは捷徑で、又自然である。然し工夫や推敲は全く必要のないものと誤解されては困る。工夫や推敲は間違のない表白をする事には效果が薄い

が、文の巧拙優劣の問題には大に關係する事であるからして、其方面には十分推敲し十二分に工夫すべきである。

英作文の發達には、是れと思つた事を大膽に表白する習慣を作らねばならぬ。獨り學生のみでなく、日本人一般が斯かる方面に向つて、甚だ卑屈であるが、學問は進んで遣る習慣を作らねば進步が遲い。然し大膽と云ふ事は盲目的であつては駄目だ。盲目的に大膽であつては英語が散漫に流れるのみで、何等の效果が擧らない。却て惡い習慣を固定せしめ、眞個の英文を會得せずに終る杞憂がある。大膽に表白すると云ふ前に基礎となるべき單語單句を的確に了解し、又最も普通なものは諳誦して置き、必要な場合、何時でも自由自在に浮んで來る位の準備は常にして置く樣でなければならぬ。

次に所謂和文英譯に就て一言申して置くが、和文英譯の場合に何よりも肝腎な事は、其原文（卽ち與へられた日本文）を十分に了解する事である。そして原文を了解したなら、原文を頭腦の中に入れ、原文を離れ

て譯文に取りかゝり、原文の字句に囚はれず、拘泥せずに譯す事が大切である。原文を了解せずに筆を下した所で譯文の正確は得て望まれまい。又原文の了解の輕視粗漏にする結果、大家と云はるゝ人でも、時々思はぬ誤譯珍譯をして、世人の嘲笑を買ふ事があるから、呉々も注意して置く。又原文と對照して一字一句宛譯して行かれる人もある樣だが、譯文甚だ不自然に陷り、或る場合英文として認め兼ねる譯文が生れる虞れがあるから、是れもよろしくないと思ふ。

次に兎角初學者は和文英譯をなす場合、先生や本を餘りに賴り過ぎる傾向があつて、自己の力と云ふものを一向に發揮しない樣だ。又先生の方でも、生徒に全々御膳立てをして遣るのが、義務であるかの如く心得て、生徒をして考案の餘地なからしめる叮嚀を敢てする樣だが、御互に矯正し改正すべき事であると思ふ。生徒に十分工夫考案の餘地を與へさせ、其の及ばざる所をのみ敎へて尚ほ諳記させる事に力むべきである。

最後に英作文、和文英譯の新方法かと、新案とか云ふ事を、時々耳にするが、是等には經濟問題から來た

社會の風潮時弊が伴つて來るから、輕々しそれに乘せられず、自己が從來採り來つた方法によりて、熱心に勉強する方が、得策であらうと思ふ』、と語られ暫時窓に倚り靜かに飛ぶ白雲の行方を仰いで居られた。「私の申した事以外の注意は拙著英作文の緒言に書いてありますから參照して下さい」と申された編者は御持合せのない讀者諸君のために其要領を抜萃して置く。

提案の要點

（一）文法に準據せる構文形式を會得せしむる事は外國語に於ける作式の第一要件なりと雖も、單に文法上の範疇を逐ひて發表事實の排列を求むる時は、作文として生命を失ひ、學習者は之を目するに入學試驗準備となし、專ら打算上の利害に囚はれ、眞に英語學習の趣旨を解するに至らず。爲に學究的精神の陶冶に思はざる害毒を及ぼし、國家が高等普通敎育に求むる所以の趣旨を沒却するに至る、故に普通敎育の要旨と生徒心情の要求とに應ぜんがため、生徒が日常見聞する程度の、纒まりたる小品若くは抜萃を以て練習の主體となし、之に配するに從來の短文を以てせんとす、是れ決して文法を蹂躙するものにあらで、却て此所に一事項を涉獵して、復文を再びせざる如き語學敎授上の矛盾を救ふ所以なり

（二）和文英譯は、與へたる思想を正確に發表せしむるに最も有効なる練習法にして英作文の初步に於て最大要部を占むべき事論を俟たずと雖も、專ら和文英譯を課する時は邦文の仲介を經ずして英文を草する事能はざるが如き傾向を助成す、須らく諸種の方式を用ゐ多數の作例文體を示し以て英文の構成に親炙せしめ、明確なる英語によりて自己の思想を表示し得るの域に進ましむ可きなり。吾人が最大努力は實に此要求に應ずるに在りき。夫の入學試驗準準の如きも、之を近年の趨勢に鑑み、

英語教授改進の機運に察する時は、究極の廣算は畢竟此方面に在るをを信ず。

（三）英作文の參考資料は讀本並に文法書等に廣く之を求め得べしと雖も、特に參考の便宜なくば、學習者は之を疎外し何等成算ある努力を試みず、漫然筆を下して萬一の僥倖を祈るの弊あり。仍て本書は特に參考資料を示し、紙數の許す限り範例若くは例文を揭げ、文法修辭の說明を施し、計密なる注意を與へたり。是れ一面學習者をして頼る所あらしめ、他面には自ら作者の自覺に立て、他人の例品に留意せしめ、之に由つて構文の要領を直覺せしめんとするなり。（下略）

發音に就て『發音も近頃著しく注意される樣になり此方面を研究する人が多くなつて來た樣だ。辭典にも振假名をしたり、或は符號を付して Phonetic を研究して居るのは、大によい傾向である。たゞ其符號が誤られ、或は怎うして發音するのか見當の付かない符號を付してあるのは、切角發達しかけた發音を誤りはせぬかと杞憂して、遺憾に感じし居る次第ある。

發音の記號中に (a) "How to Pronounce" 即ち發音の仕方と、"As it is pronounced" 即ち發音した結果とを表はしたものゝ二つがある事を注意せねばならぬ。例へば：

"iron" を "iûn" と發音するのは、結果で、"As it

is Pronounced" で、これを "ir'on" と發音するものは "How to pronounce" である。又 "Ofcause" の "of" を "ov" としないで、"of" とするのは結果を表はした "As it is pronounced" である。

Strength" の "g" が "k" 音になるのは、殊更らに云はうとしないでも自然になる結果である。又 "Attempt" の "P" も同様である。

發音の練習に何か秘傳でもあるかの様に考へて居る人が多い様だが、決してそんなものではない。斯様に考ふるのは害があつて益がない事である。最も不自然であると思はれて居る發音でも、大抵は合理的の說明が付くものと確信して、自分で發音上の通則と呼吸とを發見する決心がなければならぬ。輕く饒舌る事は聞き覺えや單なる練習の力によりて、得る事が出來やうが、力のある發音は研究練習の結果でなければ、得る事は出來ない。

會話に就て『會話の練習は議論の問題でなく、實地の問題である。そして其基礎的事柄は機械的にやる外ない。であるから、外國人も居なければ、話せる日本

人も居ない地方中學校などでは、會話の遣り樣がない譯だ。假令英作文や譯讀の本で、一寸位練習した所で眞實の會話力が付く道理はあるまい。然し又所謂會話の練習によりて得る、會話の力と云ふものも、憐れな程貪弱で、復雜な思想を表はしたり、込入つた談判をして、最後の成功を收め得るのは、所謂會話の練習位で出來るものでない事は前以て申した筈である。それは兎に角先づ會話の修得には實際卽ち Practcial にやるのが最も捷徑な修得方法である。商業學校などの樣な、他日此方面の力がなければ、不自由を感じる人を養成する學校などでは、外國人に就かして、實際練習をさせる事は最も必要であるだらう。一般學生は讀物の中にある、會話などから直感する事が捷徑で有效な事であらう。會話の必要のない人は特に苦心して此方面の智識を養ふのは不經濟な事であると思ふ。語學の實力と會話の巧拙は別問題である事は一般に認めて居る。私は人と會話する場合に、日本人の尤も苦しむのは、自分の意を表白する事よりも、相手の話した事柄を了解する事であらうと思ふ。であるから窮極の問題

は、決して話す事でなく、頭の中に語學の確かな素養を付けて置く事が何よりも肝腎な事であらうと思ふ。

最後に吾々語學を遣る人の、是非共養ふて置かねばならぬ事は、西洋人の思想、氣風、氣質等である。是れらを知るには、洋行するのが一番早道だが、洋行した所で日本人とのみ交際し或は下宿屋にのみ籠城して居つたのでは更らに効果が擧るまい。假令内地に居ても常に西洋人と交際するが、彼地の事情を知る事に力めたなら、風俗、氣質を十分會得され得るであらう。かゝる事に通じて居なければ、下らぬ事で西洋人に輕蔑され、意外な不得を受くる事がある。』

と語り了られた。それより談英習字の事に及んだ。先生は大の能筆家で現に中學校用英習字の教科書を著して居られる。其際自ら考案し、自ら執筆された苦心談があつた。他の教科書の夫れと比較して見ると確かに完備して居る事に敬服する。編者は教授の至る所として可ならざるなき才能を羨まずにゐられない。

中學校と專門學校との連絡を計れ

第二高等學校講師
飯塚陽平氏

中學校と諸專門學校の連絡を計れ——敎師の改良の必要——英語界に對する雜感（——英語の進み方——アングロサクソン系をも學べ——英文を書け——接續詞の譯し方——冠詞の用方——和文英譯の注意——辭書の用方——英作文に對する注意。）

　篤學といふ詞は實に飯塚先生のやうな人の爲に作られたものと思はれる。博覽洽聞、英文學の造詣が深いのみでなく、所謂實用英語も自由自在で、其英文は獨特の氣品を備へて居る。多年 S. E. G. にあつて同人間に重きをなして居られたが、一昨年第二高等學校に外國人敎師一名缺員を生じた際、外國人敎師の代りとして同校講師に聘せられた。蓋し日本人にして外國人代りの講師は先生を以て嚆矢とすにだらう。聞く所によれば文部省は日本人敎師をして外國人に代りに會話和文英譯を擔任せしめ實績を擧げ得るや否やの試驗的に先生を任命したのださうな。先生の責任亦重大なりといはねばならない。

　先生は溫厚にして友情に富み、輕薄な所なぞは微塵もない。夫れと共に霸氣ある奮鬪力行を愛して、盛んに活動せん事を靑年に勸めてゐる。靑年英學者にして間接直接に先生の御蔭を蒙り其溫情に感泣してゐるも

のが多い。先生の英語が Natural（無理な英譯和譯をせず）なのと、眞面目と親切とを以て生徒に接してゐるので、生徒は慈父の如く尊敬してゐる。余等亦先生の御授助による所甚だ多い。希くは將來御健在にして多幸たらん事を祈る。先生は甚だ謙遜の態度で。

英語敎授に就ては、既に多方面の大家が間然する所なき意見を述べられたのであるから、私などが改めて申す程の事もないのだが、たつての御求めでもあれば下らぬ事ながら二三申して見よう。

中學と專門學校の連絡を計れ『私は常に遺憾に思つてゐる事は中學校と專門學校との間に十分な連絡がされてゐない事で此方は此方、其方は其方と云つた樣に吾不關焉の敎へ方をとつてゐる樣に思はれる。中學卒業生を直ちに收容する專門學校と中學校との間には十分な連絡がなければならぬ筈である。現在でも連絡をとつてある筈にはなつてゐるのであらうが、事實はされてゐない。中學校で努力した事を專門學校へ來てむざむざと裏切る事位は敢て珍らしくない。或る限られた年月の間に涯を知らぬ學の海に掉してゆく彼等學生に對し、努力の浪費をさせる樣な事あつては、洵に申譯のない事であるまいか。彼等の努力を援け大に向上せしめ發展を導いてやるのは、吾々敎師の務めで、又當局者の當に盡さねばならぬ責務だと思ふ。連絡をと

る一方法としては根本に溯りて學制を改革する事など
は別問題として、現在の所で爲し能ふ最良の方法は、
中學校の教師と高等程度の學校の教授とが互に視察を
交換して、互に腹藏なき批評をし合ふ事にあると思ふ。
現在の所では高等學校から中學校を視察に行くが、
――尤もたまさかではあるが――中學校から視察に來
る事は少ない。よし來られても單に敬意を表した參觀
位の所に止まり批評的の態度を持つて來た事はない樣
だ中學の先生は其筋からの命令に盲從して、自分々々
の意見のある所を一向に主張しない。斯うした事は或
意味から見れば不忠實な事だと思ふ。斯麼譯であるか
ら形式的の連絡があつても實質上の運絡に缺けてゐる
中學の先生に――比較的新らしい教育を受けて來た―
―高等學校を視察せしめ、高等學校の英語教授に對す
る缺陷教授の教へ方に對する不滿、中學校との連絡の
矛盾等をどしどし主張せしめねばならぬ。夫れには文
部省は勿論の事, 各專門學校の教師連も、學術のため
教育のためと云ふ廣い考を以て、彼等中學の教師に接
し公平冷靜に其の意ある所を聽取し、何は互に意見の

交換をしなければならぬ。現在の樣に規則上に形式的の連絡があつても實際上に於て連絡がされてゐなければ何にもならぬ。斯く申すと高等程度の敎師の方々に何か缺陷がある樣に聞えるかも知れんが、決してさう云ふ意味でない、高等程度の敎師も中學校の敎へ方を視察して、中學の敎師に刺戟を與へ勉强せしめ、彼等の經驗の足ざる所を捕つてやる位の溫情がなければならぬ。要は規則や一種の僻見たる階級的精神を離れて、學術のため敎育のためとの熱誠がなければ、眞の連絡がとれぬ。從つて眞の發達を期する事は遠き將來に屬するであらう。』と說き來る先生の面上には至誠溢れて一點の私心もない。

敎師改良の必要『敎師改良の必要なる事も永年の問題で、現に中學の敎師を時偶中央に召集して講習會を開き、新智識を供給し、時代の進轉に後れざらん事を期してゐる。これも甚だ有效な事で結構であるが一年に十日位の講習では眞個に其目的を達する事は出來まい。私は思ふに第一敎師に學務を執らせる事を斷然廢して敎ふる事にのみ十分の努力――下調べをさせ、参

考書等を貸與して十分研究する時間の餘裕を供給する――を傾倒させる事であると思ふ。如何に勉強し度くとも時間のなき所に勉強はあるまい。第二に高等師範學校に中學校教員講習所を置き、知名の大家を講師に聘し、各中學から一名宛の教師をこゝに集めて、少なくも三ヶ月位宛の教習を與へたら教師改良の實績を眞個に擧げ得るであらうと思ふ。それには一校に各科一人宛の豫備教師を置き、順番に上京せしめねばならぬから實行するには勿論經費の都合も考へねばならぬが教育と云ふ大問題から見たなら僅かな經費位は輕々たる事であるまいか。若しこれが實行出來なければ巡回講師を各地々々の樞要な部に派し、其地方の教員を其所に集めて講習せしめる事も一策であらう。又前項で申した專門學校の教師と中學校の教師とが、互に視察を交換して批評し合ふ事も、間接的に教師改良の實績を擧げる事になるであるまいか。或る確かな人の視察談であるが、高等程度の教授にも、前世紀の英語の教へ方を墨守するのみで、少しも其時勢の歸趨を顧みない教師があり、中學で切角玉に磨いた生徒を瓦にして

しまう愚を敢てなす教師があつて寔に困つたものだと申されたが、若し是れ果して事實だとすれば斯界のため由々敷大問題で、中等教員を改良すると共に高等程度の教師をも改良せねばならぬ必要が起つて來る。さもなければ切角中學の教師を仕立て丶、生徒を教育しても高等程度の學校で臺無しに砕かれたなら何にもならぬ譯である。

　次に高等學校乃至大學の英語が Latin 系のものゝみであるが、もう少し Anglo-Saxon 系のものを入れて敎へたなら他日實際社會に出て實用英語を使用する場合、或は中學の教師になつた時などに利する所僅少にあらざる事と思ふ。要するに如何なる人も同一の地位に――外界の刺戟なき地位に――十年二十年と安逸を貪つて居れば智識が退轉するばかりで、日々進轉し行く language に後れるのは自然の道理である。これら救濟のために時々新らしい智識を供給し時代に後れざらん事を期するのが肝腎である。』

　人は清廉に甘んずると云ふ事をよく云ふが、單に口先や表面のみでなく、心から不平なく辭する所徹底もなく、綽々たる餘裕をもつて常に向

上の途を辿ると云ふ事は、凡庸の人のなす能ふ所でない。技巧家の弄した所謂清廉なるものは接して見れば直ぐ觀破される。飯塚先生に接して誰しも受くる印象の二つは先生にはいつも若々しい血が流れてゐて、胸には洋々たる覇氣と欝勃たる向上心とを抱懐してゐる人である事と、心に曇りかゝりのない小春日和の空を仰ぐ感じのする事とである。斯うした感じのいゝ印象を人に與へる先生は、極めて清廉潔白の人で、眞個に自覺した奮闘家でなければならぬと思ふ。

先生は可なり逸話に富んでゐられる。筆者もその二三を漏れ聞いてゐるが、本欄に於て述ぶるのは聊か阿諛の誹りを免かれない。それでは却て禮を失する事になるから稿を改めて後日を期する事にする。

英語界に界する雜感『英語の教へ方に就て折に觸れ種々な感想を持つ事もあるが、今夫れ等を統一して秩序的に御話しする事は至難であるから思出のまゝの談片を申し上げ、何れ他日を期する事にしませう。

◎中學の英語の進み方を見るに一年から四年迄並行線的に進めゆき五年になつて直ちに文學物を教へてゐる様だ。この教へ方は誤りであるまいか。私は一年から二年、二年から三年と漸次進むに從つて幅廣になつて行かねばならぬものだと思ふ。詰り五年になつても文學物を教へずに四年程度の本――本丈更へて程度を進めず――を繰返させたなら英語の基礎が確立するで

あるまいか。初歩の英語が貧弱不徹底な所に文學物を教へるから Natural な英語を終生會得し衆てしまうのであるまいかと思ふ。此初歩の英語が貧弱で英語が不自然な發達をしてゐる事は、英文を書かせて見ると直ぐ解る。大きな文字──知らぬも事缺かぬ樣な字──を知つてゐて、是非知らねばならぬ日常必須の字や句を知らない。だから英文が變なものになつしまう。根底のない學問程危險なものはないので、獨り實用的に使はれぬのみならず、眞個の英語、優美な language を會得する事は絶對不能である。五年で Clive や Irving を讀ませずにもつと通俗的な英語に親ませ精通させ置き、文學物は高等程度に進んでから教へる事にした方が Better である。尙ほ私の理想を申せば、五年になつたなら農事商事等に關する popular science の樣なものを敎へたなら、英字新聞雜誌を讀み得る智識──一般的の智識──が養はれ、卒業後直ちに實際社會に入る人のためにも、又は各種の專門學校に入學する人々のためにも甚だ得策な事だと思ふ。中學校に對し斯うした英語の教へ方を勵行するには、先決問題の第一歩

として各種專門學校の入學試驗問題を改めねばならぬ卽ち斯う云ふ敎育を受けた人にも解し得られる問題を出す樣にせねばならぬ。幅廣の敎へ方を勵行すれば一方腦力の經濟になり、努力の浪費が除かれる一擧にして兩得な事だと思ふ。

◎日本の學生は Anglo-Saxon 系の英語に疎く Latin 系の英語を主として知つてゐる。是れは Latin 系の英語が記憶し易いからでもあらうが敎師自身も幾分其罪(?)を負はねばなるまい。何故なれば Keep up の註に Maintain と付ける。所がこれは逆で Maintain = Keep up とするのが至當である。Maintain を敎へる前にKeep up を吞み込ませて置くのが順序である。英米人が日本の學生に接して不思議に思ふのは、日本人は Latin 系の英語に詳しく Anglo-Saxon 系の英語に疎い事である。尤も知つてさへゐれば何方でも結構な事で、一向に差支のない樣なものだが、文章を書く時に甚だ困らせられる。大きな文字を知つてゐて通俗な文字を知つてゐないと文の流暢を缺き Natural な文章を書く事が出來ぬ場合が多い。中學の生徒には Anglo-Saxon 系を

主として教へ、高等程度の學生にも Anglo-Saxon 系を加味して教へて行く事、即ち純文學のみに偏せず、實用方面に役立つ通俗 English にも精通させて行く事を偏に御薦めします。然らば讀書にも實用にも淺からぬ利便を得る事であらう。

◎學生は英文を書いて見やうと云ふ野心が甚だ少い樣だが──尤も必要を感じないのが大なる原因だが可成練習をして置く方がよい。敎師も生徒に English language の Sentiment を與へて、彼等を刺戟し、英文を書かせる樣導かねばならぬ。學生時代に英文を書く練習をして置かねば一生書く機會を失ふ場合が多い。諸君は時期を失せずに大に奮勵せられてはどうだ。殊に是からは若い人には在來の樣にたゞ本を理解するのみでは駄目だ。自分の意見をごしごし主張して彼等英米人と意見を交換する意氣が必要である。

◎高等學校に入學して來る中學卒業生の譯し方を見ると接續詞の譯し方が如何にも不徹底に思はれる。例へば：──

"I was pained to observe that he completely got round

the hero's mother, *who* persisted in believing that M'kevelly was a cruelly misunderstood person,............」
と云ふ文を譯させると、十人が九人迄「私は Hero の母を丸め込んだ事を見て心配した。母樣其人はマッカベリーは慘酷にも誤解された人であると云ふ事を信ずる事に於て主張する」とやる。何の事だかよく考へて見ねば解らぬ譯をつける。殊に who; や that he, などは甚だ不徹底なものである。上文の who は「だもんだから」と譯して何等差支ない。「だもんだから」は for; か because でなければならぬものゝ樣に思つてゐるが、who で輕く受ける場合が尠なくない。斯麼例を擧げて說明すれば際限なくあるが、要するに接續詞などを譯する場合には、其場合々々に應じて適當な譯を下さねば、Natural な邦文となす事が出來ぬのみならず、原文の心(しん)を眞個に表白する事が出來ぬ。敎師も接續詞の譯し方などはどうでもよいと輕視せずに徹底した譯を生徒に敎へて貰ひ度いものである。

◎次に冠詞の用方だか是れも甚だ徹底してゐない。公共的建物に"The"が付くと云ふ事丈は敎へてゐる

が何故"The"が付くかの理由を說明してゐない樣だ。文法上の規則を抽象的に敎へる事は何の役にも立たぬ。文法は絕對に抽象を避け具體的に、これは恁うだ。其證據には恁う云ふものには定冠詞、あゝ云ふものには不定冠詞と一々例を擧げて敎へて欲しい。

◎敎師自身は英語に興味を持つて十分硏究し、微妙な所を大膽にどしどし譯して生徒を導かねばならぬ。其間に多少の間違をなす事位は差支ない。自分は此流儀で "then, so" なども出來る丈適當な日本語に當て嵌めて譯して見せてゐる。中學卒業生が " Yes, I will,"（承知した）を「私はあらう」と譯し "I will go to school" が解らない樣では困るでないか。mood の Could have been ;" " Might have been ; の subjunctive などは人情の機微を表はした言葉であるから「‥‥‥したであらう」位の譯では纖細の情緖の働きは現はれて來ない。斯う云ふ種類のものは中學時代に十分徹底せしめて置いて貰ひ度いものだ。

◎メドレーさんが神田の古本屋で十錢の銀貨を出して懷かしい片身の本を買ひ求めた」を英譯させると

"keepsake" とか "monument" とか云ふ字を使用して譯す。"Dear reminder of his boyhood" と譯して見せると、生徒はさ樣な譯は和英辭書にありませんと云ふ。これは大變な間違ひで、文字の形式のみを見て其の内容の事實を見ないから、さう云ふ質問が出るのである懷かしい片身と云ふ文字の内容の事實を見たなら、上文の譯例が思ひ付いた事であらう。私は常に學生に對して文字の表面に表はれた形式を見ずに内容の事實を見よ、辭書で文字を引いたなら、其の文字表面の意味以外、其内容の意味を穿鑿せよと口を酸にしてすゝめてゐる。language は思想を傳へる道具だから、頭に入れた Idiea を書かねばならぬ。讀書もさうだ。文字のみ解つたからとて解つたと安心してはならない。更らに其本に書いてある事を想像して頭に picture を畫き内容の事實を把持せねば解つたのでない。詰り著者の心持に同化して感情をも味つて初めて解つたと云ふ事が出來るのである。要するに英文を書き英語を語るときには日本語の媒介を經ず直ちに英語を以て、語らんと欲する事實又は感情を語らなければならぬ。

◎ Settle と云ふ字を辭書で引いて見ると人間なら「落付く」水なら「澄んだ」其他種々な意味があるが、單にこれらを知つた丈では駄目だ。其根本觀念を知らねばならぬ。settle の根本觀念は「水道の水が澄んだ」「酒のをりがすんだ」事である。其所から天氣なら「定まつた」人間なら「落付いた」と云ふ意味に變つてゆき、出稼人が彼方此方と彷徨して落付いた處が settlement「植民地」である。根本の觀念さへ頭に入れて置けば其時々々の適譯は思ひ浮んで來るであらう。辭書に捕はれ過ぎると眞個の譯が出て來ない。

◎誰の辭書をどう云ふ樣に使用したらよいかと云ふ事は學生から時々尋ねられるが、私は日本語を英語にするのは井上氏の和英辭典を、其の引いた字を如何云ふ風に使用せんか、其字に如何云ふ意味が內在しておるかに就て究むる辭書として齋藤氏の熟語本位英和中辭典を推薦してゐます。齋藤氏の辭典は前置詞其他の文字を思想の起り行く順序を追ふて書いてある。辭書は斯うなければ眞個でない。和譯の時は文字を兩面から研究する事が肝腎である。

◎私は座右銘に「第一英文を讀むときは其言葉の表はせる事實を明確に腦裡に印し、其感情を充分に味ひ筆者と同じ心持になり後已むべし、言葉丈分りても心が筆者と同化せざる內は充分了解したりと云ふ能はず」と書き送つたが、敎師が敎場で講義した事に就ては敎師は美術家の立場になつて生徒をして其の事實の picture を頭に描かせる事が出來たなら、譯なごは生徒をして勝手に付けさして差支ない。處か現在の英語敎授は事實が後で、言葉が先になつてゐる。Picture なごは思ひもよらぬ事で、內容の事實さへハツキリと頭に描かせる事が出來ぬらしい。此內容の事實の picture を眞個に頭に描かせる事の出來ぬ中は英語敎育の實績を擧げ得る事なごは夢想する事も出來まい。

　◎作文の見地から希望して置き度い事は解釋を敎ふる場合たゞ其意味を講義するに止めず、英語と日本語との差をはつきり敎へて貰ひたい。此兩國語の差が明確に腦裡に印せられてゐない間は完全に英文を解く事は出來ない。要するに英語敎育の實績を擧げんとするには、兩面の（英文解釋擔任の敎師、和文英譯擔任の敎師）が互に相援け相俟つてゆかねばならぬ。」云々

（文責在編者）

如何に學び如何に教へんか

第三高等學校教授
伊藤小三郎氏

英語教授法――如何に學び、如何に教へんか――高等學校の英語――外國語修得の難――教科書選擇に就て――

　本年四月大阪で英語教員大會が開かれた際、ヤレ發音、ソレ會話と、所謂實用風の吹き荒む中に怯めず臆せず「英語を喋舌るなんてことにそんなに骨を折ることはないよ。外國へ行けば否應なしに喋舌らせれるし隨分下手でも用は足りるよ。現に僕の下手な英語や獨逸語がチヤンと役に立つて來たもの」と傍若無人の氣焰を揚げた快男兒があつた。それは第三高等學校教授伊藤小三郎氏であることを會に出た友人から洩聞いたので是非一度膝下に侍して親しく御意見を伺ひたいものと思つて居た。適々過般關西地方旅行を思ひ立ち數日をざんざめく鴨の河畔に假寢の夢を結ぶ事が出來たので、これをしほに早速と御訪ねした。

　先生御邸は足利尊氏の木像が安置されてある彼の相國寺の東裏通り蟬の鳴く音もいと繁き閑寂な所であつた。書齋に案内されて見ると、同じ三高の教授である栗原基氏も居られ、切りに新學期教科書の撰定中なのて、談話の終るを待つて來訪の趣旨を述べると大要下に掲ぐる如く御話をして下された。

　（記者は其後山陰、山陽を旅から旅へと漂泊を續け、約半箇月の後に再び東京の空に舞ひ戻つた。歸京匆々本稿綴つて見ると記憶に遠ざかつた

懸念がある。若し意の徹せざる所があつたなら平に編者の罪である。)

英語教授法『英語を如何にして教へんかは永年の問題であつたので、私も人に讓らず教授法を研究して見ました。從て教授法に關する種々な參考書を繙いて見ましたが、夫れ程感心するものは遺憾ながら見當りませんでした。と云つても或人の System が間違つてゐるとか、下らないとか、更に省みるに足らないとかいふ様な意味ではない。獨逸の教授法の如きは Systematic であるのみならず、確かに我が國に比し進歩してゐる様ではあるが、さりとてそれを採つて、日本の兒童乃至學生を教へんかといふに、夫れは熟考を要する問題で一言にして贊否を述べる事は出來ないが、それを直ちに應用する事は獨り至難なばかりでなく、して見たところで效果を舉ぐる事が出來まいと思ふ。又師範學校などで考案した教授法なんといふものは、一面の眞理はあるだらうが、是亦直ちに肯く事が出來ない。例へば都會の小供と田舎の小供とを一所にした様な教授法には吾々は斷じて承服する譯には行かない又 *Johun Storm* の English Philologie や Oxford の *Henry Sweet*

の教授法などは勿論立派なものであるが、西洋諸國と人情習慣を異にする日本に採用するのは先程も申した通り一考すべき、重大問題であるまいかと思ふ。元來一個人の狭い經驗から Devise したものによりて一般の人を敎育する法則とするのは元々無理な事であるまいかと思ふ。然らば英語敎授法なんといふ System は必要ないかと云ふに、決してさうではない。矢張 System は必要である。然し或る一つの System を以て一般を律すべき一定不變の法則となす事は不可能であるといふのである。何故ならば人間は物理化學の元素見た樣なものでないから、之れを律するに、否な敎育するに一定不變、所謂萬人に共通な敎授法を以て敎ふる事は不可能な事ではあるまいか。私は思ふに敎授法は人により、場所により、或は時により、或は場合によつて變更せねばならぬ性質のものであると思ふ。例へば兒童の敎育は、兒童の能力、家庭の狀態、四圍の有樣等によりて、或は機に臨み、變に應ぜねば眞個の敎育は出來ないと思ふのです。尚は文部省で敎授細目などいふものを拵へてゐる樣だが、此細目程いゝ加減

なものはあるまい。何故なればあの細目は見様により或は教師の働き具合によりては何百通りにもなる。これでは細目を立てた所で結局何にもならぬ事ではないかしら。又序に申して置くが文部省は各地方の學校では如何に英語を教へてゐるかを視察せんがために、毎年人を各地に派して教授振りを參觀せしめてゐるが、是れも餘り效果がないものと思ふ。一箇所に一二時間位宛居で、眞個の視察などは解るものではあるまい。かゝる短時間に實見した感想を土臺として、意見を吐露し、或は批評を試みられる樣だが、一見した事は時に甚だ正鵠を得る事もあるが、又往々見當違ひの觀察が尠なくないもので、要するに危險なものである。次に視察者か或る教師の教へ方を見て、素養の甚だ貧弱なるを罵倒し免黜した例もあるが、是れ亦愼むべき事であるまいか。何故こならば何人にしても不用意の所をして短時間に見られるのであるから、時に技倆以下に見られる事もあらう。又フト思ひ付いた譯が數日を費して考へたより以上に立派な物が出來る時もあるだらう。それを以て其人の眞價を計るのは聊か早計であ

らうと思ふ。況や免黜などと云ふ大問題に於てをやである』と語り來る時編者は教授が深き同情と公平な觀察力を有つて居らるゝ圓滿なお方だと感じた。

如何に學び、如何に敎へんか『中學一年から五年迄少なくとも一週六時間以上の英語を敎はり、卒業してから補習科或は東京あたりの豫備校で、英語に腦漿の大半を絞つた人が、いざ諸專門學校の試驗を受けて見ると、過半數は物になつてないのは何故だらうか、其人に發達すべき素質のないと云ふ事も一の研究すべき重大問題だらうが、一方英語敎授法の缺點と敎師に技量のある人が少ないと云ふ事も亦推測される。

英語を如何に敎へんかと云ふ問題は重大な問題であると共に何人にも多少の意見はあるべき筈である。それを今こゝで理論的に論じて見た所で、先程も申した通りさしたる效果もないから、私も具體的な斷片の一二を申して置かう。

第一は敎科書を改良し、精選する事である。文部省の檢定濟敎科書と云ふものも、寔に賴りないものが多く、「檢定濟」だからよからうなどと思つて、迂濶に採

用でもするものなら最後、飛んだ目に遇はされる。文章内容共に甚だ感服の出來ぬものが尠なくない。殊に日本人の書いた教科書の中には酷いものがある。其一例へば Hat と Cap とを間違た繪を入れてあるものがあつた。怎麼事は些細な事の樣だが、實は大きな問題である。幼稚な頭に最初誤られた觀念が入つたら、それを除去するのに非常な努力を要するものである。一般生徒には妙な精神作用があつて、本にあつた事は間違のない正確なものと悟入する傾きがある。そしてそれを反省せしむるには信頼する敎師か、さなくば更らに信頼に足る本を反證として擧げねばならぬ。殊に地方の生徒が此觀念が深い樣であるから編者、著者は怎麼些細な事に對しても大に自重して貰ひ度いものである。又日本の日本文敎科書を英譯した英語の敎科書もあつた樣だが、これもよくない。それから或る特別な場合にのみ使はれる句を中學初年級の敎科書に入れてあるのも見受けるが、これらもよくない。私は思ふに敎科書は若しも日本人の著したものであつたなら、敎育ある外國人の嚴密な校閲を經るか、さなくば矢張外

國人の手になつた本を使用するのが一番間違のない方法だと心得る。其方は外國語を修得する眞髓から云つてもよからうと思はれる。

　第二に中學で敎へる英語の範圍を決めて、敎科書の Contents を或程度迄縮める事である。そのかはり其 Contents は十二分に敎へて生徒を督勵して十分に修得させる事である。Vocabulary などは茨木督學官の話によると中學校の敎科書の中には三千に限つてあるさうだが、これは單に單語ばかりの計算であるか、若くは Phrase も入れての話しであるか、其邊の事は判らんが、兎も角三千なら三千で結構だから、成るべく多く使はれる普通の文字を選んで、そして其の Vocabulary 三千の觀念を篤と頭に入れさして欲しいものである。それには Contents を少なくする事が必要であるまいか、と云ふのは學期の終り際になると、一瀉千里の勢を以て進んだり、或は殘りの分を捨てゝ更らに進んだ敎科書に移る場合が多い。所が其の捨てた所卽ち省いた所が英語の根抵を作るに最も必要な所でなかつたらうか、甚だ杞憂に堪えないのである。さらばと云つて

生徒の呼吸を呑み込まずに滅茶苦茶に進むのも尚ほ更らに危険である。斯麼結果に終るといふのは畢竟するに分量が多過ぎるからだと思ふ。言が重複する様だがContents を少なくして、然し精良して、其Contents 丈を十分に呑み込ましめ咀嚼せしめる事に努めたならよからうと思ふ。

　第三に教師を改良して行く事である。如何程敎科書を精撰し、Contents を制限した所で敎師に其人を得なかつたなら效果實績は擧るまい。英語を發達せしめ、普及せしめるには立派な敎師を養成して子弟を敎育せしぬる事が最も肝腎な事である。一體中學の二年位にはSimple Sentence で濟むが、三年からは順次複雜になつて來て簡單に樂に行かなくなる。此際敎師が學識技量共にPoor なもんだから自ら迷つて效果所の騷ぎでなく、生徒をして渾沌迷はしめてしまう樣になるのである。是れと反對に敎師がよかつたなら、生徒をして極めて自然に導いて行く事が出來るのは事實に徵して明確である。

　第四には一級に收容する人員を制限して多くも三十

名以下となす事である。一級に收容する生徒が餘り多いと生徒を懇切に示導する事が出來ないのは勿論の事教師の Reading が明瞭に通らず、從て發音や Accent を正しく生徒の耳に達せしめる事が出來ない。恁麼有樣だから印象を與へるとか、生徒をして English Atmosphere の中に一時たりとも導く事などは思ひもよらぬ事である。眞個に英語敎授をしやうとなら先づ一級二十五人位でなければならない。』時に驟雨沛然として至り、書窓に面した筧を叩いた。颯と吹き入る涼風に主客の胸襟は自づと披かれた。

英語修得の目的は『英語修得には、譯讀本意說、實用本位說等樣々あつて、其の何れに據るべきかに就き議論が戰はされてゐる樣だが、私は其の何れにも直ちに贊同の意を表する事は出來ないと共に反對する事もしない。と云ふのは如何なる議論にも根據があるものであるから、半面の眞理は確かにある。他人の議論を輕々反駁する事は出來ぬ。夫れは兎も角斯る事は要するに英語を學ぶ其當人の將來の目的を考へずに、實用英語本意說、譯讀本意說、と議論するのは恐らく水懸

論に歸着する事ではあるまいか。如何なる道を步む人にも實用英語が最良といふ譯にはいくまい。人により志望によりては修養英語必ずしも尊ぶべきものでもあるまい。要は自分々々の目的によりて決定すべき問題だと思ふ。具體的な例を擧げて申せば、將來 Correspondent たらんとする人なら和文英譯英作文及び會話等、重に實用方面の英語を修得したならよからう。又學者官吏（特種ならざる）技術家たらんとする人であつたなら、よし實用方面に疎くとも、參考書を繙くに不自由を感じない迄に讀書力を養つて置く事が必要であるだらう。然しこゝに一寸注意して置き度い事は讀書と云ひ實用と云ひ、語學修得上の大なる關係に於ては要するに同一のものでなければならぬ。たゞ主として Dovote するのが何んであるかと云ふに過ぎない。實用本位に勉強する人には讀書力は怎うでもよいかと云ふに決してさうではない。又事實其麼事は出來樣筈もない。英語といふ目的に到達する事は種々な道、或る場合には異る如く見ゆるも、要するに共通な道を步んで行かねば成業の花を手折る事は出來まい。初學者は此

目的或は到達點と其の道程とを混同し、誤解せぬ事が肝腎である。

高等學校の英語『高等學校は純然たる語學校の樣に思はれてゐるが、さうばかりでもない、殊に英語を主とする所としない所とある。英語の力のあるなしを以て、一概に價値云々を批判されては困るが、三年間主として英語をやる一部の英法と英文科の生徒さへ大した進步が見えない人もあるのは事實であつて、如何にも遺憾の極みである。一級十分の三乃至四は怎うやら物になる樣だが、餘の七乃至六は本の中の Matter を先に知つてゐて、Mechanical に本を讀む人である。怎う云ふ人には實力と云ふものは到底ありやう筈はないのである。恁麼譯だから大學の方からは文句が出て來る、中學で五年、高等學校で三年、都合八ケ年間英語をやつて尚ほ且つ原書すら讀めないとは何んとした事だと言はれる。然し事實だから辯解の餘地はない。然らばこれは吾々敎師の敎へ方が惡いかと申せばさうばかりも云へない。私から謂はしむれば第一先程も申した樣に學生夫自身が發達の能力を具へてないのぢやな

いかと思ふ。第二には中學敎育を眞個に仕込んで、十分の基礎を拵へて吳れないからであるまいかと思ふ。中學時代に根柢となるべき英語や Elementary Sound が出來てないものは高等學校に入學しても眞個の英語を會得されずに終るものが多い。高等學校の一年では中學程度の復習であるが、生徒の中には Simple Sentence さへ解せぬ人が隨分多い。恁麼人を敎育して行くのはつまらん程骨折らねばならないし、他の生徒の迷惑になる事亦夥しい。二年からはだん々々進んで所謂高等英語を敎へて行き又外國人にも多く接觸せしめ、實用方面の智識も養はしめる樣に注意してゐる。然し此際中學程度の英語が出來てない生徒はなか々々進步せず、何時も同じ所に停滯してゐる樣に見受ける。そして徒らに目の讀書ばかり肥えて行くのである。寔に困つたものである。一方外國人との折合がよくない。それは一つは自分の英語が餘りに Poor な事を外國人に知られる憤懣と、一つは外國人の話す事が解らない結果趣味を感じない事の二つであらうと思ふ。外國人の敎師の中でも、生徒の缺點を矯正してやらうと云ふ

熱心で眞面目な外國人程生徒に嫌はれ生徒の缺點を其儘に放任して置く先生或る意味に於て缺點を増長させる樣な先生、そして中學生徒を敎ふる樣に、お伽噺風の事のみを敎ふる外國人は歡迎される傾きがある。三年生でも論文を Rading されて一向に解らん人が多い。解る人はほんの少數に過ぎないと云ふのは、返す々々も遺憾の極みである。

　斯樣な譯で英語敎育否修得は實際至難で、其努力たるや大したものであるから、やらずに濟むものなら全廢して欲しいが、現今の國狀からしてさうも出來ない苦しみを忍んでも敎へねばならない。然らば如何なる程度迄敎へんか。限界を立てる事は六つかしいが、高等學校卒業生は參考書が讀め Simple な Sentence が書ければ良い積りである。敎場内では復文が出來れば滿足して進んで行きます。復文とは讀書した所を日本語に譯し、更らに夫れを逆に英文に綴る事である。これも難かしい所は出來樣筈もないが、簡單な所が出來ればそれで良い積りである。

　外國語修得の難『本來外國語を修得する事は非常に

困難な事で、特殊な人は別問題だが、普通の吾々には眞個に修得する事は殆んど不可能と申度い位である。Master する事などは Impossible である。外國人と變る所はないと云ふ位に賞められてゐる人でも、其人の書いたものを外國人に見せると、Almost perfect であると云ふ。是は獨り日本人ばかりでない、他國語を修めんとするどの國人も同樣の憾みがある樣だ。Scotchman さへ未だ眞個の English になつてないと云ふ評がある位である。憑麼譯で英語修學得の努力たるや甚大なもので、此努力を他の方面に有利に應用したなら、一大事業が出來はしまいかと思ふ。先程も申した通り然らば外國語を一切放棄せんかと云ふに、それも出來ない相談だ。現在の社會狀態では、兎も角一通り知つてゐなければ、人並の活動さへも出來ない樣な始末であるから學生諸君は努力をせねばならぬ。

英米人の佛獨語修得は如何であるかと調べて見ると、日本人の英語乃至獨佛語修得に比し、幾分樂ではある樣だ。それと云ふのは國情や周圍の有樣及び語源が共通なものが尠なくないからである。具體的に申せば英

米人が佛獨語に對して費す三時間の努力は、日本人が英語に對する五時間に相當するらしい。然し英米人の佛獨修得も讀書の方は比較的無雜作に進んでゐる樣だが實用方面の話す事と書く事とにかけては矢張不自然の憾みがある。今一寸思ひ出したが私も滯英中或所でLectureをしなければならぬ事になり。時の印刷局下繪部の次長をして居つた ArtistでPoetであつた。Lawrence Binyonに主催者の勞を依賴し、一方私の Paperの校閱と訂正とを請ふた所、其次長の云ふには言語として無理の所はないのではないが、意味は通ると申された。そして「元來日本人が英文を書き、英語で演說するとふのは一種の奇蹟である。だから、意味さへ解れば結構である」と附言された事を未だに記憶してゐるが、これには一面眞理がある樣に思はれます。日本の學者の書いた英文は一體 Carlyle と Emereson を結び付けた樣な變挺な英文が出來上るものが多い。それよりも Simple Sentence で明かに書いた方がよからうと思ふ。尙ほPaperをReadする場合には Artificial に讀むよりも極めて自然に Mechanical に讀んだ方が判

り易すいと云ふ事を申されました。自分も未熟でありながら厭に技巧を弄した讀み方は却て解り難い樣に思ふ。

　教科書選擇に就て『前項でも一寸申して置いたから改めて申す必要もないが一言申して置き度いと思ふ。私は現在高等學校乃至中學校の教科書を改良する事は英語教授上刻下の大問題であるまいかと思つてゐる。高等學校では競て Emerson, Carlyle を使ふ樣だが、あゝした種類のものは難かし過ぎはせぬかと思ふ。高等學校の生徒にはScotやThackerayが解れば結構である。一體教科書として使用するに當つて、多くの人は其の選擇を誤つてゐはせぬかと思ふ。ただ一寸讀んで見て面白ければ直ちに教科書に採用するやうな輕卒を敢てする傾きがあるが、教科書とする場合にはもつと眞劍に考へて見ねばなるまい。中學の教科書に Pushing to the Front を使用するなどは怎う云ふものだらうか。あの本は淺薄な成功談を、無扶序に集めたもので、獨り文體内容のみでなく、著者の人格も甚だ如何はしいのである。教科書として使用する價値に乏しい樣に思

はれる。殊に米國の物質文明を露き出しにした所などは甚だ氣に入らない。Shakespeare 物なども教科書に入れてある様だが、教へた所で生徒には解るまい。骨折損に歸しはせぬかと憂ふるのである。斯様な譯だから教科書に採用する場合、或は教科書に認定する場合には這般の消息を考察して、尚は斯學に通じてゐる人、及び教育方面に關係して生徒の能力、心情に精通してゐる人々に囑托して、十分の調査を遂げ、然る上に採用し、認定して貰ひ度いものと思ふ。原書も最近米國ものが大部流行して來たが、米國の文化は未だ幼稚な様に思はれ、從て總ての點に於て感服しない所が多いから、教科書にするには未だ少し早い様に思はれる。教科書として採用するものは内容が如何はしい所がなく、そして Smooth な Correct English であればよいと思ふ』。と語り終られた。禮を厚うして邸を辭した。驟雨晴れの相國寺境内、老杉天に沖し、墓石の苔色青し。草露を踏み分けて「大納言云々」「中納言云々」の墓標を拜すれば、舊き昔を偲ばれて低徊去るに忍びなかつた。悠長たる京都の山河や昔を偲ばせる斯うした境内から京都人の京都人たる性格が造られるのであるまいか。

會話の必要と教へ方

東京高等商業學校名譽教授

神 田 乃 武 氏

現今語學教授の狀態――譯讀に偏した語學修得――教科書選定に就て――會話の敎へ方――會話の材料――英國式發音と米國式發音――英國式綴りと米國式綴り。

　神樂坂を下りて行く二人の中學生の背後から同じ道を辿れば聽くともなしに聞える話聲:『偉いもんだなア、英語で男爵を貰つたのは神田さんだらう』、『さうさ、ナニロツ、西洋人にもあの位克く出來る人は珍らしいんだとさ』………世の中には爵位ばかり光つて御本人のお名前がサッパリ見えない華族樣もあるが、神田男爵の如きは學德先づ輝いて爵位之に隨ふもの、『神田さん』といふ平民的稱呼によつて學生の間に知られて居ることと學生は英語で男爵になつたものと思つてゐることとは適さ以て男爵の眞價を語るものである。名にのみ聞きてその音容に接するは今日が始めての身の男爵の風貌をさまざまに想見しつゝ霜柱を踏むで門內の植込の間をたどること一丁あまりで漸く玄關にかゝる案內を乞へば更に導かれて庭口から西洋館の應接室へ通された。雪白の Curtain を通して、柔かな日光が鉢植の靑葉に宿り、冬枯の芝生にはポタ々々と松影を落し、彼方の森の中には、落葉焚く煙が悠やかに流れて居る、『London 郊外の別莊』といふやうな氣分がする。

　待つ事凡二十分、男爵は橫手の Door 排して靜かに入つて來られた。肉附のいゝ嚴肅な風采、双頰に微かに笑を浮べて Easy-chair に凭られる

現今語學敎授の狀態『今回京都に於ける御大典參列後、神戶、大阪、京都、金澤及び名古屋地方を巡廻して、高等程度の諸學校を主として、時間の容す限り、中學限度の學校をも參觀して參りました。そして各學校で必す Dictation を生徒に課して見ました。是れは私の思付きの案で、昨年から實行してゐますが、此等を比較對照して見たなら、至極有益な參考になる事と思ふが、未だ確實な調査を逐げてゐないので、乍遺憾確かな事は發表し兼ねます。然し大體に於て高等程度の學校では、譯讀は帝大出の學士が受持つ場合が多く會話作文は西洋人の敎師にのみ一任して置く樣です。一方中學では西洋人の敎師を聘してある所は誠に僅少で、日本人の敎師が譯讀は勿論會話、作文迄も兼ね受持つて居る樣です。是等を比較して觀察して見ると英語敎授の方法、方針に關して、未だ餘程研究の餘地ある樣に思ひます』と語られて稍暫らく無言で居られたが、

『學生が卒業して社會の人となつた曉、在學中眞面目に確實にやつて置けばよかつたと泌々後悔するのは讀讀の方でなく、會話と作文です。此書く事と話す事

の三つは、中學校では比較的周密に注意を拂つて、生徒を督勵し教師も亦熱心に教へて居ることを認めますが、高等程度の學校では餘り重きを置いてない樣に思はれる。そして前申した樣に外國人の教師にのみ一任して居る樣です。

譯讀一方に偏した語學修得『學生に讀書力を増進せしめ、書を讀んで徹底的に理解せしむる力を與へ、尚ほ其文の妙味を十分味はしめるのには、譯讀偏重の教へ方は果して最上の方法であらうか、私は私に危むで居るのである。今、各高等學校などの教科書を調べて見るに、譯讀の本は我が高商よりも遙かに難かしいものを使つて居る所もあるが、それと反對に會話、作文の力は餘程劣つて居る樣に思はれる。尤も是れは高等學校と高商との教授方針の相違に因る所であるが、斯の如く譯讀に偏した方針を執つて居て果して眞に英文を解し得る力が養へませうか、甚だ疑問とする所であります。』と豐かな眉字を少しく曇らして、一寸頭を傾けられた。其面上何物かの不安を感ずるものゝ如くに思はれた。

譯讀の本は會話作文の力を標準として決定せよ『私

の考ふる所では、譯讀の本は會話作文の力を楷梯標準として決定する方が、英語を筋よく發達せしむる上に於てのみならず、作文を徹底的に解釋せしめ、其妙所を十分味はてむる點に於ても有益で、且つ順當であると思ふ。』と言辭極めて明晰に且つ力ある確語氣で語りつがれる：

『例へば詩歌を研究するにしても、其の發音、音律の美とか云ふ樣なものを、十分研究しなければ詩歌の深奧美妙な所は到底味ふ事は出來ないと思ひます。それには矢張根抵となるべき、醇正な語學の力がなければ出來るものではない。又、小說を讀んでも、其文中の語が、眞面目であるか、俗語か將た訛か、或は方言であるかと云ふ所迄も解つて行かねば、小說の眞の面白味を會得する事は出來ますまい。

『今一例を舉ぐれば或る小說の中に：—

"先生が生徒等に向つて、今日半日の休みを與へると通告した時に生徒等は喜び勇んで、一齋にHurray! と叫んだ。と云ふ一つの Sentence を解釋する場合にこの Hurray は Hurra とも Hurrah とも書く、と說明した丈では物足りない感じがする。『此綴りは、生徒

の如きものが發音する場合には、學校訛りにして、Hurray と語尾に "i" の音を入れて、發音するのである』と說明して初めて滿足に理解する事が出來る又 "Take them bits" と云ふ Sentence を解する場合に是れは them 卽ち bits の Appsition であると、解するのは誤りで、是れは無學な人の言葉遣ひで正しくは *those bits* と云ふべき所である。と知つて居なければならぬ。斯の如く了解が出來てこそ、初めて小說の眞の面白味を會得し味ふ事が出來ると思ひます。それには根幹となるべき會話、作文の力を、相當の程度迄は養ふて置かねばならぬ事と信じる。

『**由是觀之**、譯讀の力を增進せしめ、其目的に到達せしむる上から考へても、會話、作文の力に餘り關係なく、譯讀の程度を進める事は正鵠を得た遣り方でないと思ふ。寧ろ譯讀、會話、作文を可成同一步調で進めたなち、却て實績を擧げ得る事だと思ひます。かくして初めて語學の力は正しく進み得ると信ずる。』と言葉を切つて編者を凝視された。

會話の敎へ方『然らば如何樣にして、會話を生徒に

面白く教へ込むかの問題であるが、是れは仲々困難の事です。讀本を教へながら授けるのも一方ではあるが畫を以て會話を教ふる事は一番樂で、且つ良い方法であると思ふ』と語られて The sphere と云ふ英國發行の雜誌を御出しになり、其中の With the British Offcer in the Ypres Salient と題した繪を編者に示し、『是れは最近の中等教員英語檢定試驗の際、會話の試驗として、受驗者に試みたものですが、斯様な物を生徒に示し、畫に就て一應説明を與へ、然る後生徒に對して質問を試み、それに答へしめたなら、興味を以て、會話と作文とを覺えさせる事が出來ると思ふ』と語られて其畫を少時見て居られたが『假りに此畫に就て會話を教へる場合には』とて其の畫の部分々々を指さされそして編者の粗末な Note を取つてスラ々々と以下の問答を御書き下された。編者はひたすら恐縮した。

『先づ：―(畫の左方より)

Teacher. What does this picture represent?
　　（この畫は何の畫か。）

Student. It represents some British officers taking afternoon téa.

(英國の將校等がおやつを戴いてゐる所です。)

T. What is this man doing?
　(此男は何をしてますか。)

S. He is sitting in a chair reading a news-paper and smokng a pipe.
　(椅子へ腰掛けて、新聞を讀みながら煙草を燻らしてゐます。)

T. What has happened to the window?
　(窓はどうなつてゐますか。)

S. It has been shattered to pieces by bullets.
　(彈丸で滅茶々々に破壞されてゐます。)

T. What do you see in its place?
　(破れた所をどうしてあるか。)

S. I see some boards nailed on.
　(板を釘付けにしてあります。)

T. What are the marks in the boards?
　(板の瑕は如何したのか。)

S. They are bullet-holes.
　(彈丸の命中した痕です。)

T. What do you see on the wall near by?
　(直ぐ側の壁には何があるか。)

S. I see a map.
　(地圖があります。)

T. What kind of map?
　(何の地圖か。)

S. It is the map of Europe, showing the positions of the different armies.
　(それは歐洲の地圖で、各國軍の位置を示したものです。)

T. What else do you see on the wall?
　(外に壁に何がかゝつてあるか。)

S. I see a crucifix and two bayonets, a helmet and a rifle.
（十字架に劍銃二本及び兜と銃とがあります。）

T. What do you think they are?
（それらのものは何だと思ふか。）

S. They are trophies of war.
（戰利品だと思ひます。）

T. What is this man doing?
（此男は何をしてゐますか。）

S. He is pouring some tea into a cup.
（コップに御茶を注いでゐます。）

T. What is he pouring the tea out of?
（何から御茶を注いでゐますか。）

S. He is pouring it out of a tea-pot.
（茶瓶から茶を注いでゐます。）

T. What is this on the table?
（テーブルの上にあるのは何ですか。）

S. It is a jam-pot.
（ジャムの壺です。）

T. What is the difference between a pot and a bottle?
（pot と bottle とは何所が違ふか。）

S. A pot has a short wide neck but a bottle has a long narrow neck.
（pot の頸は短かく廣く、bottle の方は長くて細い所が違います。）

ま、大體斯んな具合にやるんですな、と熱心に説明して下された。編者は只感謝唯敬服の念あるのみであつた。

男爵はペンを放たず、左手に輕く左頬を支へながら尙ほも畫を視て居られたが再びペンを走らした。編者の粗末な Note の上を男爵の萬年筆がサラヽヽと走つて行く其心地よさよ。

Pointing to different objects in the way the student's vocabulary can be tested and increased.

A pistol or revolver, a knapsack, a cup, a rack, a lamp, a chest of drawers, a saucer, a spoon, sandbags, a sword, an overcoat, a canteen, may be pointed to and their names asked.

と御書き下された。成程斯ういふ具合にして敎はつたなら、愚鈍な編者でも、面白く會話を覺え込み Vocabulary を豐富にする事が出來るだらうと思つた。

會話の材料『多人數の生徒の前で、斯樣な方法を採るには、大きな掛圖が必要であると云ふので、Holzel's Wandkart の如き、掛圖が出來て居るが、實際は左程大きなものを要せずも十分敎へ込む事が出來る。現に獨逸の學校などでは、二尺か三尺四方位の畫を會話の材料に使用してゐるが、決して不自由を感せず、面白く且つ完全に會話を敎へて居る所を見ると、强ち大きな掛圖がなければ、出來ぬと云ふ譯ではない。

讀本にある挿畫などは、單に Illustration として、一向に注意もせずに濟してゐる樣だが、其文章と關係のある挿畫などは、手近にある材料として、之を利用し、挿畫と本文の關係を密接ならしめ、學生の趣味を喚起しつゝ、會話を敎へたなら、至極良い方法だと思ふ。

　又敎師か持つて居る外國の土產物とか、紀念物とかを敎場に持つて來て、會話を試みたなら夫れによりて會話を覺えさせ、耳を馴らきせるのみならす、廣汎な智識を與へる事が出來、一擧にして兩得な方法だと信ずる。

　以上述べた如く趣味を持たしめ、生徒を釣り出し、知らず々々々々の間に會話を敎へ込むで、良成績を擧げる事は仲々容易の事でないが、其處が先生の技能を要する所であるから、十分努力して實績を擧げねばならぬ。

　會話と作文『會話が上達すれば、短文を綴る事は自由自在になる事は寸毫の疑を容れない所である。其短文を組合せだものが、作文の最も自然的なものであるだから私は英語を上達せしめる上に於て、最も會話を

奬勵する必要があると思ふ。

英國發音と米國發音 英國式の發音と米國式發音とは同一綴りでも違ふ、此場合どちらによるべきかは屢々迷ふ所である。好機逸すべからずと此點に付き御尋ねして見た。男爵は微笑を浮べて：――

『英人の發音の方が、米人の夫れよりも正しいと、云ふ意見が隨分當局者の中にもある樣ですが、之は私の考では誤りだと思ひます。發音の標準は敎育の有る無し如何に依る可きもので、國に依るべきものではないと思ひます。』

英國綴りと米國綴り『綴りの方も發音と同樣で敎育ある人の書き方で且字引にある綴り方なら、長くとも短かくつても、かまひません。甞て或英人がCoveteusnessと綴り、或日本人が Seperate と綴つたのを見ました。立派な人が此種の誤をするのは、自ら怪まないで耳によつてかくからです。間違もこゝに到らば却て英語の達者な證據と見られる位です』と語る了られた。

議會開會中御多忙の折柄、特に本書のために、貴重なる數時間を割愛せられた厚情を謝して、第を辭した。冬の最中ではあるが日和よき今日の郊外中野わたりの野面の長閑さを見せてやり度い都の人に。

英作文修得に就て

早稻田大學教授
勝俣詮吉郎氏

　語學修得者の辿るべき道は――語學の基礎根底を養へ――解釋力の養成に就て――英作文に就て――早稻田大學の敎へ方――會話に就て――發音に就て――英國流と米國流。

　作文の先生ほど骨が折れてしかも骨折甲斐のない者はあるまい。英作文の先生に至つては殊に然りである。數年來此の此方面を擔任して苦い經驗を甞めた自分は「勝俣先生の和文英譯は實に有益です。殊に先生の親切なるには敬服します。吾々のなつてゐない英文を一々叮嚀に訂正して返して下さる。あゝされると勉強せずに居られません」といふ告白を聞いて敎授の學力と人格とに一と入ほ尊敬の念を增した。恩師飯塚先生から敎授のお噂を承つて居ながら未だ拜顏の榮を得ないのを憾みとして居た折柄、先生の御說が自分の平生考へて居たことと符節を合したやうであるのに百萬の味方を得た心地がした。とは長谷川康氏の懷述である。

　英語の先生には意外に蠻カラが多いが、勝俣先生もその一人でいらつしやるわい、とは、八月八日初めて先生にお目にかゝつた折の感想であつた。打水凉しい庭の植込をさやゝゝと吹き透して來る夕風が軒端の風鈴をゆるがせて主客の團扇に捉へられる夏の夕は實に千金の快味がある。

　語學修得者の辿るべき道は『英語敎授或は語學修得と云ふ事は、一朝一夕に論じ盡し得る問題でないから

輕々取扱ふ事は出來ないと思ふ。殊に私の學校などの樣に一級に百人以上も收容して、敎授する場合などは此方では善良なる方法だと思つても實行して見ると一部の生徒に對して思はぬ不結果を生ずる事が往々にあつて、なか々々自分の理想を思ひ切つて實行する事は出來ないものです。身敎師の職にある方は、何人も私と同じ苦い經驗を嘗めて居られる事だと思ふ。獨り敎授の場合のみでなく、各人が英語を修得する場合にも同樣の苦痛を感ずる事であらうと思ひます。だから或一種のやり方を示して是れが最も正鵠を得た方法であると萬人に向つて薦める事は一寸困難である。だがこの區々に岐れてゐのは學ぶ方法であつて、其目指す到達點は何人も同一でなければならぬ筈である。例へば東京から大阪に行くには陸路せんか、將たまた海路をとらんかは各人の自由で、又各人の最も好む乘物を選ぶのが得策であらう。假令汽車に據る方が便利であるとは云つて見た所、其人に特別な事情があつて、汽車に乘れなければ、其の薦めはなんにもならぬ譯である。たゞ一般的に汽車に據る方が先づ便利であると云

ふ事丈けは云へる。是れと同様に、英語修得上にも、先づこれが一般的に一番得策な方法であると云ふ事と基礎たり根柢たるべきものは各人に共通なものがあると云ふ事丈けは云へるが、其實行上の方法は各人の好む所に從はねばならぬ。假令どんな大家が「これが何人にも Best な方法である」と指示された所で、それを直ちに採つて自分の辿るべき路ときめるのは些か早計であらう。人はそれ々々の能力、性癖、境遇を異にして居るから、學問をするにも自分に適應した方法を取るがよい。但し、前申した通り、誰人にも共通する心得方や必須條件に對しては十分注意を拂ふことは勿論肝要に違ひない。私は斯かる前提の下に英語研究上其基礎根柢たるべき事項と私が一般的に Best だと信ずる方法の二三を述べて見ませう。

語學の基礎根底を養へ『英語修得と云へば、先づ譯讀、作文、會話の三つが主である事には、何人も異存はあるまいが、學生時代卽ち英語の修得には、最初その何れに向つて、最も力を注ぐべきかと云ふ點が議論の岐るゝ所である。或人は外國語を學ぶ主なる目的は

多くの場合、本を讀み夫れを了解して、或は修養に資し、或は學術上の參考に供せんとするのであるから、語學修得は勢ひ譯讀本意でなければならぬと主張し、或人は日本は既に世界列強の活舞臺の眞たゞ中に投げ出された今日、死物同樣な譯讀本意の寢言をほざいて居る樣では、時代後れの誹りを免れない。今はPractical English を大に獎勵し、自由に話し、自在に西洋諸國と交通し得る人を養成せねばならぬ。と徹頭徹尾實用英語を推奬する實際家もある。此二議論は兩者共十分な理由のある事で、いづれも一應尤もな議論であると思ふ。若し能ふべくんば、理想として兩者を平等に發達せしめたいのであるが、吾々には日本語と云ふMother tongue があり、夫れを日々使用して用が足りて居る以上、會話とか作文とか云ふ實際的のものはどうしても進步が後れ勝ち、否な寧ろ退步するのは理の當然、怪しむに足らぬ譯です。そこで吾々の語學修得は其の最も基礎となり土臺となるもの、換言すれば一番に應用の利くものに向つて力を傾倒して置き、一朝必要が起つた場合、例へば會話の必要が起つた時には、

僅かの練習によりて、其會得した語學の力を會話に轉換せしむる事の出來る素質、卽ち基礎學力を養成して置く事が最も得策で必要な事と思ひます。然らば基礎的學問とは何であるかと云ふに、夫れは讀んで意味を解する力、卽ち譯讀の力を養成して置く事であると思ふ。然しながらこゝで云ふ譯讀とは單に其文を服で見て意味を解する事が出來ると云ふ事丈けでなく、發音を正して、聲を立てゝ讀めば、自分にも解り人にも解る樣に讀む事でなければならぬのです。かゝる讀み方を眞個の Reading と云ひます。(編者曰す、Reading の事に、就ては後出岸本敎授記事參照) 尤も Reading に僞も眞もあるべき筈はないのですが、多の場合 Reading とは、單に聲を出して英語を讀む事を意味して、發音や Elocution 等は一向に頓着しないものをも含むらしいから、こゝでは在來のかゝる Reading と區別するために「眞の Reading」と稱したのです。Practical English 激賞者は大抵會話のみに重きを置き、會話さへ出來れば、作文も解釋も自然と會得され得るものと思つて居るらしい。これは甚だ危險な議論で一考すべき重大問題

であるまいか。吾人と雖も會話が十分に出來る樣生徒を養成して遣りたいのは山々であるが、卒業後直ちに眞個の役に立つ迄に敎へ込むのには非常に困難で、又多大の時間と努力とを要するので、これがために解釋の方が Neglect される嫌がある、勿論日常の Salutation 位の事なら、中學卒業の素養あれば如何やら遣つてのけるが、私の云ふ會話とはそんなものを云ふのではなく、英語を使用して普通の用談を辨じ得る程度の會話を意味するのです。假りに學校內でかゝる會話に骨を折つて敎へ込んでも、卒業後其の十人が十人迄、殆んど活用しないもんだから、二三ヶ月經過の後には大半返上してしまつて、一向に話せなくなる。かゝる場合に一方の解釋力ばかりでも殘つて居ればまだしもの事であるが、會話に全力を傾注した結果解釋力の方も思はしくないと云ふ事になれば、結局虻蜂取らずに終る事になる。私は會話を全然 Neglect せよと云ふのではないが、恁麽結果に終るものに向つて、全力を注ぐのは如何にも愚の樣に思はれてならんのです。

　私は思ふ。學校內で敎授する英語は卒業後社會に出

てから、如何なる方面にもそれぞれの必要に應じ短時日の練習によりて、實用上に役に立つやうな英語の基礎を作つて置く事が、一番得策で賢　な事だと思ひます。然らば必要に適應し得る基礎とは何であるかと云ふに、夫れは正しい Reading を十分に練習して置く事である。此 Reading には正しい發音や解釋が基礎をなすので、發音が不正確で、解釋力が poor な所に眞個の Reading は存在しない。かゝる Reading の基礎を養つて置けば、作文會話など云ふものは、一寸の練習によりて、ものゝ役に立つ樣にする事は敢て難事でない。

　第二に由來英語(何國語も皆然り)は英語のSurroundings があつて、English atmosphere の中にさへ居られゝば、殆んど無雜作に上達し得られるのであるのだが是等のものがない日本人には勢ひ進步が遲く、且つ困難な譯なのです。そこで吾々は詮する所科學的に研究して熟達する外途はないのです。そこで研究の仕方如何と云ふ問題が起つて來るわけであるが、それには先程も申した通り千態萬樣の方法があつて、人によりて

異なる譯ですが、其主となり 土臺となるものに向つて、力を傾倒するのが一番である。そして其基礎となるべきものは Reading で、Reading の主は、先程も申した通り解釋と發音とである。米國などでさへ、最近語學は意味を解する力を養ふ事は、語學修得の主であると云ふ議論が非常に勢力を得て來て、此方面に語學修得の全力を傾倒する人が多くなつて來た樣である。此點大に參酌すべき價値ある樣に考へられる。當節の學生は未だ Reading の必要と云ふ事を Neglect して居る樣に思はれる。若し私の觀察が誤つてゐなければ私は學生の覺醒と反省を希望して置きます。殊に發音は中學時代から注意し矯正して置き、卒業迄にはElementary sound を誤る人は一人もない迄に遣つて置いて貰ひ度いものである。高等程度の學校へ來てから周章てゝ勉強し出す樣では遲いばかりでなく、眞個の發音を會得する事は何層倍の努力を要する。そして又效果が薄い樣である。

　解釋力の養成に就て『讀んで意味を解する力卽ち解釋力に就ては前項で申した通りなか〴〵の重要問題で

あるから、此方面の素養は何人も閑却してはならぬ。勿論一般に此方面にぐけは、力を注ぐ傾きはあるが、其割に增進しない樣だ。如何にして譯讀の力を發達せしめんかに就ては、種々な議論がある樣だが私も若し學生にして私の Advice を全部容れて實行して吳れさへすれば有效と信ずる方法の薦むべきものを有つて居ますが多くの學生はたゞ一時、「なる程！良い方法である」と感服して吳れるやうでも一向實行して吳れなければ結極机上の空論に了り、何の役にも立たぬ、であるから私は學生に對し自分で註文を出さず、たゞ各自が可能の事で、Best と信じる方法に向つて全力を傾倒せよと薦めて居ります。だが夫れでさへやつぱり駄目だ。學生には自覺はないだから Best を盡し眞劍の氣慨がない、心細い限りである。然し小言は小言として私の一般的 Advice を申上げて置きます。

　譯讀の力を進めるには何よりも多讀主義を取らねばならぬ。多くの本を讀まずに讀書力をつけ樣とするのは林間に魚を探すのと一般である。然し此多くの本を讀めと云ふ事は何人も與へる Advice であるが、これ

も云ふは容易く行ふに難い事である。私は多讀主義を推獎しても此本を讀め、あの本を讀めと無理に註文するのでなく、たゞ各自の趣味に適つた本で、自分に取つて比較的解り易すいものを讀めと云ふので、例へば昆蟲に趣味のある人は昆蟲學の本もよからう。植物に趣味のある人は植物學に關する本も亦惡くはない。八代將軍吉宗公は當時基督敎が我思想界に害があると云つて洋書の繙讀を禁じた。由來吉宗公は天文學に趣味をもつた人であつたが、適々 Library の中から天文學の書が發見された、開いて見ると、中に精巧な挿畫があつたので、定めし有益な事が書いてあるであらう誰か讀む人はないかと云ふ事が動機となつて、再び洋書の禁を解いたと云ふ美談があるが、いかにも趣味の力は偉大なるもので、此趣味の趣く所を甘く利用してゆけば、何事も發達し、そして完成疑ひないのです。

各自の趣味に適つた本と云ふ事になると、或は專門の本をのみ讀む人があるかも知れないが、專門の本だからとて、七分通りは普通に使はれて居る文字が使用されてある筈であるから、假令專門の本とても裨益する

所甚大であらう。殊に英語を英語のために勉強する人は少ないので　皆な何かの方便でやるのであるから、各自の趣味を利用するのが此意味に於ても良い方法である。又學校内の敎育は凡てに制限があり、英語は學科の一部に過ぎないから、矢張一部の腦力を以て之れに當る譯、かゝる場合に殊に敎科書以外の趣味に適つた本を讀ませる必要は大にあらうと思ふ。現に慶應義塾では敎科書以外の讀物を先生から特に指定して居るそうだが、學科の參考としては至極良い方法だらうがそれよりも趣味に適つた本と云ふ事にして各學生に必ず勵行せしめた方が效果が擧る樣に思はれる。

　第二に敎科書には普通の讀物以外難句集的のもので一局部に偏しない、Proportion を得たものを敎科書に使用する事も一策であらう。何故なれば英文を解釋する上に於て Idiomatic な句や Phrase を十分に咀嚼してゐなければ、例へ表面解釋が付いた樣でも、眞個の解釋が付かん場合が多い。英學生はかゝる難句的のものや、慣用句に付き一通りは通じて置く必要がある。勿論難句的のものは、普通の讀物の中にもあるのだか

ら，多讀してゐる中には自然と會得され得るだらうが一二の教科書や，一年に二三册の參考書位から，此收穫を望む事は無理であらう。又多くの場合全文の解釋に注意が奪はれてゐるから，假令逢着しても，不注意に看過する場合が多い。だからかゝる句を一ヶ所に集めて研究して置く必要があるのです。斯る難句集を研究する事を遙か拵への試驗勉强と稱して，排斥する樣であるが，此兩者を同一視するのは間違つて居る。たゞ一寸注意して置き度い事は餘りに囚はれ過ぎると害になり其選擇よろしきを得なければ，徒らに無益の勞力を費す事になるから，注意せねばなりますまい。

　以上は重に直接的勉强とでも云ふ事であるが，間接には活動寫眞，西洋諸國の地理歷史の風俗寫眞，繪畫などから智識を呑み込む事も一策である。かゝる間接的方法にも，各自の趣味を應用してゆけば，一層效果が顯はれるであらう。たゞこれらには一層危險な弊害が伴ふ場合が多いから，注意と自重とを要するや勿論である。』と敎授に熱心に眞面目に談られた。何時の間にか，日はどつぷりと暮れて，八日月が淡い線をほんのりと月見草に投げて居

た。涼しげな蟲の聲がさも待ち焦れてゐた樣宵闇の愉樂を祝福し初めた。

勝俣教授は英作文の大家として斯界に名聲を博してゐられる御一人であるが、初め Japan Times 社に入り、後三井物產の Correspondent として活動され、到る所好評があつた。適々早稻田大學に於て、英語の根本的發達を計るには、英作文の力を大に着けさせねばならぬと云ふ意見から、そう云ふ敎授方針を定めた際、敎授は多くの候補者の中ら拔擢せられて同校敎授に榮轉したのであつた。本日編者が敎授を御訪ねしたのは、重に英作文の御說を聞かまほしいためであつた。殊に佐川春水氏からの御注意もあつたので英作文に就ては一層の Best を盡して讀者諸君に御取繼ぎ致します。

因に讀者諸君の御參考までに御紹介して置きますが敎授の著に英和例解要語大辭典、和文英譯自修書等があります。前者は文法及び Idiom を冠詞、前置詞、接續詞、代名詞等に分ちて詳說し、尙ほ適切な例を擧げられたものでそして又難句の中心たる語を秩序的に說明して居る。此點に於て一面難句大辭典をも兼ねたものとも云ひ得やう。後者は中學卒業程度の和文英譯練習書で、元旦から一日一題宛やつてゆけば、十二月三十一日に一册を完了する樣にしてある。共に先生一流の懇切と堅實な基礎から編み出されたものであるから、此方面の英學生には裨益する所甚大だらうと思ひます。

英作文に就て『和文英譯又は英作文は、最近少しく發達しかけて來た樣だが、未だ到底眞個に役立つ迄にはなつてない。現に各會社や商會に於て十分な Correspondent がないので、不自由を感じて居る様な始末、如何にも情けない話である。Practical English を奬勵する人でも、多くは會話の事を云々して英作文や和文英譯の事は餘り論じない様だ。所が實際に徵して見ると、會話を使ふて用を辨ずる場合は殆んとないが、文通をして用を辨じ或は取引をする場合が非常に多い。私も三井物産に居ましたが、長い間に會話を以て用を辨じたのはたゞ一回重役の代理をさせられたに過ぎなかつた。一方手紙の方は幾百千本書いたか自分にも分らん位である。これは恐らく自分一人でなく、或る特別の人以外大概は私と同様であらうと思ふ。これらは實業方面に活動する人を指したのであるが、文學者詩人と雖も、會話の必要より文通の必要に迫られて居る人が多からうと思ひます。例へば或著書を飜譯せんとする場合に、其著者に向つて其の飜譯許可の照會をせんとする場合、或は外國の知名の士と智識の交換、質問等をする場合に、名文が書けない迄も、自分の地位に恥かしからぬ英文が書けなければ、假令思想のみ良い意味に充實して居ても、見劣りがして甚だ不利益な

位地に立たねばならぬ事が多からうと思ふ。又職を求むる場合にも尠なからざる便利があります。であるから英作文も普通の用を辨じ得る程度迄に練習して置く事が必要である。

そこで英作文の熟達を計るには、如何にせばよいかと云ふ事に就き二三の注意を申上げて見やう。本來英作文の熟達は第一項に申上げた通り、其基礎となるべきものは譯讀の力であるから、此方面の素養は勿論閑却してはならぬ。そして讀書中に何か表白の仕方や、或は重實な表現、若くは嘗て自分が英譯に困つた句などを發見した場合には、早速自分の Note に書き取つて置き、時々繰返して諳誦し他日之を活用する用意をする位の努力と心掛けがなければ進步發達が遲い。そして其拔萃は Classic のものよりも Popular style のものを撰んだ方がよい。以上は私の在來實行し來つた方法であるが、學生には始めは一寸實行し難い事かも知らんが、實行して行く間には趣味が湧いて來て苦しみがなくなる。又努力に對する報酬は確かにあるから、日々實行してゆく事を獎める。

次に和文英譯よりも英作文の方を獎勵する人が多いが、是れは一考する價値のある問題だと思ふ。尤も根本に於てはどちらも大差はないが、一寸違ふ。將來實業方面に活動せんとする人は特に和文英譯を練習して置く方が得策である。何故なれば商業文は大概の場合草稿があつて、即ち土臺となるべき日本文があつて、夫れを英文に直すものが多い。獨り實業方面のみでなく、日本の文學を外國へ紹介するとか、或はある事柄を外國へ傳へるにしても、日本文が土臺となる場合が多いから、常に此 Training を積んで置く必要がある。和文英譯を本當にやらうとするには非常に困難な事で大家でなければ能くし能はざる所であるが、夫程迄に立派なものでなくとも、日本文を譯して和臭なく、且つ其意味を誤らずに通じ得る位の練習は付けて置く事が肝腎である。

　以上は練習の仕方であるが英學生の後楯となりてその練習を直接に援助して行き、學生をして誤らしめない樣な立派な辭書の出現を希望します。現在では齋藤先生の辭書、入江先生の作文本位の辭書があつて、甚

大な稗益を與へて居るが、齋藤先生の分は熟語本位であつて、作文本意でないし入江先生の分も未だ研究の餘地ある樣に愚考せられます。由來辭書に二通りあつて、讀むための辭書は Passive vocabulary（見れば解る辭書）であれば足りるが、英作文練習の辭書は、Active vocabulary になつてなければいかぬ。私は自分の理想に適つた辭書を書いて、幾分此方面の英學生に對して後援してやる積りでやりかけて居るが、何時の日にか完成し得るか今の所一寸見當が付かない。

早稻田大學の教へ方『何かの參考になりはせぬかと云ふ婆心から、私の學校で私が擔任してゐる英作文の教へ方の大體を紹介しませう。早稻田大學では最初第一 Practical English を奬勵せねばならぬと云ふ事、第二語學の力を發達せしめ、根抵を確立せしめるには、自ら文を作れる位でなければ眞個の解釋力は付かない。と云ふ二つの議論の見地からして英作文に重きを置き每週六時間宛の英作文を課した。そして其結果を檢べて見た所、甚だ思はしくなかつた。それは讀書力のない生徒に對し、英文を無理にやらした所で、根抵

と云ふものがないから、たゞ機械的諳誦するので、活用は思ひもよらぬ事、一寸でも英語に遠ざかると折角の努力も水泡となつて中々進步發達の效果が擧らなかつた此苦い經驗を甞めさせられたので、英作文の時間をだん々々減らして、譯讀の時間を多くした。現在では譯讀の力を養成する事に主として力を注いで居ます。是れはさもあるべき事です。

私の擔任して居る英作文は商科の生徒であるから、一敎場に百人以上を集めて敎へるので、初めの中は如何にして此多數の生徒を、假令理想通りにはゆかぬにしても、夫れに近き迄に導いてゆかれるだらうかと、あれやこれやと心配して大に迷つたものだ、何しろ百人以上の中には天才的の秀才も居れば、中學五年間何を稽古して來たかと思はれる樣な劣等生も居る。此二種類の生徒を平等に見て、所謂平凡敎育をやるのなら或は大した面倒もあるまいが、私の主義（否な敎育の主義）は秀才は何所迄も導いて其才を發揮せしめ、劣等生と雖も大に鞭韃を與へて、卒業迄は少なくとも役に立つ人間を作つてやる積りで居るのです。恁う云ふ

様な譯で私も大に考へた結果、現在採つて居る敎へ方は、新聞記事體の文章（日本文）を集めた敎科書を編纂して夫れを生徒に與へて居る。其例題を遣つて來いといくら薦めても、實行して來る者はほんの少數の眞面目な生徒のみであるから、生徒には大部分强制的に之を實行せしめる外ないと考へた結果、先づ最初次回の題を決定して、其日本文を說明して、意味を十分了解せしめ、次に或る幾名かの生徒に對して次回の英作文の時間迄に、英譯して來いと命ずる、其の指名は勿論順番である。次回には前回命せられた人が、其答を Board に書くのである。此間百名近くの生徒を、無意味に遊ばして置くのが、時間の不經濟であるから、此時間を利用して前回に遣つて作文の Dictate をさしたり、或は讀まして發音を正し、其他機に應じ色んな方法で、練習題を徹底的に記憶せしめる事に力めてゐます。かゝる間に Board に書くのが濟むから、夫れを當人に Reading させ、說明を求めて、生徒と相談づくで、誤文其他を訂正し、出來上つたものを Note に書留めさせて置く、此 Board に書くのは前回に指名

された人は必ず遣つて來て書かねばならぬが、此他にも有志者を擧げて書かせる。それは先程も申した通り所謂天才的の人や、熱心な人には大にやらせて發達せしめなければならぬからです。一級に百人以上の生徒は一々名前を記憶して居る譯にはゆかないから、生徒の名前を Note に書き留めて置き、尚ほ甲、乙、丙と云ふ樣な、秀劣の記號を付し置き、點數を採るのは勿論出來ない生徒には捲土重來の奮勵を促し、出來る生徒にも矢張滿足せしめずに、益々力める樣激勵してやる斯樣な方法で萬遍なく全生徒にゆきわたる樣計つて居る。以上の方法は私の長い間の經驗上多數の生徒を一敎場に集め英作文を敎授する Best な方法であると信じて居ます。他に良い方法もがなと思つて居るが當分考へが付きません。此方法で一時間無駄なしでやつても長いので三題、短いので五題位のものである。だが二三年の中に怎うやら英作文の基礎丈は確立する樣です。

　會話に就て『會話は何と云つても實際に練習せねば駄目だ。然したい實際にやるのが一番だから、實際に

やれと云つた所で、日本人には誰にも一寸實行し難い事である。要は實際に使用する Circle の中に這入らねばならぬ。詰り必要に迫られなければ、例へやつてもさしたる效果は顯はれない。よし幸に出來ても、一寸使はずに居れば忽ち舌が硬張つて來て、自由に話せなくなるのは事實に徵して明確な事である。若し日本人にして眞個に會話の必要に迫られた場合には、日本語を全廢するか、又は家庭に於ても外に於ても、英語以外の國語を使はなくなれば屹度上達するに違ひないのである。此點からして會話の熟達は要するに金錢の問題に歸着する。何故かと云ふに多額の費用を拂つて、外國人を雇ふか、又は外國人の家に下宿して日夜其國人とのみ交際して居れば、忽ちの中に上達する事疑ひないからである。以上は極端な場合の會話練習であるから、何人も此通りは實行困難であらうが、たゞ此眞髓を眞似ればよい。然し會話と雖も單に饒舌るばかりは能でない。其間には上品と云ふ事がなければならない。夫れには矢張基礎的素養を常から養ふて置く事を**必要とする。其基礎的素養とは**先程申した通り解釋力

や作文の力等である。又これらのものがあれば、必要に應じて會話を練習する事も容易なのである。日常必要を感じない人は殊更らに會話の練習に苦心焦慮せず其根抵となるべき英語の實力を涵養する事に力めるのがよからうと思ふ。

　發音に就て『發音は如何にして正確ならしめるか、是等も根抵として英語の實力を要するや勿論だが、夫れ以外の練習としては Phonetic を研究するのがよからう。日本にも岸本、片山、岡倉諸先生の發音學に關する著書があつて、尠なからず斯壇に稗益を與へて居るが、私としては Henry Sweet 氏の Primer of phonetics を第一に推薦して置きます。此書は餘り發音が Crape し過ぎてゐると云つて、排斥する人もある樣だが、何と云つても當分此書に匹敵するものはない樣だ。たゞ少し程度が高いから初學者には困難かも知れんが、中學卒業生なら大丈夫讀めるだらうと思ふ。恁う云ふ本によりて正式に發音の Grammar を研究して置くのが捷徑にして確實である。序に此書の發音符は餘り Crape し過ぎてゐるが、日本人には却てよからうと思ふ。夫

れは由來日本人の發音、殊に Guide 的ならざる English をやつた日本人の發音は、餘りに逐語的で解り難い。鵜呑的に耳から覺え込んだ、横濱あたりの車夫の方が解りよいと云ふのは一般外國人の定評である。これは教育を受けた人の尤も注意すべき所であるまいかと思ふ。

英國流と米國流『最近に於て英國式發音、米國式發音或は英國綴り、米國綴りと云ふ樣な區別がついて來た樣だから、遠からず恁麼問題に付いて、日本人は其の何れに據るのが、得策かと云ふ事を論議される事だと思ふ。英語が日本に渡つた當時は、恁麼問題に付き云々しやうとは夢更らに想はなかつた事であらう。Perry が一千八百五十年日本へ渡來した時分迄は、米國で英語が使はれてゐるのを英國は知らなかつたさうだが、今恁麼問題が、日本で論議されてゐる事を英國が知つたなら、感慨無量な事であらう。餘談は兎も角、日本人は將來いづれに據るべきかは、一つは各人の Taste の問題であるから、各人の自由だが、實狀に鑑みて考て見ると、米國式を採用した方が得策の樣に思はれる。

何となれば、現在日本に在留してゐる英米人の數を比較して見ると、米人の數が遙かに多い。又 Tourist の方も米國が多い。外國貿易も米國の方が頻繁であるから、結局日本に於ては米國流が多く使はれる譯。多く使用される英語を學んだ方が、萬事に都合よからうと云ふのが先づ通則だ。たヾ其の何れに從ふも善惡はなく、そして兩者の區別を知る事は肝腎であるからそれを蔑にしてはならぬ。』と語り了られた。實に印象の深き一夜であつた。

中學生のために

編　者

基礎を確立せよ　英語の智識が假令低いながらも確乎した所がありさへすれば、役に立つ筈であるが、蔑にもならぬのは、基礎たるべき初步入門の智識がグラツキ出してゐるからである、とは諸大家の一致する定論である。斯うした結果を生み出したと云ふのも一つは教育者の罪もある。何故なれば獨り解譯のみでなく、和文英譯でも、英文法でも、初步の智識が呑み込めない中に程度の高いものを學ばせる。しかも理窟詰め、詰め込み主義に教へる結果基礎たるべき智識が眞個に會得されずに終るのである。頭腦の明晰な所謂天才的の人には適切かも知れんが地平線以下の人には毒する場合が多い。然し現今の語學教授では或は止むを得ぬ事かも知れぬ。此弊害否缺陷を矯正して眞個の途を辿らんとするには諸君自ら準備せねばならぬ。とりわけ中學生諸君の心掛けが大切である。其心掛とは卽ち諸君は程度の低い讀物を時間の容す限り成るべく澤山、そして廣く讀む事、殊に面白い新刊書を求めて讀むのは趣味多くして效果淺からぬ事であるが、また下級で習つた Reader や副敎科書として使用した、Æsop's Fables あたりを精讀する事もよい。

Reading本意に語學を修得せよ

早稻田大學敎授

岸本能武太氏

最近英語界は概括的に進步したり——更らに敎師の學力を進めよ——廣く多く英書を讀め——一年に英書二冊を讀め——どれ程迄英語を進めんか——Meaning以上のFeeling——Reading本意を勵行せよ——Pronunciation; Emphasis; Modulation等を正せ——Readingに終始せよ——ReadingとSpeaking——發音と會話。

　岸本敎授が英語で話して居られるのを別室で聞いて居た西洋人が其談し手が日本人たることを知り大いに驚いて「どうしても本國人としか思はれない」と感嘆したと云ふ事を傳へ聞いて居る。先生の發音の正しいのはこれで分るが、先生は唯御自身が實地に巧みなだけでなく、子弟を敎習するに他人の及ばぬ技倆を有つて居られる。先生の著「發音の原理」は實用上、我英學生、否敎師にも、無二の好伴侶である。

　先生曩に眼疾を患つて殆んど失明を傳へられ、內外人共に愁眉を蹙めたが、幸に全快せられ、加ふるに岡田式靜坐法を實行せられて以來、健康昔日に倍せられたことは我英學界の爲に欣賀すべきことである。

　昨秋余は忙中に小閒を得て京坂地方の中學校を視察して見ました。それも短い閒の事であつて少數の學校を觀たに過ぎませぬが、それでも得る處が十分にあつた。今日は君の（編者）訪問を機會として其際觀察し

得たる事實の幾分を述べ、併せて夫れに對する余の感想を披瀝して見よう。

　最近の英語界は概括的に進步したり『十四五年前の事, 余は未だ東京高等師範學校に敎鞭を採つて居た當時、命に依りて東北地方の中學校を視察した事があつた。其當時の英語（敎師、敎科書, 及び敎授法等總ての點）などと云つたら、甚だ幼稚なもので、何れの日にか日本の英語がものになるだらうか, 前途は寔に遼遠なものであると獨り痛心に堪えなかつたのである。十四五年經過の昨秋、余は大なる趣味を有つて、再び巡回視察の旅に出た。往つて觀ると英語は昔日と比較して長足の進步をして居つて、前の憂慮は殆むど杞憂たる事を發見した。勿論未だ完成したものでは斷じてないが兎も角進步の跡丈は歷然と認められた。是を知つた余は歡喜に堪えなかつた。然し是れは十四五年前と比較して大體から見て進步したと云ふに止まるのであつて、決して英語敎授法が申分なく出來上つたとか日本の英語が完成したと云ふ意味ではない。余をして忌憚なく云はしむれば、未だ々々遠いと明言せざるを得ない。

十四五年前と今日とを比較して著しく進步發達したと思はれたのは、第一敎科書であつた。是れは先輩諸賢の努力の賜物であつて、余も亦諸君と共に感謝する次第である。第二敎師が非常に進んで、その學力が目に見えて增して居る事であつた。從て譯讀文典、會話及び作文等の敎授法が中々上手になり、發音も往時と比較して雲泥の相異があつた。是等は恐らく何人も認むる事であらうと思ふ。斯の如き有樣で進んで行つたなら、近き將來に於て必す完成の曙光を見る事が出來得るであらうと、余は至極樂天的の感じを抱いて、欣然歸京したのである。

　以上の樂天的の方面は、前申した通り、十四五年前と比較した總括的の感想であつて、局部的或は個人的に批判して見れば、悲觀に堪えぬものも尠なくはなかつた事を遺憾とする。今是等を一々列擧して批判する事は余の欲せざる所であるから、大體に就いて述べて見よう。

　更らに敎師の學力を進めよ『假令中學の英語は簡易でその程度が低いとしても、其を敎ふる敎師の學力が

貧弱で、思想が粗雜であつたとしたならどうだらう。斯様な先生に對し、生徒は心からの信頼と畏敬の念が湧くだらうか。信頼と畏敬のない所に完全な教育が出來るだらうか。教授法の進歩、即ち教師の教へ方が巧みであると云ふ事は、教師たる人の最も注意すべき貴重な點であるに違いないが、然し學力が貧弱で、思想が粗雜であつたならば、教へ方のみが巧みであると云ふ事は、如何程の價値のある事だらうか。私は教授法の進歩に就ては雙手を擧げて歡迎するに躊躇しない一人である。然し夫れ以上に教師が修養に力め、學力を豐富にせられん事を、一層希望するものである。子弟を薰陶するなどと云ふ大袈裟な問題は先づ別として、單に學問を教へ込むにも必要な條件は、教師の學力が豐富であると云ふ事で、さうでないと生徒をして教師に信頼せしむる事が出來ない。若し夫れ教師の素養が甚だ貧弱であつたとしたならば、生徒は直ちに輕蔑の念を起し、其先生の教授に傾聽するものはあるまい。生徒が傾聽しない所に、如何に教授法が巧みであつても、其の實績が擧るものでは決してあるまい。

飜て現今中學の教師を見れば如何だらう。果して學力が豐富であるだらうか、果して生徒を十分信賴せしめ、畏敬せしめて居るだらうか。

　廣く又多くの書を讀め『教師は自分の教ふる教科書以外、己れの趣味に適ふた、小說なり、歷史なり、科學なり、美術なり其他哲學等の英書を讀み、もう少し己れの學力を豐富にし、思想を廣く又高尙にして貰い度いものである。一般に中學校教師の日常生活狀態を見るに、勉强する人々は寧ろ少ない方ではあるまいか。教師になつた當座は多少讀書なごもするが、少し教授に慣れて來ると、不勉强になつて、甚だしき者に至つては、受持の敎科書さへ碌に下調べせぬものも全く無いではない樣である。そして餘暇さへあれば、圍碁を樂むとか、謠曲に耽るとか、或は不健全なる逸樂を貪り、恬として恥ぢざるものすら無いではない。たま々々勉强家とか篤學の士とか云はれる人々を見るに、彼等も、徒らに卑近なる讀本、會話及び作文などの敎科書及び參考書の編纂に從事し、自ら著述家氣取り、大家氣取りをして居る樣である。或は英文雜誌に文典の

説明なり、會話の對譯などを掲載する事を職業の樣にして、自ら文士然と澄まして居る人もある。余は決して英語の著述をする事が惡いの、雜誌に對譯を出す事を止めよと云ふのではない。要は英書によりて智識を求むる事を忘れない事を要望するのである。古い本にも良いものが澤山にある。又新刊物にも讀むべき書物が決して少なくない。多く又廣く書物を讀まない人は其人の智識は固定し見識は偏屈になつて、或る圈外を脱し得ない樣になる。特に新刊の書物を讀まない人は所謂舊思想に囚はれて、一向に新思想に觸れる事が出來なくなる。新思想など申すと、或る人から誤解される怖れがあるが、余は決して現代の流行語の「新らしい」とか云ふ樣な輕浮な書物を讀めとの意ではなく、教師が日に進み、月に又新たなる社會の進步に後れぬ樣、己れの學力を增進し品性を修養せられんことを望むのである。

　眞面目に教科書を調べたり、又參考書を研究する事は、決して輕視されては困るから、是れには十分努力して貰ひ度い。然し教師は決して教科書である reader

の研究位に滿足してはなるまい。これのみに汲々たる事は決して賞めた事ではない。必すや今一步進んで新刊の書を讀み、生きた english に接觸して、知識を開發して貰ひ度ひものである。敎師が斯樣に始終新刊の書に親しんで居り、又新思想に觸れて居れば、敎室で敎科書を敎ふるに當り豐富に蓄へられて居る新思想が、必す何時か何所かに現れるものである。そして學生を知らす々々々、新らしい空氣の中に導く事が出來學生は大なる趣味を以て、英語を傾聽し、且つその進步に努力する樣になる。又一方敎師に對して、信賴と畏敬の念とを起し樣になるのは疑ひない事である。これが眞の敎育であると思ふ。

　一年に英書二册を讀め『余は以前から斯樣な考を持つて居つたから、私の敎へた學生に對しては、機會があり次第、各々自分の趣味に合した、英書を、新刊なり舊版なり、少なくとも一年に二册宛、始めから終り迄讀む樣にと告げる事にして居る。併し昨年の夏、幸に多くの舊知の學生が東京に集つたから、試みに此の問を出して見た所、五十人ばりかの中、一人も斯く實

行して居る者がなかつた。眞に情なく、又心細く感せざるを得なかつた。身英語教師の肩書を持つて居りながら、一年に英書僅に二冊を讀み兼ねるとあつてはどうだらう、そんな事で生徒を誘導して英語に趣味を持たせる事が出來ようか。古來からの名著をも讀まず又新刊の書にも目を通さず、それで不安を感じないと云ふ事が出來るであらうか。或は此等の英語教師は自身の英語の力が足りないために、英書を讀むに困難を感じ、より樂な邦語によりて、西洋の思想を吸収して居るのかも知れんが、若しこれがためだとすれば、一層努力して、英語の讀書力を養成せねばなるまい。是れが職務上當然ではあるまいか。又或る人は一年に二冊位の本なら、讀んでも讀まんでも大差はないではないかなどと敗け惜しみを云ふかも知れないが、是れは飛んだ量見違ひである。一年に二冊とは云ふものゝ、十年立てば二十冊である。而もその二十冊を上の空で素讀するのでない。心を込めて精讀するのであるから、此等の二十冊から得る利益は正に甚大なものであらうと思ふ。そしてその上に自分の敎へて居る生徒が、訪ね

て來た時などに、此の本には斯々の事が書いてあるとか、又あの本は趣味の深い本であるとか云ふて、生徒を導いて往つたなら、生徒は知らず々々に英語に對する趣味を開發せられ、われも一生懸命に英語を勉強して一日も早くあの樣な本を讀んで見やうと云ふ心を起こす事になるから、生徒が教師から受ける感化は實に偉大なものである。

以上申した事を簡略に申せば、要するに教師は生徒から畏敬せられる樣でなければならない。それには教師自身が英語の力を十分に養ひ、自由自在に英語を讀んで、少しも困難を感じないと云ふ迄に達してゐなければならぬ。これが最も肝腎な事である。教授法の巧拙も大切な事であるが、やゝもすれば形式に陷り易いされば教師が徒らに教授法に汲々たるは、如何にも其本末を顚倒した愚見であるまいか。

どれ程迄英語を進めんか『どれ丈英語の本を讀んだなら英語がそれで濟んだと云はれるでしやうかと云ふ事は多くの人から受ける質問の一つである。之れに對する余の答は簡單である。吾々は今年は Shakespeare

の三百年祭を行はんとして喜んで居るが、さて今茲にShakespeareの原書と坪内博士の飜譯書との二つがあると假定して見て、Shakespeare の作物を讀んで見やうとする人の手が原書に出ないで、譯書に出る樣では、未だ英語の力が足りないので、原書でも、譯書でも、何方でも差支がない、寧ろ原書の方が、Shakespeare の眞實に觸れる事が出來るから、原書を讀んで見ようと云ふ樣にならなければ未だ十分と云はれない。是れ或は餘りに理想論であると思ふ人があるだらうが、余は是非斯あり度いと思ふ。又、原書でも譯書でも差支がないと云ふ迄に學力が進んで居なければ、敎ふる時に、一言一句の意味も間違へないのは無論の事全體の意味精神を生徒に傳へる事は得て望まれぬ事だと思ふ。一言一句意味を間違へずに敎へると云ふ事は甚だ大切な事であるが、余の意味は、決して實際何時でも、一言一句を顯微鏡下に檢するが如く、一々文法に當て嵌め、分解して敎へよと云ふ意味ではなく、要は、敎師自身が英語を十分了解してゐなくては滿足に之を生徒に敎授する事が不可能であらうと云ふ事である。不斷

は寧ろ大體の意味を取つて、之を十分腦裡に徹底せしめ、印象せしむる事に努力すべきである。然し一朝或る sentence の意味が曖昧で如何にせば、原書の眞意を傳へ得るかと云ふ樣な段になつたなら、立ち所に之を文法的に分解して、解釋し得る丈の力を平常養つて置く事が緊要であると思ふ。

Meaning 以上の Feeling『ある人が、外國語を讀む時の理想は、單にその meaning を取るので滿足すべきではなく、必ずその feeling に觸れなければならぬ。と云つたが、是れは實に眞理であると思ふ。獨り英語にのみ限つた事ではないが、原文の其のmeaningを知る事にのみ止めたならば、如何なる英語も甚だ乾燥無味なものであらう。勿論feelingを知る前に、meaningを知る事は、階梯上必要な事であるに相違ないが、假令 meaning は知る事が出來ても、feeling が徹底しない間は、吾々は決して滿足してはならない。世には文字に現はれた表面上の meaning のみを知つて、其の底に潜んで居る、本當の趣意である微妙なfeelingに觸れ得ぬ人もある樣だが、是れは寔に憐れなものである。

餘り文字や文典にのみ凝り過ぎて、如何なる美麗な文章をも、切りきざんで文法的に分解せねば、氣が濟まぬ人もある樣だが、斯う云ふ人は到底その文章全體の妙味を味ひ、言外に溢れて居る眞の美感、卽ち feeling に觸れる事は出來まいと思ふ。例へば櫻花は、之れを植物學上から研究して、花瓣は何枚雄蕊が何本と、分解して見れば、分解的に櫻花を知る事が出來るだらうが、是れのみに囚はれた人には、到底大和魂の象徵とも見るべき櫻花の美を味ふ事は出來ないだらうと思ふ英文學を學ぶ人も敎ふる人も、此點に注意して、總てのものを餘りに英文典に分解し過ぎぬ樣にせねばならぬ。此の preposition が怎うの、彼の artcle がどうだと云ふ樣な事のみで滿足しないで、進んで meaning 以上の feeling に觸れる事に努むべきである。一度 feeling 此に觸れんか、口云はんとして云ふ事の出來ぬ味が分つて來て、文章の餘韻は、吾々の幻想をして天外に翔けらしめるものがあらう。Shakespeare を讀んでたゞ其文字通りの意味を取る事のみに止めたなら、何もそう有難がる程立派な文章でもなからう。Shakespeare を

讀むのに文字の起原や文典の規則のみの穿鑿を主さする樣では到底 Shakespeare を解する事も、又彼を樂む事も出來るものではあるまい。

　由來文字に對する文典なるものは、例へば社會に對する法律の樣なものである。法律は吾人の日常生活には、普通の場合即ち事無き場合に於て何等の必要あるものではない。吾々はたゞ自分の常識を基礎として、行動して行けば足りるのである。若し吾人にして一擧一動法律の明文を念頭に置き、査公の命ずる所に從つて行動せねばならぬものとすれば、吾々の生活は寔に不安なもので、また煩瑣不愉快なものであらう。法律や査公は、吾々がたゞ一朝何か普通以外の或る事變に遭遇した際に依頼すべきものであつて、斯うした場合に法律の知識が必要なのである。法律の知識が無かつたならば、吾等の權利は害せられ非常な損害を蒙むるを免れ得ないであらう。是れと同樣に吾々が英書を讀むには、文法の知識の必要な場合がある。曖昧な文章に接し、その意味に就いて議論の起つた時などは文典の知識のあるものが勝を制するのは蓋し當然である。

併し此れは議論の起る様な場合の事で、不斷は英書を讀むからと云ふて、何も一々文法的分解をする必要はあるまい。その様な迂遠な事をせずとも、ズンズン讀んで妙味を味へば、價値十分である。

　Reading本意を勵行せよ『以上申した様に meaning 以上の feeling を味ふには如何にせば捷逕であるか、勿論 imagination の働きの多少や、先天的な審美的精神の有無などによりて、相異を來しであらうが、是等基礎的素質以外、英文を解し且つ之を味ふには、英語の敎授法を譯讀本位にせず reading 本意にする事が最良な方法で何よりも効能が多い事であると思ふ。今日我國に於ける英語敎授には、大學は申すに及ばず中學に至る迄、reading なるものは皆無であると云つても差支ない程幼稚である。中學の英語敎師ですらも、reading とは如何なる事を云ふのであるかさへ、辨へて居らぬ人が少なくない様だ。生徒に意味を敎ふる前に、敎師が一回英文を讀む事を reading だと心得て居る人もあらう。或は日本語の新聞を讀む様に、英文を棒讀みにするのが reading であると心得て居る人もあらう。

reading と云へば單に英語教授の餘興か或は譯讀の付屬物位に思はれて居る樣である。其の結果中學でも上級に進む程、又高等程度の學校では勿論、reading は殆んど無用の長物であるかの如き觀がある。是れ英語の敎授法の根本的失態であると斷言して憚らない。余をして云はしむれば、英文を讀み英文を解するには、reading が本位で、譯讀などは補助たるべきものであるまいかと思ふ。日本では reading なるものが、根本的に誤解されて居る樣だから reading の事に就いて一寸述べて見たいと思ふ。

　余が reading と稱するのは、そこに書いてある英文を單に棒讀みに朗讀する事を云ふのではない。只棒讀みに朗讀するのは、單にそこに連續して居る英語を繼けて發音すると云ふ事に過ぎない。reading は書いてある字を單に棒讀みにするのではなく、英文を其の意味と共に讀むと云ふ事である。意味が判らないで、單に英字を連續的に發音するは、決して reading ではない。又 reading は自分のみ判る樣に讀む事でもない。意味と共に讀むと云ふのだから、自分に解るは勿論だが、

之と共に聽いてゐる人にも其意味が解らねばならない自分には解つても、聽いてゐる人に解らなかつたなら夫はreadingと云ふものでない。自分にのみ解ると云ふ事は割合に易々たる事であるが、他人にも解る樣にreadingする事は、至極困難な事である。單に棒讀みにした丈では、決して他人によく解るものではない。余は斯う云ふ意味の reading を、英語界に普及し勵行して貰ひ度いと思ふのである。中學の一年生から之を實行し勵行して行けば、卒業の迄には reading をした丈で意味が分り別に更らに譯讀するの必要がない迄に進步する事が出來よう。少なくとも reading を重んじその利益を感ずる樣にならう。譯讀を撤廢して、尙ほ且つ英文の意味に徹底し得せしめ、そして meaning 以上の feeling を養はしめよ。是れが余の理想である。若し不幸にして reading 本位の、英語敎授法を直ちに實行し得ぬ場合に於ても、敎師はせめて之を理想として、此趣旨に基づいて授業をして貰ひ度い。幾年英語を學んでも、readingをした丈では其の意味が判らず、一字一字に譯語を當て嵌めて始めて其の意味がボンヤリ解

る様では、日本の英語は甚だ情けない次第である。恁麼事では時も餘計にかゝつて、時間の不經濟であるのみか、英語そのものの意味が英語的に解らないから不自然な事になる。reading 本位の教授法は、教師さへその人を得れば決して不可能の事ではないのだから、如何樣にも努力して、是非譯讀本位を超越したいものである。これが余の斯界に對する衷心の希望である』と教授は始終天井を仰ぎ瞑目して熱心に述べられる、何處かに人間離れした冒す難い所がある。

Pronunciation; Emphasis; Modulation 等を正せ

『そこで今度は如何にすれば reading をした丈で、自分にも又他人にも意味が解る樣になるかと云ふ問題だが、是れに答へる前に、此の「了解る」と云ふ事に就て一寸説明して置く必要がある。余の「解る」と云ふ事は前にも云ふた通り、單に其の文章に書いてある文字の意味卽ち meaning が分る、卽ち通俗に云ふ解釋が出來たと云ふ丈の事を意味するのではないので、sentence の眞の意味、卽ち feeling が解らなければ駄目である。sentence が悲痛であれば、reading をした丈けで直ち

に自分にも、又他人にも悲痛の情が催ふす樣でなければ駄目だ。又內容が愉快な事であつたなら、自分も又他人も、自然に愉快になる樣に讀まねばならない。余の「解る」と云ふは、斯ふ云ふ事を意味するのである。

　そこで　本問題に入りますが、reading した丈で hearer に解らせるに、第一、そこに用ゐてある單語を正しく發音せねばならぬ。卽ち elementary sounds を最も正しく發音し且つ accent を正確に付さねばならぬ。又第二には、emphasis に注意して力を入れべき語に十分に力を入れて、reading をする事が、肝要である。又第三には intonation に注意し、文の內容によつて、聲の調節をなし、急ぐ所を急ぎ、緩める所を緩めて reading をせねばならぬ。哀れな所は哀れに。樂しい所は樂しそうに reading をせねばならない。少なくとも此等は最も注意すべき條件であるから、此等に注意して reading を練習すれば、讀む人は勿論の事、hearer に於いても英語を聽いた丈で再び之を解釋せずとも、了解し得るに至るであらうと思ふ。

　多數の日本人が英語の reading をして居るのを聞い

て居ると、悲しい時も、嬉しい時も、將た又怒つて時も同じ調子で棒讀みに讀み下して行くのだから hearer に於いて何等の感想も起らない。否、起らない筈だ。既に讀む方が五里霧中で讀んで居るのだから、それだから更らに譯讀に移り解譯して後に初めて悲しみ、初めて笑ふのである。斯樣な間拔けた事を、日々敎場で演じて居りながら、自分も怪まねば人も怪まぬのである。こんな事でどうして英文の津々たる妙味が味はれやう。殊に吾々が西洋人と對話なごして居る時に、皆んなが笑ふ時に、吾々はボンヤリ不審さうな間拔けた顏をして居り、他人の笑が止んだ後、說明を聞いて初めて後れ馳に苦笑する事が少なくない。其の間拔けさ加減と來ては外目にも背に汗する程である。

Reading によりて終始せよ『英語の敎師は、自分の受け持つて居る敎科書を生徒に敎ふる前に、十分の下調べをなし、單語の elementary sounds や accent は勿論、emphasis のあり所や intonation の工合を遺憾なく硏究して置いて、意味と共に、卽ち意味が解る樣に、reading をせねばをらぬ。其の後に生徒にも reading を

繰返し練習させ、そして間違のある所は何回でも繰返させて矯正せねば効果が薄い。斯様に何回も繰返させて居る中には、讀書百遍意自ら通ずで、自ら其の意味が會得し得られる事にならう。然し尚ほ一歩進んでその意味の徹底を確めるために、譯讀即ち解譯を與へる事も結構だが、譯解が濟みし後今一度 reading をして貰ひ度いのである。つまり英語の稽古は reading に始まり、readingに終らせて貰ひ度いのである。而して斯の如き練習は、中學の一年生から始めねば効果が舉らないが、四五年に至つても、決して此の練習を中絶してはいけない。忍耐してやつて居る間には必ず効果が顯著に見はれて來るに違いない。

之を要するに、語學の發達を期する爲め、又meaning 以上の feeling に觸れる爲めには、reading 本位の教授が最も有利有効である思はれる。少なくとも斯る理想を以て英語を教授して貰ひたいのである。

Reading と Speaking 『餘りくごい様であるが、最後に reading と speaking との區別に就いて一寸云ふて置きたいと思ふ。

普通の日本人の考へでは―英語の reading は容易な事でそれ丈なら誰でもやれるが、speaking は難事中の難事である。―と思ふ様だが、米人をして云はしむれば―speaking は小供も尚ほ之を能くする事が出來るが、reading を能くする事は、常人の到底能くし得ざる所である。―と云つて居る。斯く同一の事實に對し、東西見解を異にする所、そこに何等かの誤解がある事は明かであらう。勿論誤解は日本人にあるので、日本人は reading は果して如何なるものであるかを、眞に了解せず、盲者蛇に怖ぢずの俚諺に洩れず、困難たるべき reading を無雜作に考へて居るのである。何故に reading は speaking よりも困難であるかと云ふに、speaking は自分が自身の思想を發表するのであるから、たとへば慷慨悲憤の演説をする時は、情自ら高潮して來るのは蓋し人情の然らしむる所で、從つて聽衆を感動せしむる事も難事でない。然るに reading に至つては、他人の感想を發表するのであるから、reader たる者は先す著者の趣旨を明瞭に了解して而して後に此の趣旨が貫徹する様に聽衆の前で讀んで行かねばならないのであ

る。幸に讀む者と著者との感想が合致して兩者が共鳴を感ずる樣な所なら、甘く讀めるだらうが、性格や感想を異にする個所などは、そう都合よく行くものではない。殊に對話などをreadする時には、色々の人物の性格や氣分を一人で讀み分けねばならないから、中々六つかしい。それを一々共鳴した振りを見せて讀まねばならぬ。そこで何處にか不自然な所が現れてくるに違ひない。reading の困難は實に茲に存するのである。されば英米諸國では reading の非常に甘い人が、或る劇場で一夕 Shakespeare 物などを reading する場合には、入場料が一弗乃至二弗と云ふ勢であるが、而も尚ほ毎夜滿員の盛況である。西洋では「good speaker は多いが good reader は少ない」と云ふのが殆んど一つの諺になつて居る。是れを見ても如何に reading が困難であるかが解る。又それに巧みであると云ふ事が如何に彼等の興味を惹くかゞ想像されるであらう。

之を要するに、英語敎授には、發音も必要である。譯讀も必要である。文典も亦必要であるから、此等の研究や練習に努力奮勵を希望するが、同時に余は是等

のもの總てを reading によりて綜合したいのである。即ち reading を本位として、總ての分科を reading に集注して英語教授の目的を完成したいと思ふ。是れが余の英語教授の理想である。余は今日に於いて reading が甚だ輕視され又 elocution を省みる人の少ないのを、斯界前途のため慨歎せざるを得ないのである。

發音　會話『會話を習熟するには種々なる方法ある事は勿論だらうが　何よりも第一に發音の正確が肝要である。素音卽ち elementary sounds の發音を正しくして accent を間違はぬ樣にせねばならぬ。

第二には、總ての機會を利用して大膽に西洋人と對話することが肝要である。accent はそれらが正しい人に就いて示敎を仰ぎ、尙ほ自ら練習せねば完全するものでない。そこで今度外國人に就いて學んだ方がよいか、日本人の正しい人に就て學んだ方がよいか、と云ふ事に就いては、種々議論ある樣だが、余は、最初は日本人で發音の正しい人に就いて學んだ方がよいと思ふ。何故なれば、英語の發音に對しては、日本人には日本人特殊の困難があり、苦痛があり、疾病があるの

であるから、身自ら此等を實驗し、超越した人でなければ、他人の疾病を癒し、他人を濟度して、目的の彼岸に到着せしめる事は不可能であると思ふ。外國人には想像だもつかん所に、吾々の苦痛があり、疾病があるのであるから、却て最初から外國人に就いたのでは成績が舉らない場合が多からうと思ふ。要するに始めは經驗のある日本人に就いて發音の理論を學び正しい發音を知つて後に西洋人に就いて自由自在、否な遠慮なしに會話を試み、惡い所を矯正して貰つたなら、會話も speaking も進步が早いのであらうと思ふ。是等の素質が出來た曉には決して引込み思案をしてはいけない。違つてもよいから大膽に話を仕掛ける樣にするがよい。一遍大膽にやると段々大膽になつて六つかしそうな事迄も、思ひの外によく話せる樣になるものである。引込思案は會話發達の一大墻壁である。」

　云々と語り了つて尚ほも端然瞑目して居られる。編者は蟬僧の前に平伏して居る心地がする。暫くして教授は笑顏を作り「君の聲色からし觀ると」の發音が出來ない方だね。

常に英語の雰圍氣を作れ

第八高等學校教授
小松原隆二氏

難解の書を教へる必要——意譯と直譯——文典輕視の弊——英語の雰圍氣を作れ——百聞一見に如かず——極つた形を集めよ——英語を活かして置く方法——八高英語——努力が肝腎也。

編者の祖父の知人に尾州公の指南番を勤めた人があつて。一日祖父を訪ねて「拙者此度金無垢の鍔を佩に用ゐようと存ずるが眞劍勝負の場合に鍔を斫り割らるゝ虞は御座るまいか」と尋ねた。「イヤ敵手の鍔を斫り割るほどの武士ならば貴殿が後れを取り給ふとも決して耻辱には之あるまじ。眞劍の立合にては刀の切尖のセリ合ふがまず精々のもので御座る」と揶揄したと祖父の存生中の話に聞いた。金の鯱一金無垢の鍔一黄金の波うつ千里の沃野一さても名古屋はよいところ。近頃は學の園も多く開けて咲き出づる文の華更に此土地の光を加へて「中京」の名に空しからざるを思はせる。

關西旅行の歸途郊外なる校舎に教授を御訪ねした。未だ木の香の失せね應接間に待つ事暫時教授は靜かに入つて來られた。教授が前文部大臣小松原英太郎氏の令弟に在す事は豫てから聞き知つてゐたので定めし五十前後の英語ならば "elderly gentleman" といふ御年配だらうと未だ見ぬ教授の面影を想像して居た處、まだお若いのに驚かされた。

難解の書を教へる必要『語學修得、乃至、敎授上に關しては殆むご論し盡されて居る樣でも、未だ確立された system のない事を甚だ遺憾に思ひます。尤も確立したsystemなんと云ふものは獨りenglish のみでなく何事にも出來ぬのかも知れんが、さりとてもう少し徹底した方針とか、方法とかがありそうなものと思はれます。私も私相當の意見も考へもあるが、未だ經驗が淺いので、確信を持して主張し一般に推薦する事は聊か躊躇せねばならぬのは自分ながら腑甲斐なく思ひます。併し遠路の御入來で、たつての御求めでもあれば思出のまゝ斷片的の事ごもを二三申上げ餘は他日會見の際に讓る事にしませう。

　何時ぞや頭本元貞氏が本校に來られ、英語修得上に關して至極有益な講話を試みられた事があつた。氏の講話は大體に於て机上の空論や理想論でなく、氏自らが苦心せられ實驗せられたもので根底に據り處があつたので、學生を裨益した事疑ひなかつた。私も氏の講話の趣旨には至極贊成した一人である。氏は『英語修得は恰かも西洋人の小供の樣に易い本から初め、極めて

自然に進んで行け、易い本を讀んで居れば難かしい本は其中にひとりでに會得されると申された。これは氏の實驗から來た根據のある說である事は自分等も承認してゐるが、何ぞ知らん私等の立場から見ると極めて立派な意義ある理想論であるとは。其の理由は現時の語學教授、殊に高等學校などでは主張としては誰しも贊成するのであるが、到底實行の出來ぬ事であるのである。何故なれば現時の教育では、修得に與へられた或る限られた期間があるのだから、悠々として自然の發達を待つて居る事は不可能である。或る與へられた期間內に兎も角も一通りの本を敎へて卒業迄には一通りの參考書を讀み得る力を付けてやらねばならぬので使ひこなす事の出來ぬ難解のものも敎へねばならぬ場合が多い。そして英語の習ひ初めるのが年齡十二三歲の頃であつて、敎ふる課目が英語のみではなく、他にも澤山あるのだから生徒を始終 english atmosphere の中に置く事が出來ぬ。斯うした狀態に於て自然の發達を待つて、即ち日本の小供に日本語を自然と發達せしめて漸次と難解の書を讀ませる夫れの如く英學生を

導く事は不可能の樣に思はれる。然らば現時の語學敎授の systemは最良の方法かと反問されてると、答辯に苦しむ次第であるが、自分さても決してbestな方法とは信じて居ないが、或る一定の期間を經過すれば、難解の書を嫌でも應でも讀まねばならぬ現時の敎育制度の下に於ては、難解の書や或は使ひこなす事の出來ぬ書も敎へねばならぬのは萬止むを得ざる事であると思ふ。斯かる所以で要するに氏の所說は現時に於ては理想論で實行する事の出來ぬものだが、英語敎授上乃至修得上この根本精神が極めて重大な譯であるから理想とせねばならぬ。

意譯と直譯『近頃の學生、特に受驗生によりて代表されて居る惡い傾向は不徹底な意譯が流行して來た事である。これは在來の直譯を急激に矯正せんとした反動から來た餘弊である事は云はずと知れて居るが、寔に寒心に堪えぬ現象であらうと思ふ。本來意譯の流行は英語の發達を意味するもので、歡迎すべき事には違いないが、眞の意譯を下す前に文の意味がヨーク徹底して居なければならぬのである。所が學生は文の意味

を眞個に讀み解かずに、大雜把に grasp する傾向がある。そして何か一寸した hint でも得やうものなら、得たり賢しと直ちに何か或る一定の句に當嵌めやうとそれに腐心するか、乃至は彙て習へ覺えの句に無理に押し付けて、氣の利いた風な譯し方をする。そして飛んでもない變な間違ひをするのである。由來性質組織の異つた國語を譯す場合に一々邦語の或る極つた一定の句に當嵌め得るものでない。又一つの hint 位で千篇一律に譯し得ると思ふのは甚だ幼稚な考である。要するに眞個の意譯をするには先づ眞個の直譯をなし得る力がなければ能し得るものではない。又眞の直譯は一字々々の單語の意義が明確になつてゐる事を必要とする。たゞ其の一字々々を譯文の上に表白すると否とは別問題で、其の一字々々を組合して出來てゐる phrase なり clause なりを知つてゐなければならん事は勿論である。

文典輕視の弊　近頃文典を輕んじて來たと云ふ譯でもあるまいが昔日に比して文法に重きを置かなくなつたのは事實である。そして文典を文典として敎へ

ずに、譯讀に附帶して敎ふる事が流行して來た。文法を譯讀や和文英譯と全く分離して卽ち關係なしに文法を文法として敎ふる事は決して喜ぶべき事ではないが附帶して敎へた結果として英學生の文法の學力が減退する樣な事あつては是亦憂ふべき事であると思ふ。入學生或は一般受驗生の成績に徵して見ると、文法の知識が著しく貧弱になつて來て居る。これによつてこれを見れば、文法を他と綜合し附帶して敎ふる事は未だ少し早過ぎはしまいかと思はれる。文法の知識が缺乏して居ると、文章の construction が曖昧になり從て隙が生じて來るから、その隙から種々な弊害が湧いて來る虞れがある。此意味からして或程度迄徹底せしめて置く必要があると思ふ。然し又文法は餘り詳し過ぎるものを敎へると夫れに囚れ、注意が夫れのみに集注されて、すら〲と譯せなくなる憂があるから、其大體を最も秩序的に敎ふる方が策の得た方法と思ふ。然し斷つて置くが文法も眞の徹底した所迄行けばそんな心配は毫等なくなるのは勿論の事である。

English Atmosphere を作れ　英語を最も natural に

やる方法は、吾々が日本語を覺え込んだ樣に、即ち頭本氏が申された通り baby english から初め、理論は餘り加へずに漸次と進めて行き尚ほ english atmosphere の中に始終居る事であらう。然し内地にあては其麼贅澤は夢想するだけで到底實現される筈のものではないそこで吾々は無理にも覺えさせねばならぬし、理解させ難い事でも理窟詰めに理解させ、或は鵜呑でも詰め込ましめてやらねばならぬ場合に往々にして遭遇する。其の間に不自然な事が伴ふのは萬止むを得ない。實際語學修得者は一面甚だ悲慘なもので吾々は同情に堪えない。只今申上げた中に english atmosphere と云ふ事があつたが、此事丈は自分々々の心掛け一つで出來ぬ事もあるまいと思ふ。若し是さへ怎うにか出來て行けば修得は在來の半分の努力によりて出來得るに違ひなからうと思ふ。昔し札幌農科大學が單科大學であつた時代には、西洋人の教師が非常に多く、講義は大半英語であつた、其他の機關も歐風化して居つた所から、當時の同校出身者に語學者が多く輩出したのは、何の事はない。一言にして申せば english atmosphere が

生んだ賜物であるまいか。此眞髓を眞似て現時の學校や寄宿舍なども如何にか設備して english atmosphere を作らせる方法を講じたなら、語學の發達に裨益する蓋し甚大なりと思ふ。殊に室內の裝飾物や諸機械物などの名稱は Japanized english でなく English English で御互に呼ぶ樣にして居るのも一つの策ではなからうか。

百聞一見に如かず『實にや百聞は一見に如かずと云ふ事がある。辭書で引いた丈で怎うしても了解の出來ぬ事でも、一度實物に觸るれば何の事なしに會得され得るものである。一方 english atmosphere を作る事を心掛け、一方或る事物に接する每に英語をあてゝ見る事を忘れてはならん。殊に日常の器具や室內の裝飾物などの名稱は却て迂遠なものである。私も恥かしい事ながら hnocker を知らずに大に魔誤付いた事があるが怎麽珍談は豈に獨り私のみのものでもあるまい。更らに動植物などの名稱に至つては極めて、卑近な吾々と交涉の深いものでも甚だ怪しい。況んや野に咲く花乃至吾々と帶を異にする動植物などに至つては、知つて

ゐるものは珍らしい位である。怎うしてさう記憶してゐるものが少ないかと申せば、たゞ漠然と文字の上からのみ記憶せんと努めるからで、若し夫れを自分に關係のある或る何物かに關係を付けるか、或は其事物に接する毎に、或は繪畫によりて帶を異にする動植物に接した際に英名を付けて置けば、努力は半ばにして效果は倍する事であらうと思ふ。人或は自分に交渉の少ないものを、努めて記憶する事は何等の益をなさぬ死學問でないかと申すかも知れんが、それは學問修得上根本の誤りである。然し私とても交渉のないものを無理に覺えよ記憶せよと云ふのではないが、英語修得上延いて學問修業上に斯うした風な心掛けと決心とを以て終始怠らず精勵する事を勸める次第である。

極つた Form を集めよ 『私は常に感じてゐる事は語學には或る極つた幾つかの form がありはせぬかと云ふ事である。殊に會話に於て一層其感を深うして居る。若し日常に使はれてゐる會話を或る極つた二百なり三百なりの form に集め得る事が出來たなら、英語修得者は夫れによつて、如何程便宜を受くる事であら

う。そして其の form を巧みに續き合せて變化をして行けば立派な會話即ち不自由なく natural に話す事が出來る樣に思はれる。是はは決して不能の事でなく確かに出來得るものと自信してゐる。現に吾々が日常使用する會話なども、使ふ言語の種類を分類して見ると或る二三十の言語を巧みに、繰返されるか、或は巧みに接ぎ合したものに過ぎないのである。西洋人同志が對談してゐるのを聞いてゐると、簡單な言葉を繰返してゐるに過ぎないのだが、極めて調子がよい。一方日本人と西洋人との話は甚だ拍子拔けで丸で木に竹を接いだ樣な感がする。これは英語に familiar でないとふ事が根本の錯誤である。それにつけても多く使はれいる或る極つた幾つかの form を了解して居たなら非常に都合よい事と思ふ。たゞこれらの from を集める人は、西洋の事情によく通じてゐる人でなければ能くし得るものでないから、此方面の自信ある人は是非試みて頂きいものである。

　英語を生かして置く法『次に一體實用英語は必要がなければ進まぬもので、會話などは假令一時立派に完

成した積りでゐても、必要に迫られずに放鄭して置けば忽ちの中に活用が鈍つて來るのは蓋自然であるから、英語を退歩せしめぬ方法、一歩進んで進歩せしめる方法は成るべくそれを利用して使ふ策を講ずるのが肝腎である。然し會話などは內地に居ては、使ひたくも毎日使へるものでないから、讀書の際に朗讀を勵行するのがよい。作文のためには友人同志の往復は出來る丈英文でするとか、英文日記をつけるとか、其他適當の方法によりて應用し活用する道を講じて使ふ事に心掛ければよいのである。讀書のためには勿論毎日讀書するのが得策である位の事は萬人の認むる處、又一般學生も十分承知してゐるであらう。以上申上げた樣な心掛けをして居ても、一寸怠れば會話と和文英譯とはやゝもすれば減退し勝である。若し將來に於て之を利用せんがため英語を修得して置かうと云ふ人なら解釋力の增進に意を注いで置く方が得策である。解釋力を增進せしめる事は至難であつて一朝一夕に修め得られるものでないが、他の二者は其必要に應じ解釋力をして夫等に轉換せしめる事が大した難業でもないのみな

らず會話と和文英譯は應用を怠れば忽ち減退するが、解釋力の方は之れを保留せしむる事は大した難事でない心掛けさへよければ殆んど無雜作に樂しく出來るのである。以上申した根本の精神からして會話の巧拙を以て英語の力のあるなしを論じる事は早計であらう。

本校の英語『本校の英語の敎へ方を申上げる所以は、半面から見て英語修得は如何にせば可ならんかを敎ふるので、獨り敎育家の參考になるのみでなく、一般學生に英語修得の途を敎ふる事にもなりはせぬかと云ふ婆心と、一つには大方諸賢の批判を乞はん心意氣からである。以下簡單に申せば:——

獨り本校のみではあるまいが、本校の英語敎授は學生をして其專門の參考書を讀み得る力を養はしめる事が第一の目的である。此見地からして解釋力の養成と增進とに努力を傾注して居ると申しても强ち過言ではない。さりとて和文英譯や會話はどうでもよいと云ふ投遣りな考からでない。出來る丈これらも解釋力に比例せしめて進步を計つて居るのであるが、現時の制度からして後二者に向つて十分の力を注ぎ能はぬ事を遺

とする。解譯の方は日本人教師が當つてゐるが、和文英譯と會話とは主として西洋人に擔任せしめ、其の足りない處（少し語弊はあるが）を日本人教師が補つて居る。教科書は重に英國出版のものを採用して居る。本校使用の教科書は豫め決めて置き、毎年大なる變更せぬ樣にして居る。然し毎年同一教科書を使用するのでなく、教科書を二通り拵へて置き年々交代に使用して行くのである。例へば今年使用せし教科書は、明年使用せずに明後年即ち三年目に使用する譯になるそれと云ふのも落第生保護鞭撻の方法で、落第生が同一教科書を二度繰返す事になると、却て倦怠を起して精勵しなくなるのみならず、種々な弊害が其間から生じて來て甚だ感服しない事があるからである。

　教科書の教へ方は他と大した軒輊もあるまいが、本校では教師の講義を避けて、全々生徒の自發的研鑽に委ねて居る。其ために一つ class を A組B組と云つた樣に分割して置き、A組の一人に講義を求むれば其の答辯はA組全體で助成して行かねばならぬ樣にして置く。今假りにA組の一人る當てゝ講義をさして見る。若し

誤りがあつたり、曖昧な處があれば、教師は突込んで質問を求める。此場合指名された者が解らなかつたり誤譯でもしやうものなら　組全體の人に訊ね、尚ほ不可能であれば、反對の組の人に適譯を求める。最後に教師は其の足りない所を説明するのである。そして組の一人が講義してゐる間は其組全體が共同連帶責任があるのであるから、これを何處迄も保護して穴を探されぬ樣敗けぬ樣に、自分々々の組で兎もあれ徹底せしめねばならぬと云ふ競爭心が起つて來る。そして當てる人は豫め決めて置かない。昨日當てた人にもまた今日當てる場合もあるのであるから、生徒の油斷を赦さぬ。生徒に自發的研究心を起さしめる方法は千差萬別あるだらうが、何れも一利あれば一害ありで萬全を期する事は至難の樣だ。私の學校で採用してゐる方法も決してbestの方法とは思はぬが、これに増したものは見當らないので、當分實行を續けて居る次第です。

　和文英譯は主として西洋人に任かしてあるのだが、日本人教師は其の足りない所を補足して居る。然し日本人は單に和文英譯としてゐなく、複文の方法により

て教へてゐる。先づ最初教科書の短い部分を書取らしめ、其書取つた單文を reading させる。する事二三回にして、今度其文を見ずに意味を書かせ、最後に其日本文をまた舊の英文に綴らしめるのである。斯くすれば一擧にして兩得所でなく、三得も四得も得られる譯殊に和文英譯と其の練習、手の練習に著しき效果が顯はれる樣だ。

　會話は全々西洋人に任して居る。西洋人は敎師によゥ方法も異にして居るから一定しないが、短い話を聞かせたり、或は reading せしめて pronunciation, accent を正し、或は生徒に質問して種々なる事を訊ねてゐる樣だ。以前の會話の敎師は運動家であつたものだから生徒を引率して庭園に遊び或は郊外に散策を試み、適切な會話を談笑の間に趣味を持たして敎へたものだが、これらも一つの變つた方法であらう。會話や和文英譯は解釋力と比例せずとも、夫れに連れて幾分進む樣だが、兎角此の方面の智識は實際に使はねば發達が遲いのは返す々々も殘念である。

　努力が肝腎也『以上申した樣な譯だが、要するに學

校教育は生徒の數も多く、時間にも制限あるので、思ひ半ばに過ぐる事が多い。夫れに教師の負擔が餘り重過ぎるので理想の半分も實行し能はぬ事は遺憾である。殊に會話に於て此感を深うする。譯語の發達を眞に期するには教授法云々の問題は未である。要する英語教授は教師の素養が豐富であり、眞面目であつて、一方生徒は熱心に努力せねば效果が薄い。會話の先生なら多少日本語の心得があつて欲しい。外國人の教師は一般に思遣りがなく、そして如何なる所に日本人の缺陷があるか、錯誤があるかを了解してる教師が少ない樣だ。學識豐富な日本人教師が多からず。日本語を解してゐる外國人教師が少ないのは、洵に惜しむべき事である一方また一般生徒の努力が足りない樣にも思はれる。教はらない所なぞは、讀む氣がして居ないのは十中の九である。教場に來る前に十分の下調べをして來なければ、眞の了解は難かしい。大體生徒は或意味に於て欲が足りなさ過ぎるのぢやないかと思ふ。生徒である中こそ先生を利用する事が出來るのに、却て一種の邪魔物扱にしてゐるなどは悲慘な滑稽である。一廉の男に

なつたからも、怎麼幼稚な考を持つてゐる樣では心細い沙汰の限りあるまいか。殊に學校卒業後は語學を更らに省みない人が多い樣だが、一日少し宛でも眼に觸れてゐなければ英語は忽ちの中に遠ざかつてしまう。要するに英語修得の根本は讀書百遍意自ら通する努力と不斷の心掛けが必要である。』と語り了つて談は英米の English の事に及んだ。──『間違つた英語を話しても、米國人は察しがよいから了解して呉れるが、英國人には accent なぞ correct に云はねば通じない。これは米國人は種々異つて種族に接してゐるからかも知れん。──Silent になる文字が綴字の中に入つてゐるのは寔に厄介だが、さりとて之を省いてしまうのは物足りない感じがする。これを米國では改めようとしてゐるが、英國は保守的の國だから改めようとしない。』云々と

厚情を謝して校邸を辭すれば秋雨蕭條として野に咽び遙に細く喇叭の音のひびくのは鶴舞城であらう。雲煙唯漠々富裕飽滿の名古屋にも今日はさすがに秋の色の深きを覺えた。

語學修得の本末を誤る勿れ

東京高等商業學校教授
小谷野敬三氏

文法過重の弊害——文法の學び方——自由英作文の必要——會話は實地練習にして本の上の學問に非ず。

午后からどんよりと曇つて蒸し暑い九月十九日午後四時頃、小石川の高田豐川町、瀟洒な日本造り、欝蒼たる樹木に圍まれた先生の御宅をお訪ねした。

古武士の面影を窺へる御顏に口を堅く結んで、編者訪問の趣旨を聞いて居られた敎授は、「私は明治初年の語學者ですから」と至極御謙遜なされたが、編者たつての御願に御同情なされて、徐ろに下の如き御高說を下された。

どうすれば本が讀めるか と御尋ねすれば、敎授は泉水の邊にある、百日紅の花に無心にヒラ々々と戲むるる蝶々を眺めて居られたが『どうすればと一概に申されても、其人々々の學問及び知能の程度もある事でしようが先づ概括的に申せば、自分の力に適當した本を澤山讀むのが一番良い方法でしような。今の學生が讀書力の poor なのは敎授方法の誤れる所であるまいかと思ふ。私等の中學敎師時代は、國語漢文は別として他の博物、物理、化學、西

洋地歴史の教科書に至る迄全部原書でやつたものです。だから生徒も嫌應なしに讀まねばならぬ。其結果讀書力は非常に付いた譯だ。所が現今は是等のものは全部日本語の教科書を用ゆるようになつてたゞ英語の時間が一週六時間位あるのみである。其六時間も英文和譯と和文英語（英作文）とがあるのだが、此二つの聯絡が薄い。更に英文法と和文英譯、英文和譯に至つては實に寒心に堪えぬものがある。皮肉に攻撃をすれば沒交渉と云ひたい位である。だから學生の讀書力のないのは、無理もない事だと思ふ』と教授は昔を偲ばれ、斯學より見たる現今の教育の仕方を懸念なされて居らる事が明かに其眉宇の間に讀まれた。

文法過重の弊害 『夫れに現今の中學校などでは、餘り文法にのみ重きを置く傾きがありはすまいか。一體誰でも云ふ通り grammar は language が出來てから出來たものであるから、敎へる際にも、此點に十分の注意を拂はなければならぬ事と思ふ。中學校の語學教授を進み方から見るに譯讀よりも文法の方が十歩も二十歩も進んで居る。然し了解はして居らない樣に思はれ

る。其結果餘り文法や字句に拘泥して、全文の意味が分らなくなつてしまふと云ふことがよくある。讀書力の貧弱な幼稚な頭に、理窟張つた難しい文法を、生半可に注ぎ込んだ所で解るものではない。或程度迄讀書力が進んでから、文法を學べばこそ、はゝ成程と首肯せられて、僅少の時間で文法を眞個に了解する事が出來るのである。』と語られて、庭園の彼方に、美しく咲いた紅芙蓉の、秋風になよ／＼と搖ぐのを凝視つて居られた。編者も是には大に同感であると云つた。實際英語とりわけ解釋力の poor な學生に、獨り文法のみ程度の高い所を詰込んだ所で決して了解のつくものではない。よし假りに判つた樣でも、應用の機會と、實際に當る場合の殆んどない文法を記臆してゐても一向に效果がない譯で、語學修得上甚敷不經濟であるのみならず、却て害をなしてゐる事は編者度々經驗せし所である。

暫くして教授は更に語を續けられた。『斯う申すと文法は全々不必要の學科の樣に思はれるかも知れんが、そう云ふ譯ではない。文法は、至極必要であると云ふ事は私も更に異存はないが、只何事も同じ事だが、英語を學ぶにも其本末がある。根幹となるべき事を覺えぬ中に、枝葉にのみ熱中して心肝を碎く事は、たゞに勞力の點に於て損失なるのみならず、英語發達上から見ても不

利益な點が多いと云ふ私の確信を申上げたに過ぎません。』と教授は至極力を入れて申された。

文法の學び方 編者は然らば、愈う云う順序で文法を學ぶべきかに付きお尋ねした。教授は『さあそこです、それが一寸言ひ苦い所ですが、事を簡明するために實際談を御話しましよう。私の學校の入學試驗答案を見まするに、普通是非知らねばならぬ事を知らずに知らぬも事缺かぬ事などを知つて居る學生が多い樣だ。つまり理窟張つた文法に氣を取られ、普通の事が疎かになつて居るのである。恁麼事ではいかぬ。文法は普通多く使はれる所を十分に知解して居らねば駄目だ。形容句はどうの、副詞句はどうの、そんな事はどうでもよろしい。先づ文法をやるには、第一日本語と英語の相違の點に最も注意せねばならぬ。卽單數、複數の觀念、名詞、動詞の number の觀念とか、關係代名詞の觀念を初めとして、讀む時には差支はないが、書く時に最も必要な動詞の變化に注意する事、例へば To have, To be の付くものは常に過去分詞であるべき所を root や過去などと結び付ける樣な滑稽を演ずる學生は可なりに多い

が、恁麼人は文法の基本觀念が未だ這入つて居らぬのである。だから文法は過度深入りせずに讀書力に從て此位がよいと云ふ所で、止めて置く方が宜しいと思ふ。そして亦融通自在にして置く事が肝心だ。物質名詞でも使ひ方によりては、普通名詞になる事位は誰でも知つて居る筈だが、こんな普通の事を知らぬ學生が實に多いのには驚くではない。要するに文法は讀書力に從つて研究して行く事、そして普通の事を十分理解し、頭に入れ精通して、融通自在にして置く事が、最も緊要な事だと思ふ。』と語られた。秋の日はもう余程傾いて居た。綺麗に刈り込まれてある芝生の上に秋の陽は流れてゐる。敎授は、容を改め頗る殷勤な態度で『今申上げた事は前後轉倒して（どうすれば本が讀めるか）と云ふ質問に對する答としては一寸正鵠を失した樣に思はれるが、私の意見は要する所、文法などを喧しく云はずに、自分に適當な本を選び、成るべく澤山ドシ々々讀む事が一番善良の方法だと主張するので、是れは形容詞句だとか、副詞句だとか云ふ事をゴト々々云ふのは愚の骨頂だと云ふのです。 phrase でもそうだ、是れはこんな意味だ、位の

見當を付けて讀んで居つても、澤山讀む間には、何度も其句に出會ふから歸納されて、はゝ成程と的確に覺える事が出來るものである。斯んな方法にして澤山の本を涉獵する方が讀書力を發達せしらる上に偉大な効果のある事は、實驗に照して明瞭な所であります。

和文英譯『和文英譯や英作文は、文法から這入つて行くものの樣に思つて居る人もある樣だが、至極の謬見ではあるまいか。何故なれば其結果文法過重の弊害が起つて來る。そして頻りに文法にのみ熱中沒頭する結果、是非知らねばならぬ普通の事を疎にして、實用に遠い idiomatic phrase などに氣を取られる。其作つた文章を見るに、idiomatic expression や phrase を無暗に使つてあるかと思へば、肝腎の subject がなかつたり、predicate verb がなかつたり、或は其單語を間違たり、verb や principal parts をごちや々々々に書いたり、殆んど目もあてられぬ有樣である。』と教授は飽迄も文法を過重の弊害を痛罵せられ、且慨せられた。

『現今の中學校などの英作文と云へば、大抵和文英譯で時間の都合上全級の生徒に同一の日本文を與へて英

譯さして居る樣だが、あれでは效果が薄い。無論和文を英譯する事も必要ではあるが、それよりも、或題例へば(運動會)とか(秋の郊外)とか云ふ樣な題か、又は reader の中にある sentence を比較的多く應用の出來る題を與へて、學生の思想も、作文の力も十分發揮せしめる方法を採るのが至極善良な遣り方と思ひます。又作文の方法卽ち reader なり、自分の讀んだ本なりの所を、日本文に譯し、それを又英文に作り換へて見る事が非常に效果がある樣だ。第一には英語の英語らしい所を眞似る事が出來るし、第二には其文章が暗記されて讀書、作文、會話のためになる事は疑を容れないと思ふ。夫れから、自分の好きな詩文を暗記する事も至極良い方法と思ひます。つまり和文英譯の練習は、奇拔な文章を書く事や、idiomatic な言ひ方も、必要であるがそれより假令小供らしくも、complete な sentence を作る事に心掛けるのが肝腎である。

　會話　『language は耳から入れて口で眞似すべきものですから、會話は正確な人の發音を耳から入れ、それを眞似る外道はないでしやう。恰かも小供が母の云

ふ事を眞似ると一般で、耳が慣れて來れば口の方は自然と出來るものです。讀書は如何程出來ても、發音を正確にしなければ、先方には通じない。又先方の云ふ事が聽取れない。だから會話の力は、本の上では養ふ事はどうしても出來ない樣に思はれます。phonetics など云ふものもある樣だが、生きた人間の話しは恁麽死んだものから得る事は出來まい。

會話は其發音に注意する事が最も肝心で、發音は母音の長短を區別する事を第一知らねばならぬが、accent 發音に劣らず注意を拂はねばならぬ。accent を間違はれたら、聽手は一向に判らぬ。例へば Away′, About′, Event′, などの如く終りに accent のあるを A′way, A′bout, Ev′ent, の如く初に accent を付けるのは非常な間違であるから、斯樣な事は最も注意すべき事である。」

と教授は語り了つた。一葉二葉の黄ばんだ楓や櫻の葉が颯々たる秋風に搖られ、遠く早稻田田圃の邊から、幽かに豆腐屋の喇叭が聞えて來る。

(文責在編者)

語學修得の準備的要素と方法

學習院教授
熊本謙二郎氏

事實を想像して心に其の畫を畫け――頭を理論的にせよ――註譯書の利、不利――易き本を讀め――辭書の引き方――辭書は魚屋の如し。

八月廿八日白露を踏み分けて、虫の音繁き武藏野の一角、とい云ば大層草深いやうだが、近頃餘程ひらけた高田村は旭出の里に先生を御訪ねした。

お顏に飽迄快活な、そして何所か人をして畏敬の念を起さしむる微笑を浮べて、編者推參の趣旨を聞て居られたが、非常なる同情を以て下の如く御話し下さつた。

編者は先生の高說を諸君に頒たんとするに先だち、是非一言せねばならぬ事がある。一體諸先生に寫眞を頂戴して來て、高說と共に紙上に揭げるのは某先生はこんな顏の男か、某敎授は案外年がいつてゐる抔とその容貌や風采を批評して貰ふためではない。是には別にもつと深い意味があるのである。(本稿に寫眞の揭載を見合せたが記事丈を紹介する)。

吾々學生時代の精力を、少なくとも四割まで傾注して、尙且足らざるを患ふるのは語學の研究である。語學はどの學校でも主要科目の一つであると云ふ事は、何人も異議あるまい。學生は語學に熟達せんがために、東雲の空まだ明けやらぬ頃より、四邊は靜つまつた深更までも孜々汲々勵めど勉むれども、中々思ふ通りの結果が得られぬものである。心ばかり

徒らに焦つても實績は一向に擧らず、あれ宜からん、これは如何にと當途もなく彷ひ徨ふ其の態は、恰も際涯もなく茫々たる古の武藏野八重葎に道の知邊も見え分かず、進退維谷まり泣かんばかりに困じ果てたにさも似たりである。此の時此の際村人に遇つて路を敎はつたらどんなに嬉しからう。斯道の大家に御話を請ふて之を諸君に傳へるのは渺茫たる英語界の荒野に彷徨へる諸君の爲に栞せんことを希ふからである。

されば諸先生の御寫眞に對する時諸君は唯一種の好奇心を滿足せしむるに止らず。實際荒野に迷ふ旅人が路を聞く時の心持となつて、「先生如何すれば本が讀める樣になれるでせう、私は色々試みましたが殆んど手段が盡きました、どうか憫愍の情を垂れて敎へて下さい」と腹の奥底から眞劍に湧出る眞心を以て恭謙に哀願する、其の光景を明瞭に頭の中に畫いて貰ひたい。諸先生の御寫眞は諸君と諸先生との間に personal relation を作らせるのが目的であるのです。次の熊本敎授の御話を讀むに人も此の人が斯う目を瞬つて斯う口を開いてなどゝ想像して直接其の人から聞く心持になつて貰ひたいものである。

本欄熊本敎授のお話は殊に貴重で尚ほ其れに關係して羨ましい程優美なものがあります。英語界の重鎭、權威ある先生の高說であるから諸君の傾聽に價するは勿論の事だが、敎授はたゞに槪括的に一般學生の爲に此のお話をされたのではなく、今年東京府立第四中學を出て第三高等學校の工科に入學された令息伸一郞君が此の問を發せられたと想像し、之れが爲に實際行ひ得らるゝ方針を示す積でお話しになつた此の一事で以て此のお話が一層實際的價値ある譯ですが、それのみでなく察する所敎授は令息をしてこれ迄とても此方針に從はしめられたに違ひないと思ふ。さうして見れば敎授の此のお話は、實歷の御苦心談であつて、容易に拜聞する事を得ぬ貴重なものであるのです。

編者は此御話を承りながら、何故か無量の感慨が胸に湧き、覺えず落涙を禁じ得なかつた。本欄は議論でない諸君の慈愛深き父上が我が兒よかれと思ふ親心で、諄々と言つて聞かせられ悟されて居る積りで讀んで貰ひ度い。

　英語熟達の準備的要素『如何すれば英語に熟達するでせうかと云ふ御尋ねであるが、夫は餘り範圍の廣過ぎる大問題で、どうすれば本が樂に讀めるかと限局して先づその準備的要素、換言すれば基本構成の必要から御話しませう。英語のみならず總ての學問は imagination の働きを必要とするのは申す迄もないのである外國語をやるのに imagination の poor な者は見込が少ないと云はねばならぬ。然らば如何して imagination の力を養ふか、又其根源は何であるかと申せば、一事一物を mind の中に其の picture を畫く事に歸着するのです。根抵がシツカリすれば枝葉從て繁茂する譯です。mind の中に picture を書く事が容易になればなる程 imagination の働も次第に擴大されて行くのです。先づ之を英語學修に應用し一例を擧げて申せば native place といふ英語に出會つたと假定しよう、之は「故郷」といふ語であると記憶する丈に止めず、我が故郷には

前には曉風薫する蓮池、後ろは欝蒼たる篁、林中茅葺屋根深く垂れて平和の神を宿せる我家を中心として、鎭守の森、釣魚せる河邊など迄も想像し、之れが my native place であると英語で言つて見る。各語に就き各文に就き、斯く picture を畫く癖を養ふ樣にすれば讀むだ事が皆生きて頭の中に活躍して來る。その印象の深さと頭腦に印刻される程度とは只譯語を「故郷」と覺えた丈の行り方とは雲泥の相違があらう。

　それからもう一つ頭を logical にすることが最も肝腎です。頭が logical に出來て居なければ、本が碌々讀めず、また十分の理解を得る事はまづ不能と云はねばならぬ。精密なる推理が出來なければ日本語に比して遙に論理的な、そして精密な言ひ廻しをする英語は學び得る事は難事であらう。日本の陸軍は獨逸に比して云々といふが如きは理窟にあはない。獨逸の陸軍に比してとか獨逸のに比してとか云はねば英語にならないのである。一寸した例でさへこんな譯であるから、學生は平生日本語で物を言ふにも苦心して練習を怠つてはならないのである。

そこで第二の問題として「頭を精密にするには如何なる修養を必要とするか」と云ふに先づ例を舉げて說明して見やう。日本の作文の敎科書を見て御覽なさいFalse syntax の例が澤山あげてある。此等を讀んで確と不正確、精密と亂雜との差異を識別する感覺を銳敏にして夫れから新聞でも雜誌でも注意して見ると、夫れは文になつてゐない文が厭やといふ程見附かる。是れは至極容易な方法で而かも英語學修の基本事業、準備的用意として最も肝要な事である。人が惡いやうだが盛んに日本文の穴搜をして精密に論理的に物の言ひ樣を覺えるがよいと思ふ。

「さう言はれて見ると邦文は可なり大家の書いた物でも理窟に合はない文が河原の小石程にざらにある。殊に迅速を旨とする新聞の記事や雜誌の文章抔は頗る亂暴なものが多い。こんな物を讀んで何の不快も感ぜず何の不審も起さない樣な頭では如何に英語を攻擊しても格別の效果無き事が首肯される。今「攻擊」と言ふ事で思ひ出したが、敎授は mental picture を書く事に就て論ぜられたうちに「例へば attack「襲ふ」attach「附屬する」といふ二語の關係を瞑目して考へて見給へ、「襲ふ」には近くへ迫らねばならぬ。「附屬」といふ事には是亦近接するといふ意味が現はれてゐる。

殊に襲名(名をつぐ)といふ漢語もある、此二語は相關的のものであるといふ事も mental picture を畫けば判つて來る」と言はれたが是は逸するには餘りに惜しい貴重な事と思ふから一寸茲へ挿んで置く。

とうすれば本が讀めるか『前に御話し申上げた樣に先づ基本として logical な頭を作り、それから一事一物、一語一文に就いて mind の中に picture を畫く習慣を養つて置いて、本を成るべく澤山讀むより外はないが、學校の正課さへ眞面目にやつて行くのは容易な業でないのであるから、非常に多く、又非常に困難な事を行れと言つても、夫れは無理な註文で、自分の子供等の實際に徴しても出來得る事ではない。其處で私は譯註の付してあるもので、尙ほ讀んで面白い內容の本を讀む事一般英學生に勸めます。

飜譯書の利、不利『譯註のある書を讀む事の是非に就ては色々議論もある樣だが、僕は今言つた通り是は利益のある方法だと言ふ一人である。ただ其の讀み方に注文がある。夫れは譯や註を見て意味が分明になつた後必ず原文を通讀する。一遍二遍三遍何回でも朗讀

して意味も分り著者の心持も分つて面白く感じ得るまで讀む決心と心掛けとが肝腎である。

　斯うすれば辭書を引かずに澤山の單語乃至成句を會得する事が出來る。自分が苦心慘憺して意味を考へ出したのでは無くても、色々の構造の文を解する力が附き、至極經濟的な方法だと確信するのであるが、學生は其の代り極めて眞面目になつて、若し一度前に見て居た字を忘れて、二度註を見たとか、前にあつた構造に再び逢着して未だ會得了解し得ず、又候註の御厄介になる樣な事があつたら、自分で自分を罰する爲に、股を捻ねるとか、頭を打つとか乃至は一食位飯を拔く底の元氣、眞面目さが無くてはならぬ。』と言はるゝお言葉が殊に眞率で調子が頗る嚴肅になつたのに驚いて見上げると、教授の眼は爛々として輝いてゐた。伸一郎君は自ら食事を拔かれたかどうか知らぬが、教授のあの勢では隨分そんな事もやらされたらうと思はれた。

　教授は又語をつゞけて『私も分らない語句があつたら字引を見るが宜い。意味が分らぬ文に逢つたら、千思萬考せよといふ事に對して異論は毫等無いが、何にしろ餘暇のない學生に可能な方法として譯註を眞面目に利用することを推薦するを憚らない。同じ著者の本を二册

も讀んだなら、今度は其の著者の別の本で譯註のないのを求めて自力で讀んで見る、其の場合には辭書も自分で引く、構文は自ら工夫して解するの外はないが、最初二册で眞個に眞面目に讀んだ後なら是は出來ぬ事ではない。自力を試す方法としても面白いから學生は進んでやるべきである。どんな本を讀むべきかは各自教師や先輩に就いて聞くべきである。さうしないと力量不相應の物を取つて無駄な骨折をする事がある。

　少しくどい樣だが註譯書によりて勉強して居る人の通弊として分らぬ事があると考へもせずに直ちに譯なり註なりを見るものが多い。これは宜しくない。人間の weakness として此處に陷るのは止むを得ぬ事であるが此處を一番こらへて、自分で解釋を試み熟考して愈よ行けなくなつてから始めて見る。既に見た以上は之を我が物とする、英語でいふと之を assimilate する、これは最早我が物であつて決して他に逸し去らしむべきでない。さうするには原文を幾回でも讀んで、出來るならば暗記して置くのが必要である。さうすれば苦しんで辭書を引かずとも、字も覺えられる。文の解釋力も

附くのは理の當然私の保證を要さぬ事である。前に述べた通り心の中に picture を畫く事は一語、一句一文、一章に就いて怠つてはならぬ。身其の境に在る樣に感ずる迄に本を讀むのが本當に本を讀むもので、此習慣が出來さへすれば讀書の力は自然に附いて來る。一語一章毎に瞑目して實況を想像するやうにすれば其語なり文なりが我が頭にこびり附いて離れぬやうになり、始めて吾が智識として藏する事を得るのである。

　實力以下の讀物『譯註を賴りにして漸くにして讀み得る位の本を讀む事以外に我が實力以下の容易な本をドシ々々讀むのも案外效果がある。一頁中に五つ六つ位初見の字に出會す位の本をドシ々々讀み。然し默讀では宜しくない必ず朗讀する。朗讀は眼耳口此の三つの機關に敎へて行く事が出來るから遙に利益が多い。そんな容易い本を讀んで何の益があるかと怪しむ人があるだらうが、六ヶ敷本を少し宛苦勞して讀むのも前に述べた通り必要ではあるが、容易しい本を樂みながらドシ々々讀むのも亦語學熟達上に必要な事である。此の二つは譬へば恰は車の兩輪鳥の兩翼の如きで一廢

すべからざるのである。一體人の意見を聞くからには少々無理と思つても瞞された積りで之に從ふ底の信仰を持つて掛らねばならぬ。それが厭なら始めから聞かない方が氣が利いて居るのである。相當學力のある先生でも少年叢書の書物を終始讀んで莫大な利益を被つてゐると云ふ逸話は度々聞かされてゐる。次に扨どんな本を讀むかに就ては之れも先生なり先輩なりに教へて貰ふが宜しい。

　辭書『に就ては諸大家の種々な議論もある樣だが、私の意見を單簡に述べて置かう。

　辭書を引いたなら第一發音に氣を付ける事。第二名詞にして使つてあるか、動詞にして使つてあるか、動詞なら他動詞か自動詞かと云ふ事迄十分調べ、尚ほもう一つ譯が甲、乙、丙と云ふ具合に澤山ある場合には今自分が讀んで居る場所には、どれが一番の適譯かと云ふ事迄調べなければ、どうも效果が薄い樣である。

　單語の記憶と辭書『辭書を引く事は etymology のある辭書を用ゆる事、卽ち etymological にやる習慣を付ける事が、最も肝要で、又單語を覺える上に於て僅少

ならざる利益があります。例へば mono と云ふ字を引いて覺えたなら、夫れと組合せた、文字の幾通りかを記憶し會得する事である。例へば mono—mono – と云ふ字を記憶して行く樣にすれば、覺え易いのみならず單語を澤山、比較的無雜作に、記憶する事が出來る。それを mono も知り tone も知つて居りながら更に monotone を引く樣では、速かな進步を見る事は出來ません。』と語り終つて敎授は窓外を眺め噬いて居られたが

辭書は魚屋の如し 『鹽谷榮氏が私が辭書は古衣の樣なものだと云つたと云ふ事を御話しなされたが、自分は申したかも知れんが今は記憶してゐない。私は「辭書は魚屋の如し」と信じてゐます。魚屋の店には澤山の魚があり、又同じ鯛でも、さしみとなり、フライとなり、鹽燒(鹽燒でも食ふ人の好き々々により甘鹽の人と辛鹽の人とがある)となりて、其時々の趣好により場所により種々樣々に變へて料理する樣に、辭書の文字も當嵌める場所により種々に modify されて行かねばならぬものです。例へば spead と云ふ字でも、膏藥なら張る、毛布なら敷く、と云ふ樣にして行かねば

ほんとうの譯は出來るものではない。文明の魚屋には煮魚もあれば、さしみもある樣に、完全したる辭書には總ての modificaton を網羅してあります。云々と

(文責在編者)

中學教師を優遇せよ
第二高等學校教授
晩翠 土 井 林 吉 氏

　大學から高等學校に對し、高等學校から中學校に對してもつと學生の力を付けて貰ひ度いとか、語學の力が貧弱で到底ものになつてゐないと云ふ樣な種々な小言乃至注文が絶えず來る樣だが、これは一面甚だ結構な事だが又一面無益な事の樣にも思はれる。何故なれば、理想を高く求めて苦言する事は向上發展の過程だが、然し徒らに理想のみ高く求めて、夫れに達する手段方法を一向に考究せぬのは獨り矛省の誹りを免れぬのみならず、何時迄たつても向上發展は望まれまい。注文する事も大切だがお互に夫れに達する方法を研究する事が一層肝要な事である。自分は高校に職を持つてゐるから高等學校の事は暫く措き中學校の成績を擧げ得る方策の一つを述べて見やう。

　中學校の成績を擧げ得る方法の一つは、教師を優遇する事にあると思ふ。優遇と云ふ事は必ずしも増俸を意味するのではない。私の云ふ優遇とは増俸以外中學の教師に參考書を給與して研究の材料を供給し、夫れと同時に校務を一切執らせぬ事である。校務(統計を作り、生徒の家庭訪問其他)は一切を校長に讓り教師は自分の受持つてゐる學科の研究調査に膽漿を絞らしたなら、教師の學力が向上して來るから從つて生徒の實力も進歩して來るのは疑のない事實であらうと思ふ。

(英語の日本より轉載)

英語は理詰に修得すべし

第一高等學校教授
畔 柳 都 太 郎 氏

怎うすれば英書が讀めるか——辭書は原書のに限る——和文英譯と會話の修得——中學卒業生の缺陷——英語は万能のものにあらず。

　溫顏に微笑を湛へて編者推參の趣旨を聽いて居られた敎授は、「ハハア それでは私が第一に鎗玉に上つた譯ですな。イヤ私なぞは中々以つて英語に就いて意見を吐くなどいふ資格はないですが」………と謙讓な態度で下のやうな談話を下されまてた。

どうすれば本が讀めるか『どうすれば本が讀めるかと云ふ事は、英學界の大問題で、一朝一夕に論議する事は出來ないが、先づ語彙を蓄ふる事、卽ち單語を澤山覺える事、そして其の單語の觀念を明確にする事が最良の方法だと信じます。單語が poor なのに持つて來て、其の單語の譯を一通りしか知らないのみならず亦其觀念が明確でないから本が讀めない、本が樂に讀めないから英語の面白味が判らない、英語の面白味が判らないから本を讀まない、本を讀まないから英語が

進歩しないと云ふ結果に歸着するのである。

　然らば單語を豐富にするには如何すればよいか。これは度々問はれる問題である。だが然し他人の苦心して發見した場所や人の研究した方法に倣つて修得するのが捷徑である場合も尠なくはないが、夫れではどうも面白くない樣だ。私の考では各自の才能が違ふから其の才能に應じ、各自獨持の方法を案出した方が遙かに捷徑で、また確實であると思ふ。次に單語の idea を明確にする事であるが是は仲々の大問題である。要するに理詰めに勉强するに限る。即ち安全なる辭書と首引して、理論的に研究し、而して sentence の上に現はれる一個の單語が、其 sentence の何所に當つて居るかと云ふ事を的確明瞭に覺える事に過ぎない。斯樣に申上げたなら、何んだか數學の問題を解決するかの如く思はれて、文學即ち藝術であるべき英語の面白味が大半沒却せられてしまう樣に思はれるかもしれんが、決して其麼ものではない。例へばこゝに一つの言葉即ち world と云ふ字があるとしやう、諸君は world か world なら「世界」だと直答して、其意を得たり盡せりとなし得

々として居るだらうが、よく考へて見給へ「世界」と云ふ事には、大にしてはこの宏大無邊の宇宙より、小にしては我が茅屋の一室も亦世界 world と云へるだらう上は人類社會より、下はアミーバ種屬の棲息する所も矢張 world と云ふ語で通ずる。English world と云へば、英語の使はれて居る社會をのみ云ふのである。斯樣に一個の單語 world でさへ、千變萬化する。余はこれらを理詰に勉強せよと云ふのです。理窟詰とは、本を讀んで行く間に、例へば一行目から讀み始め五行目迄讀んだ所が、其五行目に world と云ふ言葉が現はれて來たなら、其の world と云ふ言が、一行目から五行目の迄の間の、何處を指して居るので何を意味するのであるかを、曖昧ならず徹底的に理解して行く事です。英文を解釋する上に於て、此徹底的理解が英文其者以外に、英文の趣味を增して來るから、最も緊要な事であると私は信じて更らに疑はぬのであります。然し一字一字を一概に覺え樣とすると、却つて倦怠を生るから徐々と、即ち Slow but steady にやらなければなりません。

辭書は原書に限る『前節で申した樣な微妙な變化を

調べ、研究するには、勢ひ精密な辭書を要する事勿論である。私の經驗と信ずる所によれば、精密な辭書は原書を俟たねばならぬ樣に思ふ。どうも、日本で編纂された辭典では、明確に、此等の意味の變化如何を、十分に把束し會得する事は出來ない樣に思はれる。尤も私は日本の辭典なるものを、手にした事もなければ其是非如何を殊更らに注意して調べて見た事もないから、云々する資格はないが、兎も角、原書の辭典より劣ると云ふ丈は、斷言して憚らない。だから私の學校などでも、入學するや否や、直ちに原書の辭書を使ふ事を勵行せしめて居ります。最初の中は判り惡い樣なものゝ、根氣よくやつて居る中に、慣れて來て樂になると共に、十分の滿足を得る事が出來、後には原書の辭書でなければ滿足の出來ぬ樣になつて參ります。原書の辭書では、Oxford の大辭書を諸君に推薦します。勿論此外にも完全なものが種々あるから、是等に依て大に勉強する事を合せて御勸め致します。

和文英譯と會話『私の學校では、和文英譯と會話は外國人が擔任せられて居るし、それに、高等學校では

外國語學校、高等師範及び高等商業學校などは自から其方針を異にして、大學に進んでから、講義が解り原書が讀める樣にと、云ふ事が、語學を敎授する眼目ですから、私は和文英譯に就ては、參考になる程の事を申上げ兼ます。否申上げない方が、諸君に忠實な所以であると思ふが、强ひて申せば、和文英譯を、自由に、苦もなく書く樣にするには多くの人の云ふ樣にvocabularyを豐富にする事、外字新聞、萬朝報英文欄の樣なものを讀み、それを、日本文に直す、又それを英文に作り、原文と對照して見る事、卽ち復文の方法に據る事の二つが最も捷徑な方法であると思ひます。尤も論文、紀行、小說及び詩歌などの、名文を暗記し其expressionを會得する事も亦得策であらう。會話に就ては、外人と接觸の機會を可及的多く求め多く話すと云ふ事と、小說類を讀み、其中にある事を暗記する事が最もよい方法だと思ふ。

近時中學卒業生の缺陷『近時中學卒業生の缺陷と題して種々なる事どもを列べて警告して居るが、これ或は吾々の時代からむつたのかも知れんが、其當時は語

學に關する一切の智識が進步してゐなかつたので、何所に缺陷あるかを意識する迄に至らなかつたであらうと思ふ。然し吾々當時からあつた缺陷であるとしても警告し注意する事は決して否むべき事でないから思ひ當つた事を二三申述べて置くが、第一に單語の豐富でない事、豐富でないと云ふよりも、寧ろ poor と云つた方が至當かも知れん。それからまた觀念が明確でない事である。殊に和文英譯などを見ると、vocabulary の poor な事には、呆れざるを得ません。例へば「幼稚なる農業」とか、「野生の植物」とか云ふ事を譯するに當り、「幼稚」とか「野生」とか云ふ言葉が、易く咄嗟の場合に、浮んで來ないもんだから、「幼」「野生」と云ふ文字を、一つ々々引離して、今度は、其意味の上から考へて childish とか naturally とか云ふ字を入れ、木に竹を接いだ樣な譯文をする樣な次第、英語を日々使つて居る人や、熟達した人から見れば、全く抱腹の外はないのです。要するに英語に familiar でないもんだから、手輕に出て來ないのだらうと思ふ。然し是れ學生のみの罪ではない、現今敎育制度の然らしむる所で

あらうと思ふ。人間の精力には限りがある。それに數學、物理化學、國漢文其他種々雜多な、物を一時に頭に詰込まねばならぬから獨り英語にのみ精力を集中せしむる事は出來得ない事であらう、だから手輕に出て來ないのも、無理はない事だ。私は寧ろ學生諸君に同情して居ります。

　英語萬能にあらず『最後に一日の長たる婆心からして一般後進生の爲めに申上げて置き度い事は、よく斯界の大家とか云ふ人の中には、英語萬能の如くに御話なさる樣だが、是れは後進生を誤らしむるの甚だしきものであるまいかと思ふ。世の中には學ぶべき事は獨り英語のみではない。人倫の敎は無論の事、社會百般の智識所謂常識も一通り涵養せねばならぬ。卑近の例で申せば英文を書く事を覺えると共に國漢文も習ひ、和文でも相當に　即ち自分の意思を人に誤たず、否な人に對して成さんとする目的を逐行するに足る文章も書かねばならぬ。英文が書けても和文では日用の往復文すら滿足に書けぬ人間になる事は、私は斷じて御勸めし度くない。また夫れが國家に忠なる所以でも斷じ

てなからうと思ふ。社會百般の事物が進んだ今日外國の言語乃至事物を研究する事は勿論必要であるが、其前に自國の事情には一通り通じてゐて徒らに外國の事物を謳歌せぬ様、事の本末を誤るなからん事を繰々も注意してゐて貰い度いものである云々。

英作文に就て

東京高等工業學校講師

佐伯好郎氏

Practical english の謳歌者は外國語は讀める丈書かねば眞個に解つたのでないなどゝ申されるが要するに痴人の寢言であるMacaulay の文章を讀み釋き得る人は多いが、Macaulay 程の文章を書ける人は世に幾人あるだらうか。文章を書くと云ふ事は實際至難の業である。何故なれば language は社會の共有物であるから、吾々一般人が勝手に製造して作り出す事を容さぬ性質のものである。若し勝手に製造しても差支なく、否一般に通ずるものとすれば是程樂なものはないのだが、さうはいかぬ。だから私は終始後進生に作文は借文せねばならぬ。作文してはいかぬと警告して居る。所が一般の學生は借文せずに作文して居る者が多いのである。繰言ながら眞の作文は社會の共有物である language から借文したものでなければならぬ。而して諸君は眞個の借文をせんとせば面倒の様でも文法を究め、尚は程度の低い讀物を澤山に涉獵して借文の際何時でも不自由なしに融通してやる準備を常にして置く事が肝要である。最後に格言を諸君に呈して置かう。'The good writing comes from the good reading"（英語の日本主催英語模擬試驗席上講演の一節）

國狀に鑑みて語學を修得せよ

第六高等學校教授
三宅亥四郎氏

　教授法の進步と實力――實用英語は幼年の中から始めよ――虻蜂取らずに終るな――國狀に鑑みよ――解釋力は如何にして養ふか。

　夢は自分にとつて浮世の沙漠に於ける綠苑である。思ひ切つて現實を超過した自己を夢の中に見出す時程に愉快なことはない。その夢さへも神戶へ來てからは時を擇ばぬ汽笛の聲に破られ勝ちで、いつも々々々自分は動亂の世に活きてその囂擾の一分子たることを自覺せしめられて居た。

　布引の瀧、須磨の浦いづれ俗塵の至らぬところとてはないが、遊子の心は一の谷鵯越の名に牽かされてそこらあたりの舊跡を違ひ、さて山陽の鐵路を西に吉備團子の思出もあどけない岡山へ着いた。古くから開けた土地ながらしんみりと落着いた氣分の都會である。雨後の後樂園更らに詩情の湧くものがあらうと、汽車を舍てた其足ですぐ來て見ると、兼ての期待ほどではなかつたが、寂光淸明とでも評すべき池畔の風韻却々に捨てがたいものがあつた。匇忙たりし神戶の後に此靜寂たる都の居心地極めてよい此落着いた氣分で今開け放された二階ですみきつた空に高浮彫をなしてゐるまんまるい十四日月の光を浴びながら下の談話に耳を傾けてゐる。

教授法の進歩と實力『英語教授法は未だ完成して居るとは申されまいが、兎も角數年前めつきり進歩して來た樣である。所が教授法の進歩した割合に、學生の英語の實力がそれに伴はない樣である。教授法が進歩すれば學生の英語がそれに伴つて必ず進まねばならぬと云ふ事もあるまいが、先づ進步發達して行くのが當然と思はれる。然るを怎うした譯か進步してゐない。これが私には不審で堪らないのである。斯うした錯誤を生じてゐる所に何等かの缺陷が伏在してゐるのではあるまいかと思ふ。尤も中學校には學科が多過ぎるから英語夫自身にのみ全力を傾倒せよと註文するのは、少し無理かも知れないが、さりとて學科の多いと云ふ事は別に今に始つた事でもありますまい。昨年乃至今年の受驗生の成績を見るに、學生は普通極く有觸れた文字さへも知つてない。さうかと思ふと新らし單語や言廻しなどを丁寧に知つてゐる。だがそれらは斷片的のものや、つけたりの散漫な智識であつて其間に秩序だつた統一がない。要するに根抵のない浮足の智識である。かゝる傾向は決して喜ぶべき現象でない。近時の

學生に狹いながらも、淺いながらも、統一の智識がないと云ふ事は reader 即ち教科書を精出して勉強しない事と、もう一つは受驗的な、寄木細工な敎育をする結果であるまいかと思ふ。

此點からして雜誌や參考書の選擇は十分に注意しなければ危險があると思ふ。然し私は雜誌受驗參考書は强ち惡いと云ふのではない。たゞこれらのものは往々にして、經濟上の打算のみから出版されて居るものが多いから危險であると云ふので、選擇宜しきを得さへすれば、科外參考として使用する事は寔に結構な事であるから、餘裕さへあれば是非勵行して貰ひ度い。たゞ其本末を誤らざらん事丈は十分警戒すべきであると思ふ。話は大分岐路に涉つたが、斯んな譯で敎授法が進步してゐる今日學生の力がこれに伴はないのは、何處かに缺陷のある事と思ふから、此缺陷を穿鑿して一日も早く效果を擧げ度いものである。』前提として理想を述べられた。

實用英語は小學校から始めよ『前項で申した事は現在の英語敎授に對する愚痴に過ぎないが、本項に於て

は更に根本に遡つて私の愚見を披瀝して、一般識者の参考に貢し度い積りである。

　私は語學を本統に敎へ樣とするならば、幼年の頃から始めなければいかんと思ふ。現在迄の如く中學校から始めたのでは年齡が老け過ぎて居りはせぬかと思ふ外國語を學び理解力を養つて單に讀書する丈の事なら中學校から始めても或は出來得るかも知れんが、自由に話し自在に書くと云ふ事、即ち現今の所謂實用方面に達する事は、年齡十歲を越えては有る特殊な人は例外であるが、一般の人には殆んど Next to impossible であると申し度い位である。其證據は幾らもあるが、其の一つを一寸參考迄に申上げて置かう。

　私は New York に一人の友人をもつて居るが、其人に六人の小供がある。二人は內地で生れ他の四人は彼地で生れたさうだ。此友人は恰かも今春用件を帶びて四歲位の女の子を連れて歸國せられた。私は此友人と一日快談して舊情を溫めたが、友人の speaking はさして上手とも思はなかつたが、小供は實に達者なものであつた。友人の話しによれば小供等の speaking は驚

く程達者なものだそうだ。小供は外へ出て遊ぶ時は英語をのみ使つて、日本語は一切使はないから、家庭に於ては必ず日本語を使用さしてゐるとの事だが、一朝兄弟喧嘩でもしやうものなら忽ち英語でやり出すさうだ。詰り日本語より英語の方が達者なものだから日本語を使ふのが面倒と見えるのである。私の會つた四歳位の小供も英語の方を多く知つて居た。然し三ケ月程日本に滯在する中に日本語も大部覺えて私と話をする時なぞは日本語と英語とを混ぜて「papa！Iこゝに」なんと言つて居た。其 pronunciation も accent も實に鮮かなものであつた。此父なる友人とその小供とを對照して見て私は語學修得殊に話す事などは幼年時代にある事を痛切に感じました。外國語を完成するために日本語に疎くなる是非は暫く別問題として、日本語を忘れる位でなければ、外國語は（讀書、話す事、書く事共）眞個に會得されない樣である。又小供の時に外國へ行つた人と、長じて洋行した人との間には、獨り pronunciation のみでなく、前者が何所となく外國化してゐる事や、頭の中で考へてゐる事などに大部の相違

が認められてる樣である。

　又一寸方面が違ふが、圍碁なども熱心にやりさへすれば大概の人は先づ初段位迄は行ける樣だが、併し三段四段迄と進み得る人は皆十歳位から習つた人で、十八九歳位には初段迄進んでゐる人の樣である。尤も圍碁の能力と英語の能力とは違ふが、人間としての性能を或るものに向つて開發せしむると云ふ點に於ては道理は一つであるまいかと思ふ。斯うした見地からして人の性を英語に向つて開發せしむる時期、或る意味に於て英語をより早く、より確かに覺える時期がある樣に思はれる。一度此時期を失すれば、難なく悟入せらるべきものが難澁になり、可能であつたものが不可能になる虞れがある。然らば其時期は何時頃かと云ふに、實際の經驗等から歸納して判斷して見ると、矢張幼年時代の十歳頃にある樣である。英語に極く familiar であると云はれて居る津田梅子女史や、神田男爵なども八九歳頃から外國に行かれたとの事である。我が國の小供で十歳頃と申せば、小學校の二三年頃であるからどうせ英語を敎へるものなら、少なくも此頃から敎へ

たらよからうと思ふ。尤も東京高等師範の附屬小學校で、上級生に實行してゐるとの事であるが、未だ其成績を聞かないが、定めし良成績を擧げてゐるに違ひないと思ふ。私は一日も早く全國の小學校で此制度を採用し勵行して貰ひたいものだと希望してゐる。それには敎員も養成せねばなるまいし、旁々經費の都合もある事だから、直ちに實行困難な事だらうが、英語の發達を眞個に希望するなら是非一日も早く實行して貰ひ度いものである。英語の習ふ時期を失した人に對して或は時期を失はしめて置きながら、話す事や書く事などの完全を期待する註文は無理であらうと思ふ。

虻取蜂らずに終るな『第一項で申した通り敎授法の進步した割合に英語が進步してゐないのは事實であるが、然し以前より少し宛進步して居る事丈は認ねばなるまい。高等學校に入つて來る生徒を見ても進境を認められる。殊に文法や英作文 和文英譯は變則であつた以前に比して著しく發達して來た樣だ。たゞこゝに奇態な現象は最近文法や和文英譯丈は實際よくなつて來たに不拘、英文和譯の力が却て減退して來た傾きが

ある事である。現に今年の入學試驗成績に徵して見ると、和文英譯は以前に增した良成績であつたが、解釋の方は想像以外の不成績であつた。これは在來とは全く反對の現象であるのである。和文英譯の良成績になつたのは數年間一般に和文英譯の力が足りないといふ聲が大きかつた其の反動として敎師も學生も熱心にやつた結果だらうが、それがために英文の解釋を等閑に付したのでは何んにもならない。斯の如き狀態が若し今後數年續かうものなら解釋力は憐れな程になつてしまう虞がある。若し英語を修得して、話す事も書く事も及び解釋力も、三拍子揃つて完成し得る事が出來れば至極芽出度い事だが、ちと無理な註文であらうと思ふ。やゝもすれば虻蜂取らずに終る懸念がある。否なそれが通則なやうだ。若しさうだとすれば、英語修得は其の主として修得すべき何かを、其の三つの中から選ばねばならぬ。この選擇こそ大に考ふべき價値ある重要問題だと思ふ。

　國狀に鑑みよ『前項で申した通り何れを主とするかは輕々しく取扱ふ事の出來ぬ重要な問題だが、私は思

ふに、要するに其の何れに從ふか卽ち何れを主とするかは、國狀に鑑みる方が得策であらうと思ふ。

日本人の英語修得は恰かも英米國の獨佛語修得に彷彿たる所があるから、一寸參考のために米國 Columbia 大學のさる敎授が、米國の中學校に於て獨逸語を學ぶ目的を論じた一節を紹介して置かう。

氏は「中學校に於ける獨逸語」と云ふ本を著はして卷頭に「獨逸語を敎ふる目的は」と云ふ樣な見出しの下に次の如く論じて居る。「米國の中學を卒業してから中學時代に學んだ獨逸語を話す事のために使用する人は、ほんの小數な或る特別の人に過ぎないので、多くは會話をする實際の機會にも遇はなければ、進んで使ふ程の必要も感じないのである。だから切角苦心して敎へた會話が年餘に至らずして役に立たなくなる。一方解譯の方は、社會に出でからも直接の必要に迫られ又直接に用ふる機會がないとしても、他に有益に利用する事が出來る。此二つを對照して見ると米國の獨逸語修得の目的が自と判り、從て何を主とすべきかも判る。會話などに全力を傾注する事は全く愚な事であ

る。怎うしても譯讀本位卽ち解釋力を養ふ事に努めねばならぬ」と絶叫した。尚ほ氏は更らに、「勿論中學に會話科を置いてはあるが、夫れは會話夫自身のためでなく、讀書力を進める一つの手段方法に過ぎぬ。目的でない。」と附言した。私も氏の說には至極贊成である。日本人とても幼年の頃からでも英語を始め、主としてこれに devote するか、或は外國へでも行つたなら、三拍子自由に出來るかも知れんが、中學校から始めたのでは到底出來得るものでない。若し此三つの中、何れかを眞個に役立たせ樣とするなら、其の何れかを犧牲にし、何れを主とせんかは先程も申した通り國狀に鑑みて決定すべきである。然らば日本人は何を犧牲にし、何を主とせんかと云ふに日本の國狀に鑑みて、米國と同じ樣に一般的に讀書力、卽ち解釋力の增進を主とするのが正鵠を得た見解ではあるまいかと思ふ。何故なれば中學卒業してから、西洋人と交際し、或は取引して用を辨じて行く人、又はさうした機會や或は境遇に置かれる人は、或る特別な小數の人に過ぎないので、他の大部分は皆解釋する方面卽ち讀書する事を

必要としてゐるのは、私の申す迄もない確かな事實であるだらう。此意味からして日本の practical english とは、或は讀書力を付けるのであると云ふ方が少なくとも當を得て居るかも知れない。

　語學を眞個に修得せんとする人は、社會の風潮なんどに迷はされてゐる樣では駄目だ。國狀に鑑みて、尚ほ自己の立場をも熟考し、主として自己の devote するものを決定せねばならぬ。』と低い聲ではあるが力が籠つて居た。暫時の沈默は續く編者は自と膝を正しうして、然らば

　解釋力は如何にして養ふか　を御尋ねした。月は雲の絕間にあらはれて、蟲の聲一入ほしげく恰かも月の夜を讚美するものゝ樣

『解釋力は增進には怎うすればよいか、と云ふ事は的確に定義的に述ぶる事は稍困難であるが、誰でも云ふ樣に多讀主義に據る事が捷徑であらう。多讀主義といふ事は言ひ易くして行ひ難い事である。殊に中學生などにはなか々々の難業であらう。然し教科書丈を讀んでゐたのでは怎うしても足りない。何か副教科書とでも云ふべき科外讀物を是非共讀まねばならぬ。

　副教科書を讀まねば多讀主義にならないのみならず

力も付かない。然しこゝに注意して置き度い事は、教科書丈は精讀して貰ひたい事である。教科書をぞんざいにして置いて、科外讀物のみを讀む事は惡い事でもなければ、强ち不得策でもあるまいが、一般的に勸める譯にはいかぬ。何故なれば第一項で申した危險が伴ふからである。教科書を十分にして置いて、それから副教科書に精通して貰ひ度いのである。そこで第二の問題として副教科書の選び方であるが、豫め教師から撰定する事も惡くはないが、生徒自身が自分の力に應じ、趣味に適つたものを選ぶのがよからう。但し生徒は一應教師に相談する事が安心である。たゞ未熟な學生によくある性癖として、自分の力を衒つて殊更らに難解の書を選ぶ事などは大なる禁物である。成るべく教科書より一段程度の低いものに據つた方が效果が擧る樣である。そして副教科書を或る程度迄眞個に讀ませる方法として、教師は生徒の副教科書を調べて、試驗の際には其の書の中から一問位を出すか、或は其其書物の梗概を書かせる事なんども有益であらう。要するに讀書力を付ける事、大にしては英語の發達を眞個

に計るには、英語に familiar になつてゐなければならぬ。此根本要求に供ふるには本を澤山讀まねばならぬ。本と云つても今申した樣に難解の書では駄目だ。難解の書は兎角直譯に流れる嫌があるから、易しい本をすら〻〻讀み下して其の意味を grasp する樣でなければ効果の薄い。一體本は單語のみを知つてゐても讀めるものではない。文の構造に慣れてゐなければいかぬ。文の構造は文章を文法的に解剖して見て、理論的に會得するのも一策ではあるが、易しいものを澤山すら〻〻と讀んで其中に自然と悟入するのが正道である。

　最後に私の學校の事を一寸申して置くが、私の學校などでは譯讀本位で、學生に參考書を讀み得る力を十分に養はしむる事を主眼としてゐる。それがために教科書以外の科外讀物とも云ふべきものは大に獎勵してゐます。西洋人には會話作文などを敎へて貰つて居ますが、私は會話作文を生徒が夫自身を實際的に使用し得ると云ふよりも、解釋力を付ける一つの手段であると思つてゐる。これは獨り我が校のみでなく一般大學豫備校の語學教授の眼目であるまいかと思ふ。と語り了

つて鷹揚に微笑まれた。そして『教授は私の申した事は高等學校から見た偏見で、一般に通用しない事かも知れんが幾分でも何かの參考になれば大慶です。』と附言なされた。月影を宿す叢踏み分けて行けば斷えては續く蟲の聲秋月夜の岡山城下は忘れられぬ思出の一つである。

高等學校受驗者の爲めに

第六高等學校教授
落合貞三郎氏

　多くの受驗者の曝露する弱點の一つは程度の位い英語を知らぬと云ふ事である。餘り見馴れぬ語や、滅多に使はぬ語とか、構文難澁な文章であると云ふ點で失敗する事が少い。否な其麼問題は餘り無い。斯ういふ事は受驗生の大に注意すべき重大な事であらうと思ふ。

　試驗問題に對して臚程理解ありとも表現の方法宜しきを得ずんば何かせむ。だから毎度自分で一定の時間を限りて或る文章を解釋して答案を認める稽古をするがよい。試驗場に於て問題は印刷したものが配布され一題毎にその下に答案を書く餘白が充分に明けてあるのだから。字畫は大きく明瞭に認めねばならぬ。句讀を施した方が日本文は猶よいだらう。教科書に註釋を書込むやうな貧弱徴細な文字で汚く認めたのが隨分多い。

　現在中學で使用の教科書が左程紙數の多いものでも無いのに、その用書を全部讀了せずして學年が濟むやうな場合もあるだらう。かゝる場合には先づ此際その殘りのページを讀了するといふ事。これも準備者に取りてよい仕事の一であらう。書取は唯だ語の綴丈け覺えて居ても平常から師友に讀んで貰ひ文章を書取ることに馴れてをらねば實地に臨んで周章の恐れがある。　　　　　　　　　　（英語の日本より轉載）

英語學ぶに必要な智識

慶應義塾大學教授
宮森麻太郎氏

近代劇飜譯の無責任――英語を學ぶに必要な智識――Yes と No との區別――無責任な辭書を排す――不正直は國民性か――日本語の優美――英米雜觀

　New York で "Tales from Old Japanese Dramas" を出版し、日本文學殊に最も delicate な淨瑠璃を、英米の文壇に紹介して、名聲を博した英學者がある。夫れが慶應の Prof. Asataro Miyamori である事は人の普く知る所である。編者が敎授の謦咳にお初に接したのは曩日小石川の帝大植物園内で開かれた英友會春季總會の夜であつた。

　After dinner speeches に敎授から力の籠つた歐米漫遊談を聞かされ一入畏敬の念を增し、夕風涼しい六月五日、市外大崎の瀟洒な御邸に御訪ねした。鬱蒼たる新緑の森に面した、書齋に通されて待間程なく無雜作に入つてこられ、愛相よく編者を迎へて吳れた。眼鏡の下に輝く爛々たる眼、廣く張り切つた額とに廣くして深い學殖の痕が刻まれて居る。

　近代劇の飜譯『私は歸朝して少し經つと、ふとした動機から日本に紹介されて居る近代劇の飜譯書を調べて見る氣になり、現今文壇上に名聲を博して居らるゝ文士諸君の譯書を大分讀んで見ました。ところが餘程

尊敬し遠慮して申上げても、一つとして感服の出來るものが見當らなかつたと言はざるを得ないのを學界のため憾みます。中には其の譯語の杜選、譯し方の無責任、粗漏な事に今更のやうに呆れましたのもあります。今記憶に殘つて居る一二を擧げて見ますと、John Galsworthy の著 "The pigeon" を或新進文士が「鳩」と譯して居ります。pigeon は鳩には違ひはないが、然し夫れが鳥類の鳩であるか、揶揄の意を含んだ譬であるかは其の内容に一通り目を通せば直ちに了解の出來る事だと思ふ。外國の大家の筆になる文藝的作品を日本に紹介しやうと云ふ抱負のある人が、是れを鳥類の鳩と譯す樣では聊か心細い事でありますまいか。此劇の内容は Christopher Wellupn と云ふ老畫家がてつて、此の畫家先生非常に御仁よしで、そして慈善家で、乞食放浪者などの面倒を見る事が好きであつた。由來恁うした人に限つて社會的には成功しないものであるが、此老畫家も、其例に漏れず名聲甚だ振はなかつた。因て人之を嘲弄して "Old pigeon" と云つた。其意味はお仁よしの、人にだまされ易い憫れな人よ」と云ふ事で

ある。此本の表題は此意味の "The pigeon" であるだから、日本語で單に「鳩」と譯したのでは原語の意味を聯想する事が出來ない。表題既に斯の如しである。其の內容に至つては推して知られるではありませんか。

第二に、"The Second Mrs Tanqueray" と云ふ原書が或る有名な文士二名によりて譯されて居るが、是れ亦無責任極つた言語道斷な譯文である。此本の中に Mrs. Tanqueray は The Albany No. 2×room に住んで居つたと書いてある所を、「Mrs. Tanqueray は英國 Alban と云ふ所の第二番地に住んで居つた」と譯してある y 是れは大變な間違で、此譯者は The Albany を知らなかつたため恁麼間違をしたのである。此The Albany と云ふのは、London の West end にある Flat building 即ち日本の貸間專用とでも云ふべき建物である。Mrs. Tanqueray は此の貸間の No 2×room に間借をして居つたのである。この The Albany と云ふものは、New York にもあり、英國蘇格蘭に昔 Albany 公爵と云ふのがあり、其れを Albany (地名) と云つたものであるが今はない。若し此譯者はもう少し注意深く、そして熱

心な人であつて、歴史地理をもう少し調べたならば、The Albany は何であるかは、直ちに了解の出來た事だと思ふ。此譯者の分は獨り The Albany のみではない、これに類似した例は幾つもあつた。

第三に "Oscar Wilde" の作 "Lady Windermery's Fan" と云ふ原書を有名な文士が譯して居る。其中に Parker（羊）が奧様に向つて " Is your ladyship at home this afternoon?" と問ふた一節を、此文士は「本日午后奧様は御在宅ですか」と譯して居る。所が Parker が Lady に此質問をしたのは、午後五時であると云ふ事が其の少し前に明白に書いてある。然らば午後五時に「本日午後──」はをかしいではないか。おかしいのが道理で此文士は "At home" に「面會」と云ふ意味のある事を知らなかつたのである。忙しい生活をして居る人は面會日を定めて客に接する、之を "At home day" と云ふ事位は知つてゐねばならぬ筈です。例へば "Friday is Mr. Natsume's at home day"（金曜日は夏目氏の面會日である）と申します。英字新聞に英米の大使夫人などが at home の日時を廣告して居ます。そこで Parker

の間の意味は「本日午後（來客あつたなら）奥樣は御會ひになりますか」云ふのである。怎麼事さへ知らないで飜譯もないものだと言ひたくなるではありませんか斯うした例を一々擧げれば際限がありますまいが、もう一つ珍なのを御覽に入れませう。某老大家が" Publicans and sinners"を「女郎屋の亭主」と譯してあつたが、是れも飛んでもない誤譯である。此"publicans and sinners"は新譯聖書の中に度々出てくる文句で、「貢取りと罪人」と云ふ事である。此貢取は猶太亞が羅馬の屬領であつた頃、羅馬政府の手先になつて己が同胞たる猶太亞人の膏血を絞り、しかも、其徵收した税額の全部を政府へ納めずに、上前をハネた者が多かつたので、一般人民から蛇蝎視されて居たのです。それから邪曲な人間の事を" Publicans and sinners "と云つたのである。「女郎屋の亭主」とは全く別問題である。又此老大家が"her face falls"を「彼女は點頭いた」と譯して居る。是れも途方もない譯で、是れは"She is disappointed"「彼女はガツカリした」と云ふ意味である怎麼例は掘り出せばザラにあつた。要するに此老大家

の english は甚だ怪しいもので、殊に聖書の智識が缺けて居る事は爭へない事實だと思はれた。私は此老大家を立派な學者であると尊敬して、其の學識に對して尠なからず信任して居つたものであるが、恁麼間違を發見してから輕蔑の念を抑ふる事が出來なくなつた。私は此老大家に對する現在迄の尊敬の念をこゝで土塊の如く捨てねばならぬ事を痛嘆するものである。

　兎もあれ我が國の語學延いて文藝が、最近非常に進步發達して、一般讀書界も此方面に趣味をもつ樣になつて來て、西洋の近代劇を譯して、之れを芝居に上場する迄の機運に至つたのは、大に喜ばしい事である。今後益々奮勵努力して、完全の實を結ばしたいものである。夫れには御互努力して成るべく誤譯せぬ樣、出來る丈原書の眞意を表象する事が肝要である。尚ほ近代劇のみでなく西洋の文藝を日本に紹介しやうと云ふ ambition のある人はたゞ漫然と試みずに、第一其の著者の人物を知らねばならぬ。それから其の譯さんとする著者を十分瞭解してかゝらねば駄目です。著者を知り、其の內容を眞に瞭解してかゝれば誤譯のあるべき

筈はないのである。誤譯の多い所を見るとあまりよく著者、著書を瞭解してゐない樣だ。是れでは原著者に對して甚だ申譯がないばかりでなく、切角發達しかけた文藝を無意義なものとなし了る杞憂あるのは、私は衷心から之れを憂ふる一人である。

英語を學ぶに必要な智識『飜譯せんとする人は勿論の事、苟も英語を本統に學んで見やうとする人は、是非養はねばならぬ智識を四五申上げて置かう。

第一、西洋の事情、即ち歷史地理、風俗、習慣などを出來る丈研究し通曉する事が必要である。其譯は私の申す迄もなく其國人が其國（歷史、地理、人情、風俗、習慣）を背景として書いたものを研究し、乃至飜譯して、徹底した本當の意味を表白しやうとするには勢ひ是等の事情に通じてなければなりますまい。

第二、聖書の智識が必要である。一國の文藝は其の國の歷史と深い關係があると共に、其の國の宗敎とも切つても切れぬ血脈が通つて居るものです。我が國の文藝が佛敎によりて修飾されて居ると同じ樣に、英語は耶蘇敎の影響を受け、夫れに修飾されて居る。或點

に於ては聖書の智識がなければ到底瞭解の出來ぬものさへある。最も我が國の英學生に聖書研究熱が盛んになつて來た樣だが、未だ十分でない。或る一部の人の如きは殊更らに聖書の研究を排斥して恰かも夫れが自分の名譽であるかの如く吹聽して居る。寔に愚な嗤ふべき人間もある。私は大學の英文科に聖書の講座を設け、一週に一時間位でもいゝから此方面の智識を敎養させる必要があると信ずる。

　第三英學生全般に大切な事であるが殊に小說、劇等を飜譯する人には會話が巧みでなければ、本當に穿つた譯文は出來まい。何故なれば第一會話の出來ぬ人は發音不完全である。私は往々劇や小說の飜譯に、其表題、主人公若くは地名等を間違つて（發音の違ひて）譯されてあるのを見る事がある。例へで先程申した、Albany（オルバニー）を（アルバニー）と、Ada（エイダ）を「アダ」と、Vivie（バイビー）を「ビービー」と譯した居る。本の表題の發音さへ間違ふ人が、如何して其の內容の俗語を完全に譯されやうか。元來俗語や對話を譯す事は難事で、是れを眞個に表白する事は中々容易の事で

ない。若し夫れ是等を誤譯したり、或は文字の表面（文字通り）に表はれてない、裏面に表はれてゐる（然しそれが普通のもの）一種の揶揄か滑稽を含んだ俗語を知らずに鹿爪らしく、眞面（まとも）に譯したのでは、原書の微妙な所は些しも表はし得まい。會話の出來ぬ人の譯文は、例令誤譯でないにしても、何所となく旨味が少ないと云ふ批難をよく聞く事があるが、其の原因は此邊にある事と思ふ。

第四に、英文を書く事を練習せねばならぬ。英文を書く事の出來ぬ人は眞實に英文を解する事も飜譯する事も難かしい。英文を書く事は會話と深い關係のある事で、會話の拙い人は英文を書く事も拙い樣だ。例へば "Shaw can not be compared with Shakespeare" (Shaw と Shakesbeare とは同日の論にあらず と云ふ文を譯するのに、英文を書けぬ人が時々 Shaw が偉いのか、Shakespeare が偉いのか曖昧になる時がある。Her face falls もさうだ。若し英文が書け、會話が出來る人であつたなら、「彼は點頭いた」などの珍譯は頼まれてもしまい。

第五に、日本語を整理して置く事。外國の文藝を飜

譯して、日本の文藝に刺戟を與へようと云ふ ambition のある人は、先づ日本文學に精通して居なければならん筈である。精通と迄行かずも整理して置かねばなるまい。所が事實大違ひで、日本文の拙劣さ加減が呆れざるを得ない。一方誤譯を見せられ、一方拙劣な日本文を突き付けられては讀む氣がしなくなる。伊太利の諺に "Traduttori taditori" と云ふ言葉があるが、私は是れを「飜譯は叛逆なり」と譯して居るが、恁麼事では原著者に對し氣の毒な譯である。」と教授は至極慨嘆された。

Yes と No の區別「英學生は勿論の事、一廉の大家の飜譯にも、よく誤るのは、此 Yes と No の區別である。是れは極めて平凡な事であるので、なんだ下らない位に思ふだらうが、一向に下らなくない。私は歸朝後好奇心からして、近代劇の飜譯に、果して Yes と No の區別が正確に譯されて居るか否かを調べて見た處、甚だ要領を得ない。何處でも Yes は「然り」No は「否」と譯してある事に驚いた。Yes は「然り」、No は「否」に一通り違ひはないが、必ずしもさうばかりでない事は私の申す迄もあるまい。

(A) You have no money, I suppose? (君は金がないでせう?)

(B) *No*, I have no money.) (エー、ありません)

(C) *Yes*, I have (イヤ、あります)

と云ふのを、日本人の飜譯を見まするとし(B)の No を「否」(C)の Yes を「然り」と譯して居る樣です。是れでは日本語として通じないものである。是れに就ては元來日本の辭書が不完全である、日本の辭書を見まするに、Yes には「然り」No は「否」としか書いてない。英語では先方の問如何に拘らず、自分の答が nagative の時は No で、affirmativeの時にはYesである。日本語は亦是れと反對であるから、飜譯する時に注意すべきである。Yes, No などを間違へた所で大局の上に大した支障もあるまいと、敗け惜みを云ふ人もある樣だ、憑ふ云ふ小さく見える所に注意を缺く人は 到底學問殊に language を學ぶ資格の缺けて居る人だと思ふ。殊に又、然諾を重んずる人の yes や no は中々輕い言葉ではない。これが間違つた爲に種々な行違ひを生じた例が少くはないのです。

無責任な著書を排す『英和辭書や和英辭書が年々新らしいものが出版されて行き、そして表題を新英和辭典とか英和大辭典、甚だしいのになると、新々英和大辭典などゝ銘を打つて盛んに、俗衆の好奇心を煽つて居る。恁ふ云ふ辭典の壽命はと問ふて見ると、僅かに三年であると云ふ。吾々は三年毎に新しい辭書を買はねばならぬ譯である。season を追ふ新柄の衣裳の模樣ならいざ知らず。大家が苦心して編纂した辭書の壽命が三年とは、如何に言語が日に月に増加し變化して行くと云ふものゝ、餘りと云へば情けない事であるまいか。私は斯うした事になるのも畢竟は出版社の無責任もあらうが、其の著者も亦同様に無責任、不見識、不德義であるからであるまいかと思ふ。辭典編纂の仕方を見まするに、中には著者自らが碌々手を下してやらず、名も實もない書生に切拔代筆させて、最後に義理一片に目を通し、そして自分の名の下に出版する。賣出の廣告を見ると何々博士、何々男爵と云ふ大袈裟な事を書いて社會を瞞着するのである。羊頭を掲げて狗肉を賣るとは、當に此類であるまいか。此言葉の源は

支那であつて、支那では是れを詐欺的行爲として、君子の風上に置けぬ者と信じてゐる。所が現代の我が國に於ては智識階級の人、社界の木鐸たるべき紳士が斯かる行爲を敢てするに至つては、慨嘆に餘りあるではありませんか。西洋人は責任の觀念が深いために、自分の名によりて出版する著書には細心の注意をしてかゝる、其の結果誤植など云ふ見苦しいものは殆んどない。其證據には大英百科辭典を御覽なさい。誤植誤說謬論のあつた事は未だに聞いた事はない。Century Standard Dictionary には多年厄介になつて居ますが、誤植一つ發見した覺えもない。是れを見ても如何に外國の著者が眞劍で眞面目であるかが窺はれる。拜金國と云はれて居る米國で出來た Webstar Dictionary さへ立派なものである。武士道の本家だとか、神の國だとか勝手な寢言を吐いて居りながら、著者が、誤說、謬論誤植のある本を平氣で出して居るやうでは笑止千萬沙汰の限りではありませんか。立派な態度、眞劍な人格を持つて居る著者に誘導される西洋が日に月に文明に進み、學術技藝が發達するのは何も怪しむに足るまい

日本も個人々々が根本から此の腐つた支那的國民性なる羊頭狗肉の觀念を一掃して、眞面目に眞劍に改まらなければ、東洋の文明を代表し、世界の一等國の班に伍する時期は永久に來まい。又著者が此態度を改めず尚ほ持續する樣では、終には西洋の文藝を spoil した空虛なもののみが殘るだらうと杞憂する。』

Dishonesty は National character『日本の商人とは見本取引は出來ぬ、dishonesty は national character である、と西洋人は日本本人を罵倒して居るが、日本人には一言半句の辯解があるまい　現に男爵閣下が忠勇な軍人に石の罐詰を食はせ、多額の利を貪つた味を忘れ難くて、外國に迄石の罐詰輸出し、大に日本商人の信用を失墜した事があると云ふ事ぢやありまんか。斯る不義不道德な人間に對しては大に鐵槌を加ふべきであると思ふっ學者及び識者も日本人の德義に薄き事を痛嘆し、聲を大にして警告し、覺醒させやうとして居り、農商務省は輸出物を檢查して、粗惡な品物を送らぬ樣監督して居るが、然し考へて御覽なさい、著者が羊頭を揭げて狗肉を賣つて居る現在の日本では、金

に眼のない、そして智德の修養が概括的に足りない、商人が dishonesty に取引をして巨利を貪らうとするのは、寧ろ當然怪むに足らない事でありませんか。商人に警告し罵倒する前に著者の態度を改めて貰ひ度いさうすれば商人の態度も自ずと改るだらう。』言々熱を帶び教授の眼は燗燗と光る。――露を含んだ郊外の夜は、蛙聲と共に、しつとりと更けて行く。

日本語は優美なり『日本が英米人に比べて演説の下手なのは、日本語が彼に比較して、甚だ不完全であると共に優美な點がないからである。と云ふ高襟論を立てる人もあるが、是れは飛んだ謬論である。日本語と英語とを比較して見ると、日本語とても中々立派でそして優美な言葉である。第一其の語尾が母音で終つてゐるのは優美な證據である。伊太利語が語尾が母音に終つてゐるから優美であり、Opera には最も適當な國語であると推賞されてゐるが、此點に於て日本語も同一だらうと思はれる。英米人が演説に巧みであるのは其の國語が演説に適してゐるからではない。英米人は少年時代から盛んに speaking の練習をしたり、poem

の recitation をして intonation や emphasis を練磨するからである。日本人も幼少の時分から elocution を注意して練習をしたなら、決して彼等に劣りはしまい。現に義太夫の如きは西洋の elocution 以上に完全したものである。此義太夫は今から三百八十六年前即ち享禄四年に淨瑠璃を語られたと云ふ事が宗長日記と云ふ本に書いてあるが、是れは淨瑠璃と名を付けた初めであつて、實質はモツト以前からあつたに違ひないと思はれる。江戸の淨瑠璃の祖は薩摩淨雲と云つた、京都の澤住檢校の門人であつた人である。此淨雲が大約二百八十餘年前、三代將軍家光公の寛永年代に、初めて江戸に下つて、一派をなしたものが今の義太夫である。是等を見ても日本の義太夫の出現が、西洋の elocution の起源より遙かに古いものであるが、而も其音訓を清濁、高低、抑揚等變化の妙を極めたものである。英語にカブレて日本語を貶せんとする前に日本語を大に習得し、統一して貰ひ度い。』と語り了られた。夜露に濡れた新緑の植込から吹き込んだ風は一入に涼しい。

英米雜感 教授は郊外電車の笛に耳を傾けてゐられたやうであつ

たが、英友會席上で話された以外の漫遊所感はと叩けば、『私は彼地を漫遊中特に宗教と教育との關係、及び人物陶冶の方法面に付き、視察して見たいと思つて、小中學は勿論、高等の學校も參觀して見ましたが、何處へ行つても修身の時間がなかつたのに奇異の感を抱きました。よく調べて見ますと彼の地の修身的方面の智識は Sunday School で與へて居るのと家庭に於ける德育で十分澤山であると云ふ見解から殊更らに學校で敎ふる必要のないと云ふ方針である事が解つた。Sunday Schoolでは貧富の區別なく、其の子弟を集めて宗敎を說き道德を敎へて居る。日本に於ては殊に修身の一課を置いて、熱心に說いて居るが、德義の點に於ては到底彼れに及ばない。

公德心で思ひ出したが、日本人の公德心に缺て居る事は電車に乘つて直ぐ解る。拜金國である米國さへ、電車汽車の中で他人に迷惑を掛けぬ事を注意して居る其昇降などは實に機敏たもので、入口と出口とを區別してあるが決して混雜をする事もなければ、他人に惡感を與へる樣な不態な事もしない。電車賃などは決し

て釣錢を取らぬ樣用意して行き、入口の箱の中に五錢の白銅を入れるか、車掌に直接五錢の白銅を渡すのだが、其間に cunning などは斷じて行はれない。又電車の停電など云ふ非文明な事は決してなく、停車時間も一定して居るから、豫定の時間に遲刻せずに、目的の地に達する事が出來る。多くの日本人は電車にさへ滿足に乘り得ないと云はれてもしかたがない。

次に"Thank you"と云ふ言葉は英米の salutation には非常に多く使はれて居る。例へば道を尋ねた人も敎へた人も、共に Thank you, sir で別れる。金を拂ふ主人も、受取る傭人も共に Thank you, sir と云ふ、一寸聞くと變だが馴れるとなんでもなくなる。彼地の Thank you は日本の學生が失敬もせずに失敬と云つて別れると一般である。一面から見れば喜ばしいものである。』
厚情を謝して郊外に出づれば、五日月朧げに若草の露に宿り、螢一つ二つ飛びちがひ、月に囁ぶく蛙の鳴く音が澄み渡る。(文責在編者)

自奮努力に依りて學べ

東京外國語學校教授
村井知至氏

人を賴るな自奮努力せよ——假裝にあらざる實力を養へ——和文英譯は自ら練習するにあり——會話は發音とアクセントとを正して根氣よく話せ。

落つるに疾い初冬の日は今し目白の臺に春いて夕風寒い小日向通りを長い黑い我影を踏みながら辿る。往來から一段高まつたところに瀟洒たる一ト構、電話番號の標札に廿世紀の氣分を漂はして居る。玄關に立つて刺を通ずれば、無雜作に書齋に通された。物事をオツクーにせず、人待遇のよい米國氣象——米國魂の粹を鍾めた先生は一見舊知の如くに此白面の書生を勞はり、少しも墻壁を設けずに縱橫論議された。

根本問題の研究 編者の簡單な來訪の趣旨を聽いて暫時考へて居られたが、『どんな書物を讀めば讀書力が出來るかと云ふ問題に就ては、諸識者旣に有益な意見を吐露された事だと思ふが、私に云はすればば目今攻究すべき問題は「何故學生に英語の力がつかないか」と云ふであると思ふ。中學から專門學校乃至高等學校、大學と、其間少きは八年、長きは十二年の星霜を斯學に親み、尚ほ普通の本さへ滿足に讀めぬと云ふのは、其間に何等

か伏在した牆壁がなければならぬと思ふ。是等を研究し、討尋して學生を誘導して行く事が刻下の最大急務で、又重大問題ではるまいか』と眞摯な態度で語られる。編者は問題が其根源に遡つたので固唾をのむで膝の進むを覺えなかつた。

語學力が何故進まぬ『そこ其隙壁とも稱すべきものが何處に潜在して居るかと云ふに、言は甚だ簡單である即ち學生の勉強が自働的でないといふ事に過ぎぬ。要するに學生は自發的勉強を避けやうとして居るから効果が擧らないのである。更らに進んで何故自動的に勉強せぬかと云ふに、其理由に內的と外的との二つがある元來自動とは努力を意味する。努力には辛苦が伴ふものだから、學生は其苦辛を能ふ丈避け樣として居る人情の弱點が內的の理由の最大なものである。而して又市井を見れば參考書と註釋書が山なす程ある此等の書物を買つて來さへすれば自ら努力せずに樂に勉強が出來る樣に凡てのお膳立が出來て居る。是れが外的理由の最大なものゝ一つである。

斯の如く內的の弱點が頻りに何等かの援助を求めつゝある所に、外的方面から盛んに其依賴心を滿足させ

否歡迎するものだから、學生は自然、自發自動の勉強心がなくなるのである。是れが今日の學生間の一大缺陷であると思ふ。

　敎師や註釋の力により、卽ち、他動的に得た力は眞の力でない。假裝的の力である。又先生の講義を聽き或は釋註力によりて本を讀み、語學が進んだと思ふのは全く illusion であつて、決して ability ではない。學生は勿論、先生も此點に最も留意すべき事だと思ふ。』と歎ぜられた。

　昔日の語學硏究『語學硏究の昔を回想し、今日と比較して見ると雲泥の相違がある。昔は第一辭書がなかつた。あつても甚だ不完全なもので、進步した今日から見ると、寧ろ滑稽に類するものであつて、意味の徹底を得る事などは思ひもよらぬ事であつた。第二敎師がなかつた。よしあつても甚だ怪しい先生であつた。斯の如き有樣だから無論參考書等はあるべき筈はない此間に處して語學の勉强は容易の業ではなかつたのである。だから其時分の學生は、自然大なる決心を持つて自ら努力奮勵せねばならなかつた。其賜物として讀

書力が研磨され進步したものある。勿論語學が進步してゐなかつたのであるから、或點に於ては徹底しない所は確かにあつた。然し其得た力と云ふものは不完全ながら假裝的のものでなく、實在卽ち實力であつた事は疑を容れないと思ふ。要するに昔日は困難な丈自ら努力したので、進步が早く今日は容易な丈他に信賴し過ぎて却て進步が遲いのである。

　そこで今度譯讀、作文、會話の三つに就き、其の個々の弊習及び進步せぬ理由をお討ねすると、いづれも皆、學生は骨を折らずに上達しやうとする怠惰心、極言すれば泥棒根性に起因して居る。と云ふ事に歸着した。昔日に語學修得した諸先生から今日の修得者を見たなら定めし生溫い事であらうと思はれた。

どうすれば本が讀めるか『そこで貴殿の質問の「どうすれば本が讀めるか」と云ふ事に就き御話すれば、要は自力でやれと云ふ事である。卽ち自分で本を讀め教はらずに讀め、どし々々讀め、解らなければ解る迄讀め、字が解らなければ字引で引け、そして字引と首引で讀め、尙ほも解らなければ千思萬考せよ。凡そ人間の書いたものが、人間に解らない筈が無いと云ふ決心で解るまで讀め。斯の如くして、何回も々々も繰返

し々々々讀んで居る中に、讀書百遍意自ら通ずで、其中に漠然ながら解つて來る。恰かも寫眞の種板が現象藥によりてだん々々鮮明になつて來る樣、刻々に明確になり、後には頭腦に銘刻され忘れんとして忘るゝ事の出來ぬ迄になつて來るものである。斯くの如く他力によらず、自力で得た時の愉快さは千萬無量で、人から敎つたり、註譯書で得た時の比ではない。又獨り英文夫れ自身を解し得る讀書力を得るのみでなく、其努力によりて頭腦の練磨が出來て事物を考ふる「力」を養ひ得る。此力こそ偉大なる賜物であつて容易に得る事の出來ぬものである。斯の如き智的能力を得た學生の幸福又甚大ではあるまいか。要するに人に敎はる事を恥と心得て、自奮自力で本に穴の明く程讀む事が肝腎なんだ。如何なる本を讀むべきかなどは、第二第三の問題であると思ふ。』と語られた。編者は聞き了つて一種の力を感得した。

如何すれば作文は上達するか『自ら書く事にある。即ち作り作りてまた作り、矢鱈(やたら)滅法に書く事にある。idiom とか、phrase とか云ふ事も知らねばなら

ぬが、そんな事は第二第三の末事である。圍碁は先生から定石の講義を聞くよりも、假令滅茶でも自分で數打つ方が進步發達する。作文も此通りだ。而して讀書の時に活眼を以て讀み、讀んでは書き、書いては讀みさへすれば、其中に英文の習慣や言ひ廻し方は、自然に會得瞭解されるものである。先生の作文講義などは活眼を以て讀めば效果があるが、たゞ見た丈ではさしたる效果あるものではない。私に云はせると斯んなものはほんの參考位に見る覺悟でなければならぬ。』

會話は如何すれば上達するか『會話とても自ら話せ鐵面皮に話せ、愚人と云はれ、狂人と云はれる迄話せ自ら機會を作つて話せ、恥をかく覺悟でズウ〻〻敷やれ。外國に居れば、朝から晩迄會話だから進步發達するのだ。日本に居れば、其機會が少ないから進步しないのだ。學校に於ける會話の時間とか、西洋人に會つた時などは、機逸すべからずと自ら大に進んで話さねば駄目だ。然るに學校で態々西洋人を賴むで會話の時間を設けて置くのに、日本語を稽古に來て居る西洋人ばかりに喋舌せて置き、肝心な日本の學生は澄して控

えて居るのが常態のやうだ。こんな不熱心な學生は延いては國家に不忠な輩であるまいか。只發音丈は自分で製造する事は不可能だから、正確の辭書によるか、發音の正しい人の發音を聞いて教はらねばならぬ。そして常に發音を氣にして、一度直された發音は二度と直されまいと決心せねば進まない。一度正した發音を學び再び誤まつた時は泣かんばかり悔しがる樣でなけばいかぬ。今迄申した事を單簡に申せば、要するに、自奮自力によりて勉強せよ。人の力に賴るな、努力せよ、奮勵せよと云ふ丈の事なんです。元來努力せずにものを得んとする事は天然の法則に反する所以で、自ら讀まずして讀書力を得、自ら作らずして作文の力を得、自ら語らずして會話の力を得んことは絕對に不可能の事である。』と語り了つて會心の笑を溢えられた。

「自奮」「努力」是れ肝に銘して終生不可忘る金言である。

(艾賁在編者)

直讀直解の效果

第一高等學校教授
村田祐治氏

　時代の進運――何を改良すべきか――直讀直解――試驗答案と直讀直解――直讀直解と世論。

　試驗答案を見るに、種々なる缺陷誤謬が見出され、御注意申上げ度い事も數々あるが是れ獨り一高受驗生のみの缺陷でなく、受驗生全般のものであるから、大方諸賢は既に詳細懇切に御注意の勞をとられた事と思ふ。そこで私は多くの識者が未だ餘り注意を拂つて居ない、諸君否な、英語界全般の弊習を指摘し、諸君の反省と努力とを希望して置き度いと思ふ。

　受驗生の答案を見るに、英文和譯の場合に於て、頭から直通的に直讀直解して行けば、至極簡明、直截、明瞭に譯せるものを、態々終の方から譯し、漸次冒頭の方に逆戻りして來るのが多い。それがため譯文が一向に引き立たず、長い文章でもあると、甚だしく曖昧になり、何を云つて居るのか、薩張判らなくなる場合

が多い。是れは獨り諸君の罪のみでなく、在來一般に英語の譯し方が斯の如く迂遠な宙返り的譯讀をした餘弊なのである。たゞ諸君の分が一層甚だしいと云ふに過ぎない。

直讀直解は余が年來の主張であるが、別に奇を好んだ譯し方でも何んでもない。多くの人も無意識的にやつて居るのであるが、余はたゞ自覺した直讀直解を推獎せんとするのである。君（編者）の訪問を利用して余の持論の一端を披瀝して見やう。

時代之進運『英語の譯を多數決できめた時代や、Accidents will happen. を「不意の出來事が起るであらう」と平氣で譯して居た、日本の英語界も、今は idiom や phrase の研究も先づ完成し、語學の勉強は坦々たる大道を辿る心地せらるる様になつた。是れ先輩諸賢が努力して下された賜物ではあるが、又一つには時代の進運であるまいかと思ふ。

何を改良すきか『然らば是れで英語の研究が完成したものであるだらうか、否な中々さうは行かぬ、まだ々々改良の餘地は十分に有して居る。その中でも譯し

方の改善は!!効果の及ぶ範圍が最も廣いと思ふ。

　從來の譯し方では、恰も漢文の樣に逆戾り的の譯をつける結果、主と從との表白が顚倒され、やがて、原文の語氣文勢が一向に表白されてゐないのみかか滅茶々々に破壞されて居る。

　直讀直解『原文の語勢文脈を如何にして譯の上に表現せんか、如かず直讀直解するにありと思ふ。斯くすれば原著作者が主として曰はんとする所を、直截に知るを得るのみならず、宙返り的大迂回によりて浪費する時間を節約し得ること大なりと思ふ。

　今直讀直解的解釋法と在來の譯し方とを比較し、如何に直讀直解が自然で、在來の譯が迂遠であるかを示して見やう。

　Take care of yourself, as the weather is changeable.

　上文を從來は、 as the………changeable" から始め、Take care……yourself" に返つて「天候が變り易いから御大切になさい」と譯したものである。是れで原文の意味が正確忠實に表はされて居るだらうか、一體この speaker は、主として何を云はんと欲したのだらうか、

「天氣云々」が主か、「御大切云々」が主か、云はずと知れた事、「御大切になさい」が主なのだ。然らば何故 Take……から打付けに

『御大切になさいよ、天候が變り易いから』とせぬのだらうか。斯く譯し、斯く譯されてこそ原文の意味が十分に表はされる所以ではなからうか。「變り易いから」の「から」で文を結ぶのが、日本文の法でないと云ふ人もある樣だが、これは飛んだ謬見である。假りに一步を譲り在來の日本文法になかつたなら、文法は言語の規則即ち言語があつて始めて成立つたものであるから、文法規則を變更すれば差支ないと思ふ。所が其麼手數のかゝる事をせずも濟む「ら」、「て」、「と」等で文を結ぶのは、獨り口語體や今代の詩歌にあるのみならず、古歌にも俚謠にも漢文にもざらにある。今古歌と俚謠の例を示せば

　　秋も秋今宵もこよひ月も月

　　　　處もところ見る君も君（後拾遺集讀人知らず）

と云ふのがある。是れは立派な日本文であるのみならず、澄み渡る秋の月夜の美感、感情の流露、過去の追

懷と遠人の思慕が、數文字の間に活躍して居る。これは自づからの感情の流露を其儘素直に述べたからである。又

　　朝寢したとて叱るな嫁を
　　老も寢過ごす春の雨　（萬朝報俚謠正調）

是れは「嫁を叱るな」を「叱るな嫁を」と云ふてゐる又漢文の直譯體の文章にも「何んぞ知らん――を」とは能く云ふことである。

又一代の文豪高山樗牛が、多感なる獨逸の詩人「ハイネ」が星を仰ぎ、遠人を懷慕する詩の一節を譯して：―

　　美はしき、晃らかなる、黃金の如き星よ、
　　遠く我が戀人に告げて言へ、
　　われは長へに渝らじ、
　　をとろへ、なやみながらもと。

として「と」で文を結んである。そして主なる「遠く我が戀人に告けて言へ」を冒頭に言ひ切つて、「われは長へに渝らじ、をとろへ、なやみながらもと」漸次詳説して居る。

　斯の如くしてこそ語氣文勢を明瞭に表現し得るので

ある。

　以上説明したる如く「と」「て」「を」で結ぶのは正しく日本文にあると云ふ事が知られるであらう。

　然るに英文を譯する段になると、どうであらう、例へば

　(1) When you eat, think of the poor.

　(2) Think of the poor when you eat,

の樣な文は何う譯すであらうか。(1) の文も「食ふ時には貧民の事を思へ」とやり、(2) の文も下から返つて「食ふ時には貧民の事を思へ」と譯し (1) 2) を同一にやつて居る。是れでは何所に原文の相異があるだらうか、何所に語氣文勢が現はれて居るだらうか。思ふて茲に至れば、どうしても數十年來の陋習を打破してもつと日本語固有の能力を發揮して、此れを翻譯に應用しなければなるまい。

　是れを要するに、英語を學んで、之れに達せんとするには、從來の迂遠なる譯法を避けて、直讀直解に頭を慣らして、所謂 To think in english を容易ならしむる階梯としなければならない。此法の適用の出來ない

場合は仕方がないが、成るべく之れを實行して下から歸らぬ樣にしたい。頭で意味を取る時は、必ず此主義に依らなければならない。下から返る事は絕對に避けねばならぬ。尙は最後に直讀直解すれば、如何なる利益があるかは旣に再三申した事であるが、第一、原文の主なる表現と從たる表現とを明瞭に區別する事が出來る。第二、從て speaker や writer の主として曰はんとする所を、直截、明確に解する事が出來る。第三飜譯の場合に、原文の語氣、文勢、文派を明瞭に表し得る事が出來る。第四、會話作文の助けとなり、聽取書取に魔誤付かぬ樣になる。第五、宙返り的迂遠なる譯によりて、浪費する時間の經濟等が其最たるものである。

試驗答案と直讀直解

今受驗者のために、例を引き其の譯例を示せば――

(1) Many men do not allow their principles to take roots; but pull them up every now and then, as children do flowers they have planted, to see if they are growing.

（試驗問題）

上文を譯するに學生は as......から先に譯して「小供等が......して見る樣に、多くの人は...引き拔いて見る」とする。斯う譯しても意味丈は通るが、語氣文勢が一向に表はれない。新樣なものは Many から單刀直入的に。『多くの人々は、己の主義に根が付くのを待たずして屢々引き拔いて見る。恰かも小供が植ゑた花を引き拔いて根が付いたか如何かを見る樣に。』と譯すべきである。

(2) One of the prisoners, who even in this extremity, retained some presence of mind offered large bribes to the jailers. (*Macaulay's Lord Clive*)

學生諸君は上文を宙返りして、「心を失はぬ囚人の一人が......」とか「かゝる窮狀の時に當つても尙ほ沈着を失はぬ囚人の一人が......」と譯して居る樣だ。「是れは迂遠な拙譯であるのみならず、飛んでもない誤譯である。「心を失はぬ囚人の一人......」とは、心を失はぬ囚人が澤山あつて、其中の一人と云ふ事になる。上文は「心を失はぬ囚人が一人あつた」と云ふ意味である。迂遠な譯し方をしたばかりで誤譯を生じたのである。是れ

は『囚人の一人は、かくも絶對絕命の窮狀にありながら、尙ほ幾分の沈着を失はずして、多額の賄賂を獄吏に贈らんと申出せり。』と譯したらよからう。

　直讀直解と世論『私の直讀直解には、一部の反對者もある樣だが、大分贊成者も多くなつた。英語日本の編輯主任長谷川康君の如きも其大贊成者の一人で、氏は隨分思切つて、大膽に自由自在に譯して居られる。私は百萬の味方を得た心地がせられて嬉しい。長谷川君は舊臘中同誌に "Frederic The Great" を連載されて居つたが、其譯文の輕妙な事には全く敬服の外はなかつた。余はその愛讀者の一人で、其譯文の妙味を味ひ、獨り快心の笑を浮べたことが屢々あつた。元來 Macaulay の文章は直讀直解には甚だ骨の折れるもので、日本文に譯せば、如何しても漢文直譯になり易いものである。それにも拘はらず同君の譯文は、獨り日本文として申分がないのみならず、原文の語氣文勢迄も十分に表はして居つた。今同氏の譯文を借りて直讀直解の妙味を諸君に味はつて戴きたいと思ふ。受驗者諸君はこれによつて單に語句の譯し方を學び得るばかりでなく

又原文の調子を味ひ得ることを忘れてはならぬ。『英語の日本第八卷第九號 395 頁:—

(1) One of the preceptors ventured to read the Golden Bull in the original with the Prince Royal. Frederic William entered the room, and broke out in his usual kingly style.

"Rascal, what are you at there?"

"Please your Majesty," answered the preceptor, " "I was explaining the Golden Bull to his Royal Highness."

"I'll Golden Bull you, you rascal!" roared the Majesty of Prussia. Up went the King's cane; away ran the terrified instructor ; and Frederic's classical studies ended forever.

を『敎師の一人が大膽にも選帝勅令をば原文にて皇太子に進講しつゝありき。フレデリックウィリアムはその室に入り來つて、相も變らぬ御上品なる口調にて一喝して曰く:

『不埒者、何を致し居るぞ、そこで。』

『恐れながら陛下、』と敎師は答へる、『小臣は殿下に

選帝勅令を御說明申上げて居りました。』

『余が其方をゴーウルドンブル致してやるぞ、こゝな不埒者めが！』と怒號するのは誰あらうプラッシヤの國王陛下。高く揚れり王の策は、かなたへ走れり敎師は恐れ戰いて、かくしてフレデリックの古典硏究は終を告げぬ、永劫に。』

と譯してある。此文の"up……"以下などは、實に思切つた譯し方である。たゞに原文の語氣文勢が完全に表はしてあるのみならず、譯文そのものが活躍して居る。最後の文の結びを「永劫に」としてあるが、一向に耳障りがなく、却て餘韻が永劫に響いて、原文の津々たる妙味を傳へて居る。次に同第396頁に：—

(2) As the highest human compositions to which he had access were those of the French writers, it is not strange that his admiration for those writerse should have been unbounded.

を『凡そ文章としてフレデリックのお齒に適ふ最高のものとては佛蘭西の文人の文章なりき。されば毫も怪むに足らざるなり。彼れがそれ等の作家に對する憧

憬の念限るところを知らざりしことや。』

と譯してある。It is not strange that......を「されば毫も怪むに足らざるなり......知らざりし事や。」と譯してある所などは實に巧みなものだ。直讀直解の妙味はこゝにある。

最後に、諸君に紹介し推薦して置き度い讀物がある それは長谷川君と、曩の英語の友編輯主任鈴木芳松君の共著なる、Alfred the Great の譯註である。同書はたゞに余の直讀直解を應用されたのみでなく、内容に叙事の趣味豐富なものを選び註譯、譯文、亦頗る懇切叮嚀、且つ正確を極めたものである。中學四五年の課外讀物としては、恰適の一つであると確信する。同書中二三直讀直解に關係ある部分を紹介すれば——
同書第一頁に

(1) The sun was shining brightly on Saxon England on a summer's day more than a thousand years ago. A freeman, resting lazily after his mid-day meal, lay on the cliffs above the little village of Bosham, every now and again casting his eye across the still waters.

を『太陽は赫々とサクソン時代の英國の上に輝いて居た。今を距る千有餘年前の或夏の日のこと。一人の農夫が午餉を濟ました後で悠然と憩みながら、横になつて居た。ボスハムと云ふ小さな村を見下す崖の上に、時折浪穩かな海上の彼方へと眼を注ぎながら。』

と譯してある。此文の " The sun......, England" の處を一氣に「大陽………」と譯され、最後に文を「ながら」で結んである。此話し方は實に鮮かで先づ叙述の上乘なるものだと思ふ。そして更に耳障りがなく、語氣文勢が十分に表はされて居る。

同第五頁に

(2) What ships were they? Where were they going? Did their coming mean peace, or did they bring war? Such were the puestion which came into his mind, and which demanded a speedy answer, for these were troublous times, and the watcher well knew that scores of lives might depend on his ability to tell what the strang craft were.

とある所を

『そも何船であらう？彼等はそも何處に行かうとするのであらう？彼等の來航は平和は意味か、それとも戰を齎らしたのか。彼の胸に起るのは此等の疑問、そして此等の疑問に對しては即座の返答が必要である。といふ次第は、此頃は何かと事多い時代であり、これを眺めて居た男はよく承知して居たのである。幾十百の人の生死が此の怪しい船の正體を見極める彼れの能力次第できまるのだといふことをば』と譯してある。此文の譯し方も大體に於て輕妙、語氣文勢が遺憾なく表はれて居るが "Such were the puestion……in his mind. の所を「彼の胸に起るのは此等の疑問、そして此等の疑問に對して即座の返答が必要である。」と譯してあるが、是れを思ひ切つて「かゝる疑問が心に起つて、即座に其返答を要した」と譯せば「疑問」の二字も二度繰返さずに濟む譯だ。

同第二十頁の

(3) To the stranger, they would have made a beautiful picture, but to the Saxons watching upon the cliff, the sight was one which filled them with dread. For

they knew that these northern warriors had come to plunder, to burn, and to kill.

と云ふ所を

『(知らぬが佛の)他國の者には此船々は美しい繪とも見えたであらう、しかし懸崖の上で之を視まもつて居るサクソン人にとつては恐怖身に染み渡る光景であつた。さもあらう、此等の軍兵共は奪掠と燒打と殺人とを目的に攻めて來たのであるから』と譯されてある。原文の語氣が、譯文の上に活躍して居る。譯文に僅の苦しみもなく「から」で文を結んであつても聞き惡くない。

同第五十九頁に

(4) "My strength is failing fast,"

  Said the Sea-King to his men;—

"I shall never sail the seas

  Like a conqueror, again.

But while yet a drop remains

Of the life-blood in my veins

Raise, oh, raise me from the bed;—

Put the crown upon my head;—
 And so lead me to the strand,
Where my ship at anchor rides
 Steadily;
If I cannot end my life
In the bloody battle-strife,
Let me die as I have lived.
 On the sea."

「我が體力頓に衰へゆく」
　と云へり海王はその郎黨に――
「八重の汐路を乘り回はすこと叶ふまじ
　　天晴敵地征伏の大將としては、また、
されどなほ一と滴だに殘りて
活力の血が我が身を循る間に、
起せ、いざ、我を起せ、臥牀より――
冠を戴かしめよ――
祕藏の太刀を執らしめよ――
かくして我を伴へ、荒磯へ
そこに我船は繋れり

　　　　　　堂々と。
血汐花咲く戰の場に
我が生を終ることかなはずば
我は死なむ、今日まで住みならはせる
　　　　　　海の上にて、

と譯してある。

　元來詩は韻律をふみ、文字を省略してあるから、解釋する場合に非常に骨の折れるものである。況んや譯文にする場合に於ては困難が一入である。或る人が「詩は譯すべきものでなく、味ふべきものである。」と言つたのは一面の眞理で、成程大詩人の筆になる詩は深遠の思想を簡約せる文字の間に壓搾してあるから、その原作の意を十分に譯文に表はすには原著者と同等以上の文豪たるを要するから、普通の人には及ばぬ業である。又、それ程の大作でなくても言葉の省略から生ずる ambiguity は讀者の imagination に賴る場合を多からしめるから讀む人次第で、其原作との共鳴、反映が非常に違ふので、假令譯して他人に示した所で、到底原作を味はせ得るものでない。しかし又、一面からい

へば英詩だからといつてさう難解のものばかりでもない。隨分平易なものもあり、從つて譯者その人を得れば十分に英語を知らぬ人にも原作の妙味を傳へることが出來ると信ずる。

　在來の詩の飜譯を見るに、大概宙返りをしてゐる。然しこれは一概に批評する事は出來ない。何故なれば詩は大抵、韻、律の都合から、文の順序を換へて置く場合が多いから、然し英詩の初學者を苦しめる所はこゝにあるのである。」

　然るに今、長谷川氏の譯文を見るに順序のまゝに譯出して原文の語氣文勢を立派に表白し得て居る。かゝる譯し方をして貰へば、詩は難なく味ふ事が出來、初學者の幸福甚大なるものであらう。殊に「されどなほ一ト滴だに殘りて活力の血が我身を循るひまに」「わが生を終ることかはずば」「海の上にて」の如き讀み終つて綿々たる餘韻漫ろに當時を追憶さするものがある。

（文貫在編者）

日本流の英語を發揮せよ

陸軍大學校教授
岡田哲藏氏

日本詩の紹介の仕方と詩興——米國最近の詩風——湧き起る思想を自由に表現せよ——日本流の英語を發揮せよ——英詩の研究——想像力の養成——英文學の研究——タゴール觀。

降るでもなければ、降らぬでもない。傘の用意をすれば邪魔になり、用意せねば濡れる不安に襲はれる。吾々の生活もこんなものだなど思ひながら（六月廿五日午前十時）麻布箪町なる教授の御邸を御尋ねした。

御邸は電車通に面した喧噪な場所で、思索家たる教授の御住居には相應しからぬ場所柄であると、考へながら門の潛り戸を排して內に入り、刺を通ずれば、直ちに竹林に面した書齋に案內せられた。こゝは如何にも物靜かな幽邃といひたい位。成程教授が外にあつては活動の人、內に於ては冥想の人たることが、御住居の上にも顯れて居る。教授は如何にも飾氣のない學者肌の方で、片言隻句の中にも、詩情の閃きがある。教授は「私は英語の大家ではありませんよ、私の使命は別にあります。」と逃げられるのを編者は、詩人と語學の大家とは兩立しますから」と利いた風な事を云つて、懇願した。教授は「然らば英語の教授法とか學び方とかに就ては話し得る柄でもないから、少し方面の變つた別な事を申上げて御免を蒙る事にしませう。」と下のやうな有益なる談話をされた。

『米國で Poetry と云ふ雜誌の副主筆をして居る Mrs Eunice Tietjene と云ふ女詩人が過日青山學院出身の吉田道君と共に、私の寓居を訪問して呉れましたが、女史は昨秋御大典の際日本に來られたので、其目的は重に日本の詩を研究せんがためであるとの事で、與謝野晶子女史や野口米次郎氏、其他の詩人をも訪問して得る所が大にあつたと喜んで居られた。Tagore 氏の十一日の帝大に於ける演說會にも出席し度いものだと熱望して居られたが、旅行券の關係から、其の希望を滿し得ず歸米せられたのは、女史としては洵に遺憾の事であつたらうと思ひます。

私は日本の文藝殊に印象派の詩に就て大に質問を受けましたが、私の昨年六合雜誌社から出した、My Fragmets（我が斷片集）と云ふ隨想錄を見せました所、女史はこれは Poetry としては餘りに Philosophical である。Philosophy としては餘りに Poetical であると評されました。

日本詩の紹介の仕方と詩興

『吉田君は女史に日本の詩、殊に印象派の詩を紹介して居るとの事である。其紹介の仕方は、先づ日本語の配列順に英語を當て嵌めそれから其の詩の意味を說明するのださうです。三木露風氏や北原白秋氏などの詩も、恁ふ云ふ風にして紹介したさうである。斯ふ云ふ紹介の仕方はなかゝゝ趣味のある面白い仕方だと思ひます。尤も是れとて別に新機軸な紹介方法と云ふのではないので、故 Lafcadio Hearn（小泉八雲）先生などは、もう少し手數のかゝつた紹介の仕方であつたさうだ。先づ第一羅馬字を以て

日本文に當て嵌め、第二に日本文の順序に英譯し、然る後英語の順序即ち眞實の英文に飜譯して、日本の詩文を歐米に紹介したものです。そして先生は斯ふ云ふ風にして初めて日本の詩の美妙な面影を外國人に感得せしむる事が出來ると、獨り興がつて居られたそうだ私も先生の趣旨には大賛成です。他國語によりて編み出され、創り出された詩文を紹介するには、斯うした風な紹介でなければ、眞實の意味（詩文に內在する意味夫自身のみでなく）を表象して日本の詩文の如何なる所に美妙があり、如何なる紆りに清楚にして流麗たる所があるかを眞に窺はしむる事は出來まいと思ふ。

　由來、文藝は觀る人、讀む者の imagination に俟たねばならぬ。讀者の imagination 如何によりて、其の作物より受ける印象の差異深淺のある事は、私から今更申迄もありますまい。就中詩は讀む人の想像力が足りなかつたなら、更らに何等の印象も美感も感得する事は出來まい。此點から見ると詩は小說音樂よりも一層紹介に困難である。殊に繪畫などは universal languag とでも云ふべきもので、飜譯なしに賞する事が出

來るから大層都合がよい。大正の文壇に於ては、新派の小説、それから近代劇などが盛んに研究され紹介されて居り、又讀む人も多いやうである。從て此等に造詣深い人も尠なくない樣であるが、詩作に耽り、殊に新しい詩作家の詩を研究する人が寔に僅少なので、大詩人と目されてゐる人も殆んどない位。今回詩聖 Tagore 氏が來遊しても氏と時事を談じやうとする人はあり、宗敎哲學を論じた人もあらうが、さて、文藝上に於いて彼を利し我を益する底の淸談を交換し得る詩人が一人もないのは恥かしい事であるまいか。

米國最近の詩風『大分餘談に涉りましたが、私は此女詩人から、色んな質問を受けましたが、最後に我が國文藝の槪要を問はれましたので、私は日本文藝は今は混亂の時代であつて、小説や劇は重に英米の影響を受け、音樂は北歐から輸入され、詩は獨佛伊の三ケ國の影響を蒙つて居ると申しました。女史は尚ほも種々な方面に向つて、盛んに質問を發せられるので、然らば貴女の方の詩界は今如何と、反問して見ました所、米國では新らしい詩、自由詩(Free Poetry)と云ふ style

が非常に盛大になつて來て、昔日の classical のもの比でない。Free Poetry と云ふのは御存知の通り、在來の韻律其他或型に嵌つた、約束等は全然無視したもので、つまり自分の思想を自由に表現するのが、Free Poetry であるのださうだ。新らしい詩や Free Poetry が流行して來た結果 Long fellow や英國の Poet Loureate である Bridge などの詩は一向に省みられないさうです。Whitman はまだ少し讀まれて居るとの事。そして最近彼の地で文壇の寵兒として、社會の各方面から持て囃されて居る詩人の名前を、英米各六名宛書いて參りましたが、何れも日本には餘りに紹介されてゐない吾々の耳新らしい詩人のみでありました。米國は拜金國である、物質文明の國であると思はれて居るが、烈しい物質文明の背後に、駸々たる文化の發達生成があると高言されました。

湧き起る思想を自由に表現せよ『以上はたゞ參考のため米國に於ける最近文壇の詩風を女史から受繼いだに過ぎないが、我が國の文壇はこれに引き換へ、先程申した通り渾沌の時代で、そして drama の黄金時代で

ある。其の證據には近代劇は月々幾冊となく飜譯され芝居に迄も上場して、演じられ、大に高評を博し歡迎されてゐる。繪畫も之れに讓らず、盛大を極めて居るが、獨り詩のみが甚だ振はんやうである。詩人も多からず、讀者も興味を以てゐない樣だ。從て餘り省みられない譯ではあるが、其の優劣盛衰は兎も角、最近文壇は印象派が流行して參りました。私の切に御勸めし度いのは詩も昔の詩人が作つた meter や line の正しい所謂支那風の詩でなくもよいから、米國の Free Poetry 的に自分の觀想を自由に述べ、各自精神上の交通をなし、延いては英詩を作つて歐米人と迄も思想上の交通をなしたなら甚だ愉快な事であると思ひます。世が文明に進んで來て、文藝上に於ては世界各國殆んど何等の墻壁も抑制もなく、交通する事が出來るのであるから、各國人が各自の感想を述べて、互に精神上の交通をする樣になれば、思想感情が眞に融和して來ることゝ思ひます。假令相互の思想が天地の懸隔があるにしても其の思想を眞に了解してさへ居れば、必ず何所かに融合の點を見出して、その處に於て平衡を保たんとするから誤られ

た感念の大部分を防止する事も出來やうと思ひます。

　私は一昨年あたりから、六合雜誌に談片的の感想を思ひ出のまゝ、卽ち、meter や line に囚はれず發表してゐますが、大學の人で豐田君と云ふ人も私と同じ樣な試みをやられて居ます。又最近米國から斯う云ふ詩風の詩を寄せられた人もありますが仲々趣味のあるものです。

　日本の英語も最近非常に發達して、斯學の造詣深い方も中々多くなつたのであるから、斯樣な先輩諸氏はたゞに英文法を弄び、註譯書を漁る事のみを能とせずに、たまには思ひ切つて、湧き起る思想や感情を大膽に表白して、精神上の交通をなしたなら大變面白い事であると思ひます。一高の村田教授や、帝大の松浦氏なども試みられてゐるやうに記憶してますが、何れも meter や line が在來の約束に嵌つたものであつたやうでした。吾々は在來の約束や型に當て嵌つた詩を作らうとすると、思想が夫れがために幾分の拘束と、壓迫とを感じて、感興や幻想をして無限の天空に翔らしむる能はぬ場合が多いからして、所謂 Free Poetry 式に各

自の個性を赤裸々に表白し度いと思ひます。

日本流の英語を發揮せよ『私の知人に文藝に趣味を有つた一人の英國人がありますが、此人が直ぐ近所に居るので時々感想を記したものを見せて呉れますが、文字の使ひ方は生粹の英國生である丈に中々嚴格で又其使方も實に鮮かなものです。米國流の英語を蛇蝎の如く嫌つて、てんから相手にしない。そして自ら高言して "Sound is everything". であると。詩は sound が惡かつたなら嫌な聯想を惹き起して、折角の優雅な感情の流れを spoil する虞れがある、と申されて居る。然るに又氏は日本人の書いた日本式の詩文から、思はぬ着想と印象の深い趣味に富んだ expression を發見する事が屢々あると申された。勿論其間に文法の誤りや idiom に適はぬ文句もあるが夫れが却て如何にも、自由で制抑がなく面白いと申された。私も是れはさもあるべき事だと思ひます。英語が一から十迄キチンと文法に當嵌まらなければ、詩文でないやうに思ひ込んで居る英學者が多いやうだが language, 殊に literary language は其麼窮屈なものではあるまいと思ひます。

英文が餘り規則詰めになると、文章として一點の批を打つ所はないが、何だか旨味がないと云ふ事がある。日本人の英文が往々にして此批評を受ける。旨味かないと云ふ事は吾々は其文章から何等の美感も印象も受けないと云ふ事に歸着する。美感も印象も與へられない文章は literary language として果して價値のあるものだらうか、私は大に疑ふのであります。故 Lafcadio Hearn 先生も日本流の英語の使ひ方も或場合却て面白いと申された事があるが至言であると思ふ。

又一寸方面が違ふが、今回來遊された Tagore 詩伯は諸君の御承知の通りベンガル語が mother tongue である。氏の mother tongue では、その思想を世界的に發表する事は―日本語でも同じ事だ―不可能であると云ふ所から、english を借り、夫れを通して深遠な學譚を大膽に發表したのである。其結果氏の文藝が認められ、剩へ Noble Prize の榮譽をさへ得るに至り、世界的大詩人となつたのである。然らば此世界的大詩聖 Tagore 氏の英文が "english english" だらうか。私は帝大に開かれた氏の公演會には出席し來ね、遺憾ながら氏の謦

咳に接するを得なかつたが、新聞紙上で原文を見まするに、Tagore 氏の英文も印度風の英語であるやうに思はれました。上野公園寛永寺で開かれた歡迎會には出席して親しく拜聽しましたが、ベンガル語で話されたから解り兼ねたが、時々出でくる「ヨーロペー」「アメリカ」「ジヤパン」など云ふ固有名詞は、勿論其他注意して聞いて居ると、同音を以て始り、語尾を變化して繰返し々々云ふ所が多かつたやうです。私は淨土の莊嚴境を描く時同種同類の文字を繰り返し繰返される事を思ひ出して其の莊嚴な文句を想起したが、Tagore 氏の english は英國風でなく、印度流である事をも的確に認めました。私の此觀察が若し間違はぬものとすれば Tagore 氏の英文旣に然りであります。斯樣な譯で practical english なら知らぬ事、literary language には、日本流の english でも其思想を達する事さへ出來れば更らに恥ぢる事がないだらうと思ひます。徹頭徹尾英語の idiom に盲從し、拘束されて言ひたい事も言ひ兼ねて居るよりも、日本流の英語を發揮して、東洋流の和歌、俳句、單語などを英文で發表したなら、非常に面

白い事だと思ひます。日本人程盛んに外國語を學ぶ國民は世界にありますまいが、夫れにも拘らず西洋人と談話をするでもなければ、文藝を通して精神上の交通をするでもない。文法や英作文位の所で終りを告げて居るのは如何にも殘念な次第である。繰言ながら此點に就て語學者諸氏に一大奮起を希望し度い。

英詩の研究『先程一寸申した通り、繪畫は universal language で飜譯なしで解り、劇や小説は吾々日常の生活に比較的交渉が深いから了解され易すいが、詩に至つては難中の難である。詩は小説の如く文夫自身が解れば內容從て解る種のものではない。假令英文のみ解釋が付いても、尚ほ解り兼ねるものが多い。然らば英詩は如何にして學ぶかと云ふに、自分に解りよいもの、尚ほ進んで自分により多く反映し共鳴を感ずるもの、換言すれば印象の深い詩を撰んで、夫れを熟讀玩味して、夫れから夫れとだんゝゝ這入つて行く方が捷徑だと思ひます。尚ほ詩作せんとする人には勿論の事であるが、假令娛樂的に詩を研究するにしても眞の瞭解、眞の詩作には何よりも imagination が必要である。

imagination は或程度からは先天性のものであるが、常によく（深く廣く）物を觀る事、多方面の本を涉獵して廣い智識と mind の中に事物の picture を描き得る素質を常から養つて置く事が肝腎である。

以上申した如く自分に解り易すいものから入り多少詩と云ふものが解つて來たなら今度大家の書いた詩を研究して見なければならぬ。然し所謂 classical のものと云つてもなかゝゝ多いから、其麼ものを初めから終り迄丸々と研究して居つたのでは、新らしいものを讀む暇も、詩作に耽る時間もなくなるから、classical のものは少し宛味つて行き、Milton は怎麼詩人、Byrone は彼麼詩人であると判れば夫れで澤山である。

最近文壇に紹介されるものは新らしいもののみであるから、新らしいものを研究するには、都合がよいが所謂 classical のものを研究して見度いと云ふ人には寔に不自由な事であらう。私は斯かる人々のために長編の詩の概要を記し、尙ほそれに忠實な評論を附したものを著はし、幾分斯界の參考に資すたいと思つて居るが、何分にも暇がないので未だ完成し兼ねて居ます。

尤も五月號の丁酉倫理に Mathew Arnold を試みましたが、あれは斯壇に志す人以外、社會道德に稗益する所ありはせぬかと云ふ婆心もあつたのです。本年三月十八日終焉され英詩人で宗敎家であつた、Stopford Augustus Brooke が日曜などに、大學の講堂或は敎會に於てTennyson の解釋と、評論をなし、宗敎道德上の敎訓を社會民衆に與へられたと云ふ事を聞き知つて居るが日本に於てもかゝる試みを始めたなら、一は文藝の發達を援け、一は社會道德に稗補するや甚大だらうと思ひます。

英文の研究『英詩の研究も英文學の研究も大體に於て同一である。英文學も手近なものから遣り始め、漸次遡りて研究して行く方が進歩が早いと思ひます。其他は別に事新らしく申上げる程の事もないが、最近近代劇が流行して、演劇に迄上場される機運に立ち至つて居るし、又外人の amature theatricals も時々演せられるから、一方直接其文藝を熟讀すると共に、一方機會のある每に、芝居を通して其の作物に直接觸れる事も確かに利益である。私は先頃帝劇で開かれた素人外

人劇を觀ましたが,其の時の劇はOscar Wilde作 Hasband and Wife, それからWinter's tale の二つであつたが、觀に行く前、前者は一通り全部讀み直し後者も半分程見て行つたのですがそれでも、實際の芝居に接して見ると不明の點がなかゝゝ多かつたのは吾ながら大に恥ぢ入りました。次回にはTagore 氏のChitra を演るさうですが、英人の强い發音では如何かと思つてゐます。」
と語り了られ、まゝ此位で御免を蒙りませうと輕く笑はれた。

Tagore 觀 語り終られたが、敎授は尚ほもつきせぬものの如く斷片的の詩談から英友會の事ども、犬れから靑山學院の英文科の卒業生の事など迄、興味を持つて語られるその片言隻句の中にの詩の薰がする。斯うした談話の最中編者の頭に閃いたものがあつた。それは敎授からTagore觀を聞かずに歸るのは編者のMessage を果さぬものであると云ふ事であつた。興味の乘つた敎授の話頭を轉ずるのは如何にも不粹に思はれたが、其の方に話の糸口を手繰つた。

敎授は「Tagore 氏の事に就ては種々な感想がありますが、一體日本では Tagore 氏を僧侶か、少なくとも佛敎徒であるかの如く心得て居るやうであるが、大變な誤解である。現に Tagore 氏の演說の中に、亞細亞は過去に於て偉大であつた事、宗敎哲學が豐富でありそして爛熟した事、ビルマから日本に至るまで、精神

統一のあつた事を熱心に説いてゐるが、佛教と云ふ事に就ては更らに述べてない。印度から來れば何でも佛教徒の様に早吞込みをするのは、珍客に對する禮ではあるまい。

　世界の代表的詩伯Tagoreを歡迎し、或は表立つて紹介した人は畫家である大觀氏であつた。それからTagoreを圍繞して盛んに奔走の勞を取つた人は政治家と官吏、それから僧侶のみであつて、日本の詩人や思想家は一向に現はれないのは實に心細い感がしました。英國に於てTagoreを英國詩壇、廣い意味に於ける思想界に紹介したのは、矢張世界的詩伯である、例の詩人W. B. Yeats氏であつた。私は此點に於ても日本と英國とに云ひ知れぬ隔りのある事を認めました。それに元來人を遇するに、殊にTagoreの如き詩人を遇するに當り其の詩人の性格、思想感情等に頓着せず、たゞ御祭騷ぎの大歡迎をさへすれば、夫れでよいものと心得て居るのは、甚だ時代後れの考で、Tagore氏の様な人は難有迷惑を感じて居りはせぬかと思ひます。然し私は歡迎する事自身を惡いと申すのでありません。Tagore

氏の如き詩人を、世界的の偉人として歡迎するのは勿論當然の事であるとは思つてゐます。

次に Tagore 氏は女性的の詩人であつて、そして愛國論者でない。亡國論者であると云ふ非難を耳にしましたが、由來詩人は斯かる誹りを受け勝のものです。然し Tagore 氏の音聲が餘りに優美過ぎて、女性的の所は確かにあつた事は疑ひない樣である。だが是れは獨り Tagore 氏のみでない。印度人共通の美點或は缺點ではないだらうか。私は印度の兵士と交つた事がありますが、其の容貌風采が壯大で、甚だ獰猛であるかの如き外觀があるが、一度口を開けば兵士とは思ひぬ程優しい女性的の聲を出します。言語と國民性と云ふ事を考て見ますと印度人の音聲は或は亡國の音聲かも知れません。

Tagore 氏を文明呪詛論者と云ふ非難もあるが、これも前の亡國論者と密接の關係がある事で、これも往々詩人の受ける非難である。然し私は Tagore 氏と雖も徒らに文明を呪ふものではないと思ひます。たゞ科學が發達して社會が進步開發する事は大に歡迎すべき事で

あるが、此科學の力を惡用して世界を征服し人類を虐殺せんと企てるのは大に憤むべき事であると申されたに過ぎんだらうと思ひます。

一寸問題は違ふが Tagore 氏帝大の演説 "The Message of India to Japan" を「印度より日本への使命」と譯されて居るが、私は「使命」の文字が甚だ當を得てない様に思はれます。「使命」と申すますと因襲的な考かは知りませんが、一面政府からの內意でも受けて來た様に思はれ、一面何か日本へ對して、なさねばならぬ事でもある様にも思はれます。寧ろ輕く「傳言」位にして置いたなら如何でせう。

今回 Tagore 氏の帝大に於ける演説は、實に立派なもので Tagore 氏も始めとも終りとも日本に於けるたゞ一回の演説であると申されたそうであるが、詩聖なる Tagore 氏でもあゝ云ふ大演説はさう澤山出來まいと思ひます。其內容に至つては私は Tagore に承服の出來ぬ點はありますが、夫れらのお話は他日に讓りませう。

と静かに語り了られた。禮を厚うして蓋を辭したが、一種名狀すべからざる悲哀の感に打たれた。人生の幸福を主觀或は客觀から批判したなら際限はないが、生活と云ふ事以外に多少でも自分の趣味に生きてゆかれ

る人は矢張幸福な人で、教授の如く續生活即藝術の生を續けられる人は眞實の幸福な人であるとつくづく思はれた。(文責在編者)

中學生の缺陷

商船學校教授

小 見 忠 雄 氏

[中學時代の注意] 中學時代には體力の養成は決して等閑に付してはならぬが、此時代は學問の基礎根抵を作る時期であるから、勉學の方面は一層勵まねばならぬ。世には常々不勉強をしてゐていざ試驗と云ふ間際になつてから周章勉強し出す人が多い樣だ。斯うした姑息な事のみをしてゐる人には終生實力など云ふ賜物は決して與へられるものではない。中學時代は自ら學科を追ふ樣でなければならぬ。これと反對に學科に追はれてゐる樣な人間は到底物にならぬ。所が一般の學生は前者の方であつて始終學科に追はれてゐる樣だ。斯麽惡い習慣は一日も早く矯正せねばならぬ。次に中學時代「僕は數學が得意だから英語は駄目だ」など自ら決め誇りとなしてゐる樣だが、其麼人間に限つて英語も出來ないに相違ない。私は英語と數學とは兩立する樣に思はれる。珠に數學の成績のよい人は英語も出來る樣である。

[中學生の學力の缺陷] 中學生の學力の缺陷を一二の學科に就て申せば「第一國語漢文の力に乏しい樣でああある。第一誤字を平氣で書き熟語の素養などに至つては頭でお話しにならない。これは一般に拔萃した教科書を使用する弊でなからうかと思ふ。拔萃集もよいが前後の關係が解る樣にして置かねば附けたりの學問になつて眞個の實力は養ひない樣に思はれる。東京高師の附屬中學では前後の關係を知らしめて後拔萃したものを敎へて居るが非常に好結果を擧げて居る樣である。次に誤字を平氣で書くのは書取の練習不足の結果であると思ふ。英語の方面では英文解釋の力が比較的發達してゐる人でも和文英譯の力は甚だ貧弱である樣である。これも練習不足の結果だと思ふ。和文英譯は練習が肝腎である。實業方面に活動せんとする人は一渡りの和文英譯の力がなければ不自由であるから、學生時代から此方面の發達を心掛けて置かねばいかぬ。(英語之日本受驗號より轉載)

實用英語に始まり修養英語に終れ

東京高等師範學校教授
岡倉由三郎氏

實用と修養——外國語學習の苦心——英語の學び方——實用英語と修養英語——何故本が了解されるか——己れを無にせよ——事物の對照物を精神組織中に作れ——見聞を廣くせよ——先づ自國語を學べ——自國語は主外國語は從——飜譯の色彩。

英語發音學上本邦屈指の authority として岡倉先生の名を知らない人はなからう。教員養成の本場たる高等師範學校の教授として先生の先生たる Professor Okakura は英學生の齊しく仰ぐところである。しかし國語漢籍に造詣深く、具さに世態人情に通じ、醇正の意味に於ける文學者たる岡倉氏に justice をなさざる人は或はあるかもしれぬ。などと考へながら音羽の大通を辿る。折しも撞き出す入相の鐘に誘はれて鴉の群の塒求むる聲喧しい護國寺の門前を曲つて行くこと約五丁、雜司ヶ谷町なる先生の邸前に立つ。門と玄關との間に一宇の堂があつて玄關の鴨居には天竺傳來とでもいふべき龍の彫刻がある。刺を通じて案内された。應接間には觀音の銅像が安置してある。

※　※　※　※

先生は堂々たる風采、溫乎たる容貌、白面の書生なる記者と膝を交へて落着いた。蟠りのない態度で話をされる。

實用と修養『抑も、英語のみならず、外國語を學ん

で之に習熟しやうと志す人々には二ツの目的があると思ふ。卽ち一には、その學んだ外國語を實地に應用せんとすることで、二にはその國語で書いた本を讀み之を通じてその國の文物を知り、己が修養に資せんとする事である。然るに世間には、修養の方面を無視してたゞ實用々々とのみ叫むで所謂 practical english にあらざれば english にあらざるものの如く說く人もあるやうだが、これは餘りに偏狹に失しだ見解で、一般學生に對する勸告としては妥當を缺いて居ると思ふ。

外國語學習の苦心『それは兎もあれ、外國語を學ぶといふことはその國の文物を讀み釋かうとすることで、讀み釋く所、卽ち、了解があるのである。さて此の讀み釋くといふことは、一寸考へると grammar を知り reading が出來さへすれば十分間に合ふやうに思はれるが、全然成立の異つた國語は中々さう無造作に分るものでない。之を同國人間のことにして考へて見ても、異つた家庭の眞の事情を探らむとするには、その家の系圖、社會に於ける地位、家族の修養の程度などいふやうな細かい點まで調べなければ局外者には

了解のなし得ないことが多いものであらう。況んや國體人情社會組織を異にして居る他國民の language を眞個に會得しやうとするのは難中の難事で、單に一通の grammar や reading に通曉した位で成し得られることではない。これが獨逸乃至は英吉利とかいふのならば兩國民の歷史的關係、言語の起原を同じうして相互の理解を扶くる事情が多々存して居るが、我國と英語とでは第一國民性に於いて一通ならぬ溝渠があるのみならず、兩方の言語を對比して見ると形式の上にも著しい差がある。英語は書き方から橫書きで、日本語なら末尾にある動詞が中程にある。その他、表白の方法に於いて種々な相違があつて吾々の學習を困難ならしめる。しかし、又、修養といふ方面からいへば上述の文體の相違、事物に對する觀察方の差などは吾々學徒に思索反省の材料を與へてその研究に無限の興味を感せしめることになるのであるが其所がまた趣味の多い所であらうと思ふ。

　英語の學び方『好學の士、知識を世界に求めやうとして、今し、english world に脚を踏み入れんとして

見ればその前程に二タ岐の道がある。一を鵜呑式學習の道とし、他を理屈攻研究の道とよぶ。彼れはV字街頭に立つて迷はざるを得ないのである。……私はかゝる初心の人々に向つて鵜呑式の道を辿らんことをお薦めし度いと思ふ。鵜呑式英語は通辯的英語である。單にこゝに止まつたならば甚だ詰らないものではあるが、しかし、私は最初は鵜呑的に學び漸次進んだなら理屈を知り、修養に資して貰ひたいのである——實用的に終始して居る語學は日常の用を辯ずるには役に立たうが修養上には何の價値もないものである。例へば：—

「今日は土曜日です」といふことを "It is Saturday today." と英語でいふが、之を單に實用上から學ぶには上の英語を鵜呑にして暗記して居ればそれで用は足りる譯だが然し修養の目的からいへば………

日本語は「今日は」で始まつて居るのに英語では何だか譯の分らぬ "It" といふ語で始まつて居る。日本語は「です」で結んであるのに英語は "to-day." で終つて居る。そして「土曜日」は三番目。「今日は」四番目。即ち最後に置いてある。終りまでいはねば "It" の意味が分

らない。從つて全體の意味が通じない。これを直通的な日本語にすれば「ですよ土曜日今日」とといふ形式（尤も "To-day is Saturday." といふ言ひ方もあるけれど）を成して居る………

といふやうに兩語の expression の差異を對照知悉し、尚英語の「今日」を反省する構文に注意することなどが修養である。通辯の英語と gentleman の英語の岐れる點はこゝである……以上のやうな譯合であるから若し、guide 式の英語に達したのみで修養にまで至らなかつたなら假令何人が何箇國の語を知り、會話が如何程巧みに出來ても單にそれ丈のことで、人物養成の上からは採るに足らぬといはねばならぬ。

それからまた、注意して置きたいことは、實用的英語と修養上の英語とは互に相關聯して居るものであるといふことで、例へば、實用方面のみを見て居るならば「今日は土曜日です」といふことは出來ても to-day は何處に措いてあるか、發音の具合は如何などいふ組立に氣附き、反省考察することが出來ない。たゞ反省考察の材料となる素質が手に入つただけに止る。之と反

對に修養方面にのみ心を奪はれて居る人は、時はitで表はし、Saturday の發音には舌をどうするなどと細かい研究は出來て居ながらイザ外人と差し向ひとなると"It is Saturday と中々出て來ない。これは宛然、物を所持しながらその用法を知らないのに等しい。私は最初は鵜呑的に英語を學び、理窟は 切ヌキにして或程度迄基礎智識が出來た曉に、修養的に研究をなし完全な學者とならんことを江湖の英學生諸子に切望するのである。中學校、師範學校の英語は gentleman たる素質を造るための english であるから實用方面には多少缺くる處があつても修養方面に於いて之を補ふ處多ければそれで滿足せねばならぬ。吾人は gentleman たることを欲して gnide たらむことを期せざるものであるから、須く氣品の高い英語を學ばねばならぬ。繰り返していふが、實用英語と修養英語との區別を高調するのは皮相の見であつて、實用から入つて修養に終らねばならぬ。

　何故本が了解されるか『世態人情を異にした外國の事物を書いた本がどうして了解出來るのであるか。自

分の心にその事物の對象となるべき素質があるからである。語を換へていへば、自分と同じ部分だけが解るのであつて、己れにない部分は如何程その構文が解つても其眞意を味ふことは不可能なのである。例へば、男は男を解し、女は女を解することは比較的容易であるが、男が女を解し、女が男を解することは中々六ケしい。イヤ同じ女でも古い女は新しい女を解し兼ね、古い男は新しい男を解し得ない。これは性を異にする爲めと、周圍の雰圍氣が異るために相互に反映すべき對象がないからである。

　外國語を通じて、外國の事情が解り、外國語で會話が出來、又は完全に文を綴る事は、外國の事情に通じ其の心理狀態に通じて居るからである。其の心理狀態に通ぜずして會話をなし、文を綴つたら假令其の會話其文が正確であつても、外國人には了解の出來ぬ所があるに違ひない。

　己れを無にせよ Poe と云ふ人の書いた本の中にある有名な話であるが、或る所に「何箇」と云ふ勝負に必勝する人があつた。或人が不審を起して其の人に訊ね

た所「別段に深い秘傳のあるわけではないが、たゞ己れが心を相手の心理狀態に移す事夫丈に過ぎない。つまり自分の精神とか想像とか云ふ樣なものを、全々無にして相手が馬鹿なら、自分も迂愚な心理狀態になり、相手が怜悧な人間なら夫れに從つて自分も怜悧な心的狀態に遷つて行く事が必要である。然るを普通の人は自分の精神を判斷の基礎として、他を律し忖度して行くものだから、必勝を期する事は出來ないのである」と云つたさうな。是れは仲々趣味のある、有益な言葉である。私は本を讀む人に須らく此精神を持つて貰ひ度いのである。great men の傳記を讀む時は、自ら great になり、大議論を抱藏した本を讀む時は、自分は同じ程の writer の心にならねばならぬ。悲劇の小說を讀む時は、自分は其の主人公になつて行かねば眞に了解の出來るものではない。役者が悲劇を演ずる時は、先づ顏を悲みの相となし、其の態度も悲みの表現に適するやうに重苦しくすれば、反應的に心は憂愁の調を帶び來り顏にも益々悲痛の色が浮んで來るから、舞臺が緊張して眞の悲劇を演する事が出來るのである。又喜

劇を演ずる場合には、先づ大口を開いて笑ひ、喜びの gesture をすれば心自づと喜悦に滿ち、顏にも若々しい新鮮の血が流れて、其動作に眞實の愉快を寫す事が出來るのである。斯樣な譯で外國語を讀んで、其の眞意を十分知らうとするには、先づ讀者は其の主人公の心 writer の心になる事を必要とする。卽ち「我」と云ふものを一時全々捨て「無我」の境に入りて、其の主人公か、writer の心と合致せねばならぬのである。

　見聞を廣くせよ『以上の樣に主人公や、writer の心と合致しても、尙は且つ了解の出來ぬ事がある。夫れは自己の智識の範圍卽ち圈內を超越した事柄である。換言すれば自己の經驗せざる事、自己の精神組織に夫れと類推對象となるべき事物がない場合である。要するに。見聞の狹小な結果合點想像の行かぬ事物が了解の出來ぬのである。

　今是れに就て例を擧げ說明すれば、例へば西洋の "orange" は蜜柑の樣なもの、"beefsteak" は「まぐろの雉子燒」の樣なもの、"salad" は「胡瓜もみ」の樣なものであると合點の行くのは、吾々が「蜜柑」「まぐろの

雉子燒」「胡瓜もみ」の味を經驗した事がある結果、類推して初めて、其の味を解する事が出來るのである。是れが一度も味つた事のない、全然異つた味なら、到底合點想像の行く筈がないのである。

　先づ自國語を學べ『由是觀之、全然人情風俗を異にする language を學び、夫れを眞に味はうとするには先づ其の類推判斷の對象となるべき基礎素養、卽ち鏡の樣なものを、自己の心中に作つて置かねばならぬ。然らば如何にして斯の如き基礎素養を養はんか、勿論當該國に渡つて、自ら其の國情、人情、風俗を見聞し研究するに優る事はないが、是れは總ての人に求めて得べからざる事である。依て orange を蜜柑と類推判斷する樣、自國の事物によりて、其の判斷の對象を作る事が最も捷徑であると思ふ。斯くして得たる智識もて更に類推を作り行く事が、積つて來て初めて其の language の微細な所迄感得する事が出來るのである。勿論此以外に其の言語の基礎根抵たる單語を豐富にする事や、文法に通じて其の構文を知る事等は云はずと知れた事である。

最後に、一口に英語を學ぶと云ふが、英語には古文もあれば、中世の文もあり、現今の文もある。是等を十分知り盡さうとするのは、語學を以て世を終らんとする人ならいざ知らず。然らずんば到底及ばぬ事である。又夫程の必要もない。吾々は present english を知れば夫れで滿足するのである。然しながら近世の文でも然るべき文人の手に成つたものには、其著作家が古典に通じて居つた結果、知らず々々其の文の中に自然と古文の嗅味が顯はれて居る事を忘れてはならぬ。そこで吾人も亦古典を知らねば近世の文の眞味が知れなくなつて來る。それには其の類推判斷の對象を日本の古典などに求めて漢文、漢詩及び古い和本などを涉獵すれば自然と悟入する事が出來るのである。

　自國語は主、外國語は從『若し夫れ、日本人にして日本語や漢文の背景なしで、英語に通じた人があつたなら、夫れは日本語を知らぬ西洋人に過ぎぬ。吾々は斯樣な日本人の增加する事を歡迎するものではない。つまり日本の國民性を備へざるたゞ顏色の黃ろい鼻の低い外國人が一人增加したと云ふ事に過ぎぬ。斯樣な

人の増加する事は日本から見ても外國から見ても更に慶すべき事ではないと思ふ。私は英語も知つて貰ひ度いが、夫れ以上に自國語に通じて居つて貰ひ度い。日本人たる特徴を失はずに居つて貰ひ度いものである。然るに外國語に通じたため、日本語を忘れたとか、日本人の習慣風俗に通じないとか云ふ事を、自らの誇りとして居る人も尠なくない様に見受ける。或は亦日本語の事に頓着せず、輕視して practical とか idiomatic とか云ふ様なことのみに、浮足になつて熱中して居る方も亦尠なくない様に思ふが、是等は本末を顛倒した危險な議論ではあるまいか。敎ふる人も學ぶ人も此點に一層の留意を希望する次第である』と語氣一段の強きを加へ、感慨に禁へぬものの如く暫時無言で居られる。風に流るゝ按摩の笛に山の手の夜はしんゞゝと更ふて行く。

飜譯の色彩 先生が先頃［おもかげ］を著し其の卷頭に Mark Twain の "The Shark" を［出世の門］と譯して、斯界をアツと云はしたのは、讀者の記憶に新たなる所だらう。先生に「飜譯の色彩」を聞かずに歸るのは編者の面目にかゝはる心地せられたので早速御尋ねした。

『飜譯には其人其人によつて種々雜多な方式があるだらうが大別して二つとなす事が出來る。一つはこれは

飜譯物也と云ふ所を、殊更に表白して、其の原國語の嗅味を殊更らにたつぷりと附し、內國的でなく書く事、卽ち流暢な日本語にせずに、何所か butter 臭のある日本語にするのである。古い事ではあるが森田思軒氏の飜譯が、非常に讀まれたもの畢竟するに世人が那邊の臭味を買つたのだらうと思ふ。第二は飜譯の嗅味を全然取去り、安全流暢な日本語にする事である。第一、第二には各其特長があつて直ちに其是非を批判する事は至難だが、第一の分は local colour を添へ樣とする時に、最も特徵が發揮され、其所には名狀すべからざる趣味と興味とを味ふ事が出來る。第二の方は單に原語の思想主張をのみ讀者に知らしめんとする時に必要である。然しながら日本語の拙劣なるがため第一に陷つたり原語を瞭解せざるために第二でお茶を濁す事は決して賞讚に價しない。要は原語を了解して而して自己の考によりて、或は第一、或は第二とするのでなければ何等の價値もないのである。所が近頃の飜譯を見るに文の拙なるがため或は推敲足らざるがため或は語學の素養の足らざるがため止むを得ず。第一か第

二を眞似る者が頗る多い樣に思はれる。是等は原文に不忠實な譯文で甚だ寒心に堪えないのである。

そこで飜譯の色彩苦心の一つとも云ふべきものは、pronoun の決定である。例へば英語の "I" を日本語に譯せば「私」「拙者」「僕」「己」「俺」「をいら」「わつち」其他殆んど無數にある。此 "I" を一度「俺」に譯したなら其の文の tone を最後迄「俺」風に書いて行かねばならぬ。然らずんば其の文の harmony が壞れてしまう。斯樣な譯で主人公の代名詞を決定して其の tone の足並を最後迄變へずに揃へて行くためには、勢ひ、日本語の素養を十分付けて置き、そして言語を豐富に貯へて置かねばならぬ。さなくんば原意の表白に窮して遂に知らず々々文の harmony を破壞するに至るのである。

「苦心の第二は、原語の "Said he." "I say" "Answered Mr. so and so." などを譯文に表はす時である。英語には是等のものが頗る多く煩に堪えない程である。殊に對譯の時に一層此感を深うする。斯樣な場合には甲、乙、丙などの詞を「と書き」標を用ゐて示すか、又は原文の意を害はぬ範圍に於て省略する事がよからうと思

ふ。たゞ此の「原文の意を害はぬ範圍」と云ふのが至難の所で、是れは其の人の技能文才に俟つより仕方があるまい。殊に文の中間にある "Said he" などは一層の注意を要する。

「第三英語の動詞には敬語が殆どない、日本語には「云ひました」「致しました」など云ふ敬語がある。飜譯の場合に此所に注意して tone に相當する、敬語を使ふ事も中々の困難で、苦心の一つである。次に語尾である。日本語には「體言止め」と稱して動詞、形容詞を省略する方式がある。即ち「斯樣な話でした」「其時は大騒ぎが生じた」と云ふ樣に「なり」「けり」などを略するから、飜譯する場合には此邊にも細心の注意を拂ひ、文を推敲して tone を合して行く事を忘れてはならぬ。

先づ大體以上の樣な苦心はあるが、日本語の素養を付け置き、言葉を豐富に蓄へて居つたなら、原文を譯文に表白の出來ぬ場合は尠いと思ふ。唯、單語夫自身を直ちに日本語に表はす事の出來ぬ場合はあるだらう適當な譯文を見出せるか、見出せぬかは、其人の技能

次第である。自分の頭に語彙が豊富でなかつたため、或は推敲足らざるため、流暢な日本文に出來す、又は原文を了解せざるため、殊更に流暢を衒ふのは、其の精神の陋亦惟して知るべしである。

　私は譯す場合に、先づ文の全體を通讀して、文の調子を考へ pronoun を決め、敬語の程度を決定し、そして tone を揃へて行くのである。』（文責在編者）

受驗生に

編者

　受驗者に理論的の頭がない。受驗者は一般に想像力が足りない。此二つは現代英學生の缺陷否現代學生の大なる缺陷である。此缺陷を眞個に矯正する事は至難だが、要するに內豐富な實力を養つて置くより外仕方があるまい。そして機に臨み冷靜と沈着とを失はぬ樣修養せねばならぬ。然るに受驗者は實力を乏しいので、試驗場に臨み周章狼狽度を失して支離滅裂な事を平氣で書くのである。實際試驗問題には夫れ程高遠な思想を抱藏したものもなければ、非常識な事も尠ないのだから、受驗生は頭を logical にして、想像を巡らしたなら一二の單語を忘れた位で突拍子もない答案を書く樣な事はない筈である。尤も想像を巡らすのは、文の構造を知らず、所々の單語から推量し憶測したものでは何にもならない。要は實力の泉から湧き出たものでなければならぬ。

語義研究に就て

正則英語學校校主
齋藤秀三郎氏

辭書の引き方――譯語の一定――言葉の意味。

編者一日去る知名の士を訪問せし際「日本にも英語の先生が隨分多いが、斯學の事に就いて眞個に敎を仰かれる人は先づ齋藤さんと二高の栗野敎授丈だね」と云ふ事を聞いた。尤もお尋ねする範圍は違ふだらうと思ふ。實際齋藤校主の斯壇に對する地位は編者等の云々する範圍を超越してゐる。兎もあれ正則で今回語義研究の新講座を設けられたので、此事に就いて御説を拜聽した。以下其要領であるが、若し述べて盡さゞ所るがあつたなら、編者生來の不文の罪である。

　第一、學生は辭書の用ひ方を知らない。そして言葉と云ふものは、如何いふ形になつて組立てられて居るかと云ふ事が一向に譯つてゐない。又言葉それ自身の用ひ所、又は他の語との組合せ方によつてその働きに微妙な變化を生じて來る事も　更に解つてゐない。此觀念が、比較的秩序よく頭の中に這入て居て尚ほ咀嚼されてゐるのは、本校(正則英語學校)の高等科の生徒のみだらうと思ふ。▲次に英學生にして辭書の利用方法を知つて居る人は幾人あるたらうか。甚だ心細い

感じがする。又學生の必要に應じ得る様な辭書が果してあるだらうか。私には遺憾ながら見當らない。此一面に於て學生に辭書の用ひ方と利用の方法とを教へ、言葉の組立を知らしめ以て其の微妙の働きのある所を透徹正確に腦裡に印刻させる事と、他面に於ては、此必要に應ずる辭書の出現とは刻下英語界全般の要望するところで、英語の進步を促進する二大動力であらうと思ふ。

　※第二　譯語の一定卽ち統一する事が焦眉の急である。此譯語の一定とは、或單語を或る日本語に、表はす事の一定のみでなく、成句に對する譯し方をも含むので例へば、careful of, careless of, といふ組み合せの中には、或る一定した意味と一定した觀念とが含まつて居る筈であるにも不拘、從來種々雜多千差萬別、甚だしきに至つては、見當違ひな譯し方をして居るものさへある。私は重に斯うした場合の譯し方を一日も早く一定せよと云ふのである。▲今日迄の譯語を見るに其不統一なことは實に言語同斷である。今、譯の付け方を分類して見ると三種ある。第一は正確な譯・第二

は舊套を脱せざる譯、第三は勝手氣儘な譯である。斯麼具合だから、語學の素養と、批判力の乏しい學生は其の何れに據るべきか、何れが正當であるかに就て、五里霧中に彷徨するのは、無理もない事であらうと思ふ。私は寧ろ學生に同情してゐる。斯うした罪の大半は先生自身が負はねばなるまい。▲漢字の訓が幾種類もあり、渾沌其何れに從ふべきかに迷はしむる場合が少くないが、今日、英語に對する譯語が一定せず、學生を迷はして居るのは正に是れと一般であると思ふ。今例を舉げて申せば：

Delicate, tender, sublime

此等の文字は、夫れ自身に於て形をなし、頗る幽玄微妙な意味と働きとを持つて居るから、第一その idea を正確に頭の中に入れて置いて、それを基本根抵として種々に活用せしめてゆかねばならぬのである。所が其の基本たるべき idea が、一向に解つてゐない。從て其譯語が一定しないのである。恁麼狀態では何年經つも日本の英語が進步する筈がない。寔に情けない次第である

▨第三、言葉と云ふものは、動詞の組立方一つでき

まるものである。詰り動詞が種々に働いて色々な意味を表はすものである。所が學生は多く這般の消息には風馬牛で居る。いや自分は一通り解つた積りかも知れんが、私から見れば、曠野に徨ひ、暗中に旅をして居る樣にしか思はれない。此等は一日も早く光明ある大道に導いてやりたいものだと思ふ。

■私の Word-Study の冒頭に於て講じた cause なんぞは實に面白く變化する文字で、此語には「事件」と云ふ變つた意味があるが、これを知つて居る學生は殆んどあるまいと思ふ。怎麼事は、ほんの瑣細な事の樣に思ふだらうが、語學の研究には、斯う云ふ所に注意する事もなか々々肝腎な事である。cause の事で思ひ當つたから一寸例を擧げて見よう。

cause（せしむる）は Word-Study 第一にある通り、名詞となつた時と、動詞となつた時とは、自ら其の意味に相違を來す事は勿論だが、動詞となつた時に、二通りの主要な意味がある。第一は「命ずる」意味、第二は「主格のため……する」と云ふ意味である。即ち

(1) The heat caused me to take off my coat.

是れを「暑いから上衣を脱いだ」と直筒に譯し得る人は幾人あるだろうか。

(2) He *caused* a temple *to be duilt.*

(3) He *had* a temple *duilt.*

此(2)(3)のSentenceが全々同一のものである事を知つて居る人は幾人あるだらうか、私は私かに怪しまざるを得ない。

要するに word-study の講座を設けて本校の生徒に敎ふる事になつた動機とも云ふべきものは、言葉が整然と學生の頭の中に這入らず、不徹底極まる譯し方をして居るのを目擊して、甚だ殘念に思ふと同時に又それがため學生が如何程苦心慘憺して居るかを想像し其の焦心の狀日夜彷彿として目に浮び、甚だ同情に堪えないから、比較的困難だと思はれる、言葉つまり微妙な働きをなす言語を一個々々取つて、尙ほ例を引いて詳細に敎へ言葉の觀念を的確に頭の中に入れさせ、語學硏究の道を容易ならしめんとする考からである。又、飜つて在來の不徹底なる譯語、出鱈目なる譯語を一掃せしめんとする余の婆心に過ぎんのです。(文責編者)

通俗普通の語學に親め

大使官一等書記官
高等文官試驗委員
外交官試驗委員
篠野乙次郎氏

通俗平易な本を多讀汎讀せよ ――平凡な英語に精通して居る人は非凡の人也――和文英譯英文和譯は原文の語氣文勢に注意せよ――高等文官試驗の英語に就て――外交官試驗の英語に就て。

自働車一臺けたたましい警笛の音を名殘に櫻田門內に消えて行つたあとは、しと々々と降る糠雨に初秋の氣分漾ふ霞が關の大路を外務省へと志す。

刺を通じて待つ間無なく』やア お待たせしました』と打ち解けた調子で入つて來られた篠野氏は編者來訪の趣意を聽いて『イヤ私には高說などはありませんよさういふことは學校の先生方にお聞きになつた方がよいでせう。』と微笑まれたその樣子が如何にも溫情に富んで居らるやうなので編者は臆面もなく押返して

どうすれば本か讀めませうかと馬を陣頭に進めた氏は莞爾として

『先づ自分の力に適應した、そして樂に樂しく讀まれ

る、通俗普通の本を撰擇して廣く澤山讀む事が最良の遣り方と思はれます。もう少し詳しく申せば、英語をして筋よく發達せしむるには最初大家の著書や名文と稱せられて居る文章だとか乃至は一大思想を吐露した著書とか、哲學上の大議論をものした本などを讀まずに、極く通俗普通な文章（通俗普通な文字が使用されて居る）で書かれた、通俗平易な内容の本をグングン成るべく廣く澤山讀む事なんです。さうすれば讀書力が眼に見ゆる程に著しく發達して來る事は疑ひを容れないから、そうなつたら今度、大家の著書、所謂名文章とか、大議論を抱藏して居る本を矢張可及的廣く澤山渉獵するといふ楷梯で進んだ方が私の實地の經驗からして最も有效の方法と信じてゐます。私は亦或る西洋人に就いて敎はりましたがParleyの萬國史ばかりを三年越しやらせられた。當時私の同僚は大概大家の著書を讀んで居つたので、私はそれが羨ましく時には密かに不平をこぼしましたが、長い間の道途と以後の結果から見ると、私のやり方は決して劣つては居なかつた。イヤ却つてそれが利益した點が多かつた樣に思は

れます。つまり通俗普通の english に十分 master したと迄は行かずも一通り精確に通じたのが實際社會に出て生きた智識となり、自由に應用が出來至極役に立つたのであらうと思はれます。

　此頃外交官や高等文官の答案を調べで見まするに、成績の良い人程、通俗普通の英語を、比較的自由自在に使ふ（讀む事、書く事共）事の出來る人の樣です。堅苦しい物ばかり讀んだ人の方はどうも成績が面白くない樣に思はれる。又通俗普通の本を廣く澤山讀んで居る人は矢張り通俗普通の智識が汎く發達して居る人と見て何等差支ないので、そして、又人の輕んじ易い事を馬鹿にせずに學習するのは難かしいことだから平凡な事に通曉して居る人間は必ず非凡な人間である。と評しても奇矯の言ではあるまいと思ふ。

　編者は通俗普通の本とはどんな本なんでせうか一二例御示し願ひますと芋頭一歩を進めて御尋ねすれば、氏は外交官らしい面持で輕い觸りのない調子で『さあ一寸申し苦いですな、又、申した所で私の記憶して居る本は日本に來て居るかどうか疑問です。要はたゞ世間に普く使用されて居る文字や言葉

で通俗普通の事を書いてある本の事です。』それでは英米本國で發行した新聞雜誌或はさうした類の本ですかと編者から例を引いて伺へば『まあそんな樣なものです』との事であつた。

和文英譯

和文英譯と英作文とに就て高見を叩けば『和文英譯とか英作文とか云ふ事より範圍を廣くして飜譯の事に就て卑見を述べて見ませう。根本に於て vocabulary を豐富にして置く事や、或る句などを暗記して置く事そして多く書き多く練習を積む事などは勿論必要な事であるが、夫以外に文の組立方や、語氣、文勢に氣を付ける事が最も必要な事だと思ひます例へば日本文の（豈に賢なりと謂ふべけんや）と云ふ事を英譯する場合にも、其の漢文句調と、原文の語勢と文勢とを英文の上にも表白せねば、眞の和文英譯とは云はれまい。又英文に斯うした語氣、文勢が文の上に躍動してゐるからそれらを和譯する場合には、同一の注意を要するや勿論である。然らずして何事も千篇一律の文章（和文、英文共）にするのは、眞の飜譯でない次に一字一語を其儘飜譯すると、其原語の臭味が拔けるのみならず、假に意味丈通じたとしても譯文にならぬ事が往々にし

てある。だから臭味を除き眞の譯文にするには原語の意味と構文とを十分に考へて、然る後にその意味を英語で言ひ表はすがよい。元來今代の日本文章を見るに英文の口調が大部注入されて居るが多年の慣習により人が怪まなくなつたのである。編者も是には大に同感であつた、否至言の御說だと思はれたから自分の咀嚼し得た原文の意味を英語で發表し得る程度に達する注意方法はと御尋すれば『先づ negative の云ひ方などに注意する事文字の眞意を十分に會得して置く事、本を讀む時に詞の組合せ方に注意して言ひ廻し方を覺える事などが、注意すべき事でせうなと語られた。氏の御高説は何所迄も生きたる english であつた practical english を使ふ諸君は是等の點に最も注意すべき事だと思ふ。

會話 本問の最後として會話の事に就き御尋ねした『何事の熟達にも practical にやらねば駄目なものですが、conversation は、全々 practical のものなんですだから practice の外に途ありませんな。一度より二度、二度より三度と可及的多く話す事が、上達の道ですな』と一寸言葉を切られ『其途を辿るには案內者として、英米人を道伴にする事が、實際上に於て、道に迷はぬ利益があるのです本を讀んで其中の文章を暗記する事や、材料を得ると

云ふ事は、實地應用の準備的行爲に過ぎないんです。要は實際の應用です』と語り了て微笑を浮べられた。

高等文官豫備試驗の英語　話は本問から外れて表題の様な殊に今大正四年の高文試驗の成績に就て所感を御尋した『昨年豫備試驗全部の成績は四割であつたそうですが、今年は三割でした。

高文語學試驗の趣旨は內務なり遞信なりの官吏は少なくとも、通俗普通の語學の素養がなければ、採用する方で、不自由であるから、試驗して斯かる素養のある者を採用する方針なんです。だから別に語學に精通してゐなくとも、難かしい本が讀めなくとも差支はありません。ところが受驗者は此通俗普通な有觸れたものが出來ないんだから、殘念ではありませんか。つまり通俗普通の語學の力がないのです』と憫むが如く編者の顏を凝視された。

今年受驗者の目立つた缺點はと御尋ねすれば『今年は奇拔な答案はなかつたが、一般に英語に親しみ方が足りない樣です。英語と親しんでさへ居れば、一つの sentence の中に、一つや二つは判らない文字があつても、大體の意味が判るものなんです。假令難かしい言葉を知解

し 變な餘り用をもなさぬ慣用句を使用する事が出來たとしても、若し其人が普通誰でも知らねばならぬ言葉やexpressionが出來なければ實社會の活用にはならぬ事であるから、無用視されても辯解の餘地はない譯です。また容易しいことが出來ないで難かしい事が出來たのは、偶然の僥倖かも計り知れん、眞の力のある人なら普通の事は、尚ほよく出來なければならぬ譯なんですからな。』と語られた。

外交官の語學 外交官としての語學を最後に伺へば『外交官の試驗は語學のみではありませんが、語學は其主要科目となつて居ります。英文を讀んでその意味を正確に解し、英語を聞いて十分に理解する事が出來る、英語の普通智識を有して居る人を採用する方針なんです。此普通の智識が具備し居ると云ふのは、英語に十分精通して居り、つまり英語の先生になつても差支ない樣な語學の力のある者を云ふのではなく、要するに前に度々申上げた一般普通の事に熟達して居る事を意味するのです。』

貴重なる時間を編者の爲めに割かれた厚情を謝し辭して門外へ出づれば雨を含んだ風横さまに面を吹いて、冷氣の肌に逼るを覺えた。平凡な事に達して居る人は非凡な人であるとは忘れられぬ言葉である。

（文責在編者）

語學の修得は實地練習に在り

東京高等師範學校敎授
鹽　谷　榮氏

　敎科書は精讀すべし——小說傳記物其他の雜書は多讀すべし——語學は習慣也——讀んだ所より材料を捕へ科學的に處理すべし——和文英譯の熟達は會話の修練にあり——辭書は古着の如し。

　語學の修得は練習にあり『一體どう云ふ方法で語學を修得したなら英書が樂に讀めるかと云ふ御尋ぬであるが、夫れは誰でもお勸めする通り、先づ本を澤山讀む事にあると思ひます。本を澤山に讀め、さうすれば英語が上達する。とは月並の議論の樣ですが、否夫れは捨て難い味のある言葉なのです。何となれば英書を澤山讀めとは、實際言ひ易くして、實行の困體で今日迄眞個にこの言葉を實現した人は寔に僅少な事であらうと思ひます。一體獨り學生のみならず、英語を研究する人は根氣がなさ過ぎるのでなからうかと思ひます一寸難解の本だとか、本の頁數が少し厚いと忽ち夫れ

に力負けして讀まずにしまう傾きあるが其麼事では到底英語は進步する筈のものではありますまい。英語のみならず language は總て practical にやらなけりや、ほんとうに會得の出來るものでないのは語學修得の根本元則であると思ひます。だから單語の一つや二つは判らなくとも、其の sentence の意味だけ判れば夫れで滿足し、どしゝゝ讀んで行くのです。讀んでゐる中に本の面白味も味はれ、又自分は本を讀み得ると云ふ自信力を得る事が大なるものです。そして一冊終れば又一冊と何冊も讀む中に、英語に熟達するのです。夫れを一言一句、一時に全部知り盡さうとするのは、慾が深か過ぎると云ふものです。だから却て倦怠の念を生じて、半本を終り迄讀み盡し兼ね、遂に之を高閣に束ねてしまうやうになるのです。さあさうなると前と反對の結果を生じて、自分の力が實際にある程度よりも、poor に思はれ、爲めに元氣沮喪し、敎科書以外纏まった本一冊讀み得ずに了る樣になつてしまうのです。生徒は勿論の事であらうが、假令先生でも、一言一句十分に理解して讀んでは居るものではありません。自信

力のある事と、多くの本に接觸した結果斯樣の時は斯うした解釋を下せばよいものだと云ふ impression が腦底に carve され記憶となりて殘されて居るから、本が讀めるので、事實の所生徒の想像して居る樣に語學を master してゐる譯のものではありません。こゝに於てか語學は習慣である練習であると云ふ事が云へます。同じ事を何回でも頭を通過させて、頭に深い impression を與へて記憶するより外途はないのである。其證據には御覽なさい。初對面の字を、辭書で一回引いた丈では中々記憶の出來るものではありませんが、何回も何回も出喰はした後漸く明確に其意味が分るのです。是を以て見ても多讀して面會の機會を多く作る事が肝腎だと云ふ證明がつくではありませんか。要するに私の意見は敎科書は辭書を引き精讀すべし。敎科書以外の本（小說、傳記物、歷史、地理其他何んでも自分の趣好に適合した本）を必ず讀む事、而して是れは辭書などを引かずに意味さへ判れば夫れに滿足して、どしゝゝ讀破する事です。そして多讀精讀に不拘、讀んだ所より材料を捕へ、科學的に處理する事です。科學的に

處理するとは即ち比較研究で、同じ場合を集めて法則を考へ出して行く事である。自分の發見した法則は實に貴重なもので、終生忘れるものでない。それが初めて自分のものとなり學力となるのである。

和文英譯はどうすれば上達するか　和文英譯もつと廣く申せば、和文を英文に飜譯する事は如何すれば早く熟達するのでしやうかと御尋ねして、先生の御答の無い中に當今 correspondence を上手に書く人が不足なので銀行會社では不尠困つて居るそうですが、是は如何した譯でしようかと疊かけに伺へば『そうですね、敢て當今のみの不足とか、缺陷ではないでしような、寧ろ却て昔より進歩して居るではありますまいか。昔はもつと英語の力は低かつたと思ふ。だが社會が進歩して居らなかつたがために、缺陷を缺陷と見なかつたのだと思ひます。それに今の人は成果を急ぎ過ぎる傾がありますまいか。僅か二年か三年の短日月の間に reading も correspondence も conversation も何もかも知り盡さうとするのは些か欲が深過ぎると云ふものでありますまいか 他國の language をさう々々無雜作には出來ますまい。と微笑を浮べられて『和文英譯は日本人に取つては困難な學問です。何故困難かと申せば會話が出來ないからで

す。和文英譯の根本は會話で、會話の出來ないのに和文英譯のみ焦せるのは源を求めずして川の流れをのみ望むと一般、望む其人に無理があるのです。一體或る思想を sentence に云ひ表はすに一通りか二通りしかないものと思ふのは根本の量見違ひです。日本の言葉でもそうぢやありませんか『今日は暑い日です』と云ふ簡單な事でさへ幾通にも表白し得るではないですか。ましてや複雜な言葉を表白する場合には吾人の想像に餘る程幾通りもあるのです。英語も此通りであるのだが、日本人は精々二通り位しか知らない。だから和文英譯が出來ない。殊に長いものになると、非常に苦痛を感じるのは理の當然怪しむに足らない譯です。だから和文英譯熟達の要訣は源泉なる會話に熟達して、其言葉の表白の仕方を豐富に貯へて置く事が、最も肝腎な、最も有力な、そして一擧兩得な方法だと思ひます。

それで此度は、先決問題として、どうすれば會話が上手になるか、と云ふに、是れは外人に多く接觸し、多く話す事が第一で、多讀して言葉の表白の仕方を記

憶して、夫れを實際に應用するのが第二です。其他種々ありませうが、要するに根本はこれにあるので餘は其人々々の考を實行せば十分な所以だと思ひます。

　辭書は古着の如し『辭書は熊本謙二郎氏の申された通り、古着の様なもので、先づ寸法柄の相違はあれど何人にも着用する事の出來る樣に出來ては居るが、正確に自分の身體に適合した着物とするには縫直さねばならんと思ふ。辭書の文字も此通りで、先づ一通りの譯は出來て居るが、その用處々々に適合した譯は自分で考へなけりや駄目です。（文責在編者）

英學生に

編　者

　語學の研究方法とか、修得の仕方とか云ふ事は要するにどう云ふ方法即ち進み方をとればより早く進步發達するかと云ふ事であつて努力せずに進步する方法を講究してゐるのではない。諸君は研究方法を決めたなら其方法によつて奮勵一番努力するのが肝要である。諸君に米國發明界の巨人 Thomas Edison の言を呈して置かう。Ninety per cent of perspiration and ten per cent of inspiration go to make up my invention. 諸君は天祐は最善の努力を致せる後にあるものである事を記憶せよ。

語學の修得は自學自修にあり

第二高等學校教授
玉蟲一郎一氏

自學自修に依て會得せよ——讀書力の養成——實用英語に就て——入學試驗の成績。

おしつまつた暮の十八日亡母亡祖母の法要のため鄕里黑川に歸省した。これをしほに歸路仙臺に立寄り二高の諸敎授を御訪ねする事が出來た。此地で生れ此地で育つた自分には冬の思ひ出が多く其印象はどうしても忘れる事が出來ない。暗い氣分のする此地の冬は此地の眞の情景を一番によく現はしてゐる樣に思はれる。山形縣と境する山々が眞白な雪を戴き崇嚴な姿をみせる頃になると、太陽は遠い南のはてを廻り薄ぼんやりした日は幾日も々々も續き、淡い光の下には黃褐色にうら枯れた原や暗灰色の野面のみが遙かに續いて、何處から集まつて來たとも知れぬ、鴉の幾群かが、彼方此方の空に聲もなく飛びまわり、名も知れぬ小鳥が、何所かでチ々ともの哀れに鳴いてゐる。雪晴れの夕暮なんどに、模糊たる野面をながめてゐると、きつと赤毛布に包まれた旅人が、たつた一人野路を辿り、雲低く垂れた靜かな夕暗の中にとぼ〻と消えてゆくのを見受ける。私は斯うした背景、斯うした氣分こそ東北の眞の Local colour であるまいかと思ふ。斯うした止度なき思ひに耽りつゝ寒い廿一日の夕暮頃仙臺に着いた。其の翌日の事、沁み入る樣な雪風を薄い外套でうけ二高の敎授室に玉虫敎授を御訪ねした。

敎授は宮城縣の人、篤學にして頗る謹直なので生徒の受けが極めてよい。故淑石夏目金之助氏より一年後れた英文科出身の首席であつた。編

者の來訪を先づ悦ばれ謙遜しながらも隔てなく、もの靜かに以下の談をなされた。その溫情は今尙ほ忘るゝことが出來ない。

自學自習に依て會得せよ『秋田縣下の敎育事業の視察を終へつい先頃歸仙したばかりであるから、夫らに就ての觀想を搔撮むで述べて見よう。

視察の感想を一言に述べて見れば英語の敎授法乃至敎師の學力が最近著しく進んで來たに拘はらず、學生の英語がさしたる進境の跡を示してない事であつた。これに就て私の最も感じた事、換言すれば痛切に其必要を認めた事は、學生に下讀卽ち下調べを徹頭徹尾勵行させねばならぬ事である。下讀みさへ十分にそして眞個に勵行さしたなら、語學の力は嶄然として見るべきものが擧るであらうと思ふ。余は確信して疑はぬ。下讀勵行の必要は在來多くの人によりて叫ばれ、又何人も其必要を感じ且つ認めてゐる事でありながら、未だ眞個に實行されてゐない樣に思はれる。今回私の視察せし所によるも餘り實行されてゐない樣に思はれた下讀せずに敎室に臨み漫然と講義を聽き、英語を眞個に了解せんとするのは、耕さずして收穫を得んとする

のと一般で、天理に悖るや極めて明確の理である。

　最近教授法が進み教師の學力も著しく開發され、殊に教科書の如きは學習者に最も適切に編纂されたものを使用してゐるに拘はらず、學生の力は依然として舊套を脱しない。昔の學生と比較して大なる軒輊を見せてゐないのは、根本に於て學生の努力が足りないからであると思ふ。昔日は教授法が幼稚であつたのみならず、教師自身さへ英語を眞個に解してゐなかつたものだから勢ひ學生は教師と共に了解せん事に眞劍になつて自ら努力したものである。今日は教授法と教師の力が進んだので、學生は坐して講義を聽き、下讀なんど云ふ努力を更らに用ゐずに、怎うやら了解して行かれる結構な時代になつたので、横着な學生は努力なんどはをろかな事、たゞ誤魔化す事に腐心してゐるものが多い。昔日には努力の浪費があり、或意味に於て不徹底な所はあつたが、其得た力丈は確かな實力であつた今日では努力の浪費がないかはり、其の得たと思ふ力の一部分には幻想があるのみならず、何所か力に於て不徹底な弱味がありはせぬかと思ふ。若し今日の學生

にして昔日の學生の如き努力を傾注して、語學に勵んだなら、實力は驚歎させる程に進むであらう。余は確信する。そこで努力と云つても多々あるだらうが、差當り學生は豫習即ち下讀みを十分になし、夫れと同時に復習を怠らずになす事が焦眉の急務であらう。要するに今日の學生には自學自習の精神を養はしめ獎勵する事が何よりも必要な事であると思ふ。

讀書力の養成『讀書力の養成方法を述べたなら多讀せよ、精讀せよと云ふ事になるだらうが、要するに根本に於て自分の力で努力して研究して行くのでなければならぬ。學生は教室に臨む前、十分下讀をなして不徹底の所はあらゆる努力を費して、調べ盡し考へ拔いて行き、教師の講義は單に參考として聽く位の努力と心掛けとがなければ、眞個の力を養ふ事は不可能である。尙は教科書以外の參考書は時間の容す限り、自分の趣味に適合したものを、廣く澤山讀む事の有效なる敢て余の喋々を要すまい。

本校の譯解の敎へ方は斯うした見地からして、下調べ本位、卽ち生徒の自發研鑽を本位としてゐる。敎師

講義なざは寧ろ模範として示す位のものである。私は解釋の方を受持つてゐるが、如何にして敎へんかの敎授法には、勿論終始苦心してゐるが就中最も心を碎いてゐるのは、如何にせば全部の學生に對し、眞個にそして眞劍に下讀みを勵行せしめ得るやと云ふ、事にある。敎授法の改良乃至促進とか云ふ事は大に歡迎すべき事であるが、よし夫れが如何に變遷しやうと、下調獎勵を基本とし根底とした敎授法でなければ理想的とは云はれまい。私は下調べを中心とした敎授法を極力讚美します。』と敎授は無限の力を籠めて極力自疆の必要を說き英語の發達は下調べにありと力說し、そしてこれによりて總てが解決されると附言された。

實用英語に就て『實用英語、修養英語若くは實用本位、解釋本位とか云ふ問題に就ては、兎角の評を試みられた人が數多い樣に思はれるが、私は斯んな問題を論ずる前に、學校なら其學校の性質、個人なら其人將來の目的などを考究して、然る後に議論すべきであるまいかと思ふ。實用英語の必要、(殊に今日の如く對外貿易乃至交際が劇しくなつて來て見ると其の必要を

痛切に感じさせられる）と云ふ事に就ては何人も異存はあるまいが、たゞ憾む時間の餘裕なきをだ。若し高等學校などでも時間が十分容しさへすたば、兩者を完全に進めて行きたいのは理想であるが、當分の所兩者の完全を期する事は殆んど不能である。然らば兩者の何れに向つて、主として力を傾注して行くか、と云ふ問題になるがこゝ迄考へを及ぼして來ると、誰しも將來の目的性質を考究し度くなるのである。私は高等學校高等師範學校の樣な學校は解釋本位で進め、高商の樣な學校は實用本位で進めて行くべきものであらうと思ふ。現に文部省は此趣旨を採つてゐられる樣だ。結り兩全を期し兼ぬる所から解釋力か、將た實用英語かの一方を完全に近からしめんとしてゐるのであらう。

　入學試驗の成績『入學試驗の成績は例年殆んど大差なき徴を示してゐるので、特に本年の概評として述ぶる程の事はない。因て例年の概評をして置かう。

　第一近年受驗者は文法の智識就中初歩の智識が缺けて來た樣に思はれる。これは最近著しく文法を輕視して來た餘弊であるまいか。そして初歩の智識が著しく

缺けてゐるのは、受驗準備する際には若くは復習する折に難かしい所をのみ調べて、初步の所を閑りにした所以であらうと思はれる。要するに、一般的に練習が足りないために熟されてゐないかも知れない。文法は難かしい所よりも寧ろ極めて通俗の部分、卽ち基礎となるべき、初步の所が最も肝腎である。だから、かゝる所を輕視せずに十分練習を積み、呑み込んで置く必要があるのである。英文法のみでなく英文解釋に於ても初步の所に精通して居つたなら獨り受驗のためのみでなく、入學後のためにも寔に利益する所が甚大であらう。以上は和文英譯の答案から觀察したのである。

　第二に單語の觀念が不確實である樣だ。これも敢て自分の新らしい發見でなく、種々な方面の人から叫ばれた缺陷である樣だ。英語に接する機會の割合に少ない中學卒業生として此缺陷のあるのは一應無理ならぬ事かも知れんが、單語の觀念が不確實である事は、入學後に於ても甚だ不得策な事であるから出來得る限り充實せしめてゐて貰ひたいものである。私は思ふに斯うした缺陷は、原書の辭書を使用する事によりて幾分

の塡充をなし得るであるまいかと思ふ。譯した辭書を使用する事も、語學の幼稚な時代に止むを得まいが、原語の眞個の意味を知り、夫れを味ふて英語を natural なものにするには、原書の辭書を俟たねばならぬ樣に思はれる。此意味からして中學上級生には成るべく早く原書の辭書を使用せしめて貰ひ度い。高等學校に來て尙ほ且つ譯した辭書のみに手賴つてゐる學生がある樣だが、不得策も亦甚だしい事である。以上は英文解釋の答案から得だ感想である。

概括的に以上申した二缺陷であるが、個人々々の答案から見たならば、種々雜多な美點と缺點とを見出し得るであらう。必ずしも全部の人が總て斯うした缺陷があると云ふ所以ではない。勿論滿點の人もあれば極端に零の人も可なり澤山ある零點の人の答案に限つて所々の單語から想像した出鱈目な譯文を書いて置く樣だ。恁んな人でもう少し冷靜に度胸を据えて考ひたなら、假令合格する迄に至らなくも、少しは整つた答案が出來たであらうと思ふ。怎うせ合格しないのだから努力する丈野暮だ、良い加減な答案を出せ、と云ふ樣

な考を持つてゐたのでは獨り試驗のみでなく、學問は出來まい青年は力盡きて而る後止むの決心であつて欲しい。云々と　（文責編者在）

一般受驗者のために
陸軍士官學校教授　秋元正四氏

英文和譯　近時英文和譯が一般に意譯に陷る傾向があつて、原文の意味に遠ざかつたり、或は履き違へた譯をするものが、多くなつた樣に思ふ。是れは昔日の直譯弊風の反動として起つた矢張一つの弊風ではあるまいか。又一つは學生諸君は入學試驗の準備に、無暗に難句集を飜き、phrase とか idiom なんどを鵜呑的に暗記する結果こゝに陷つたのであると思ふ、學生が、難句集を漁つて得た智識を、入學試驗に應用し得る場合は、極めて少ない。根底の智識がなくして難句集を飜く事は勞多くして効果少なきものであるからこんな愚な方法を止して、單簡な英語を exactly に知解せん事に、努力するのが賢者の取るべき途であると思ふ。要するに、假令受驗準備であつても、終始英語の根抵の智識を付ける事を忘れずに努力し、答案は原文に最も忠實な直譯に囚はれず、意譯に流れ過ぎない、最も眞面目な譯を付けて置く事が、英文和譯最上の受驗方法であると思ふ。

和文英譯　近來此方面に學生が努力する樣な傾向が見えるが、實質に於ては矢張一向に進步してない。これは前記英文和譯と同じ樣に、根抵の智識がないのに、無暗に難かしい言葉のみを、鵜呑み的に暗記する弊風から來た、產物ではあるまいか。其證據には、下らぬ文法上の間違をしたり、平易に云へる所を、ゴツ々々、難かしく迂遠にしか、云ひ得ぬ所を見ると、眞の發達を表はすものではないと思ふ。是等を憾みなく發達せしむるには、譯解に努力して、英文の文脈を會得し置き、一方 grammar を活用的に十分に會得して置く事が肝腎だと思ふ。

（英語の日本より轉載）

女子と英語

女子英學塾長
津田梅子女史

男女教育の軒輊――現代の日本婦人――何のために英語を學ぶか――英語を學ぶ根本の目的――文學的讀物迄進め――英語の教へ方――どうすれば本が讀めるか――和文英譯―― 女子の英語教授法。

編者一日東京基督教青年會名譽主事Davis氏を訪ふて雜談中、「貴下の御知己の日本人中で一番英語を巧く喋舌るのは誰人ですか」と問うて見たら"Well―!"とばかり一寸の間答がない。すると横合からMrs. Davisが"Miss Tsuda is preeminently the best speaker among my Japanese friends" といはれた。その時から是非一度女史の謦咳に接したいと思つて居たのが昨秋の御大典に際し女史が英學者としての功勞を思召され叙勳の恩命があつたので一入ほ敬慕の念を増した。

女で叙勳された人はこれまでに數あるだらうが、英學者、しかも私學經營者で、叙勳の光榮に浴した人は女史を以て嚆矢とするだらう……どんな小母さんかしら……などと想見しつゝ、老松枝參差たる竹橋門外の大通りを急いだ。

英國大使館の裏手に當る、清らかな通りに垢拔けのした西洋館が立ち並んで居る。是れぞ古い歷史を有つた女子英學塾である。質素な應接間に通され卒業生の記念寫眞を眺めて居ると、女史は眼鏡を手に持つて、優やかに入つて來られた。觀察力に富んで居さうな眼、引締つた居頭に

は深い知識と確乎たる信念とを表現してゐた。

　男女教育の軒輕『社會をして健全に發達せしめて行くには、男子の活動を要するのは勿論の事でせうが、男子の努力のみで果して世の中が完全に進步するでせうか、私は疑はざるを得ません。女子は表面に立つて男子と競爭的に活動し得るか如何か、又其可否は暫く別問題としまして古來傑出せる男子の背後には必ず偉大なる女子があつた事は、歷史の證明する所であります。然らば斯樣に男子を援助し、激勵して行かれる女子には、どれ程の教育が必要でせうか。男子の教育と甚だしき懸隔のある教育を受けた女子は、男子に取つて頼み甲斐ある友となれませうか。良人たる男子の事業を理解し得ずして、之に一臂の力を添へる事が出來るでせうか。私は斷言して置きます、女子は男子と多少の逕庭ある教育を受ける事は、事情萬止むを得ないとしても、其間に甚だしき逕庭のある事は、夫婦に溝渠を生ずる第一步で社會をして健全に發達せしめる上に於て大なる難澁錯誤を生ずる第一步であると思ひます。

維新前後の女子教育を回想して見まするに、男女の教育程度の差が、今日程ではなかつた樣に思はれます然るに維新後、日に月に西洋文明が輸入され、男子の教育は世界的となつてまひりましたのに、一面女子の教育は少し色合の變つた位のもので、依然として其舊套を脱しません。矢張實際の所は修身、讀書、裁縫位のものです。高等女學校では種々な科目を入れてやつて居る樣ですが、程度が低いのみならず、教育そのものが、既に形式に流れて居る樣に思はれます。其結果女子の思想は依然封建時代のまゝです。新らしい女とか申しまして、獨り悦に入つて居るものもある樣ですが、誤られた新しい女であつて眞の新しい女では斷じてないのです。

　現代の日本婦人　現在の日本婦人（日本婦人などゝ申しますと「なに生意氣な」と仰しやる方があるかも知れませんが）を見ますると、其思想の幼稚な事、自覺のない事に驚きます。日本は歐洲動亂てふ風雲に乘じ今や世界に雄飛すべき機會に遭遇して居ます。我手腕を發揮するは此の秋ぞと男子の方々は或は貿易に或は

海運に盛んに飛躍して居られますが、さて飜つて婦人を見れば如何でせう。有史以來の戰亂が如何に進展しつゝあるか、日本の海運貿易が如何に計畫され發展しつゝあるかと云ふ事に就いて果して幾許の智識があるでせうか。いや知識と迄はゆかなくも、斯うした進轉に注意し、戰爭談に耳を貸し得るだけの能力があるかどうか甚だ疑はしい。「女子は外へ出て活動すべきものではない家事にいそしむことによつて所謂内助の功を擧ぐべきものである」と申される方が多い。成程その通りです。私も婦人は是非斯うあり度いと思ひます。然し考へて御覽なさい。男子の思想も活動の舞臺も、世界的となつた今日、その知識も、思想も封建の黒幕に鎖ぢ込められて居る婦人が、良人の思想を理解し、良人の要求する同情と慰安とを與へて間接にその事業を援けて行く事が出來るでせうか。又或人は申します「婦人は子女を生み、子女を完全に教育して行かれさへすれば、それで澤山だ」と私は是れにも至極贊成です。吾々の後繼者を生み、そしてそれを完全に教育して行く事は吾々自身が現在の社會に盡すことに劣らず

大切な事ですから、是非さうあり度いのです。然し考へて御覽なさい。子女の教育とは、單に糀深の世話のみを意味するのではありますまい。然らば十九世紀前の思想を有つたまゝ修養を怠る婦人は、二十世紀日進の時代教育を受けつゝある子女を、完全に教育して行かれるでせうか。小學時代は母と親み、母を敬して居つた子女も一朝中學や高女に進む頃から漸く母を輕蔑し始めて時代後れ呼ばはりし、「御母樣には判らない事です」などと高言する樣になる事は、事實に徵して明かな事です。教育は形式的の服從や盲從では駄目です。心からの服從と敬愛とを必要とするのです。斯樣に思ひめぐらして見ますと、我國に於ける從來の女子教育なんど云ふものは、實に情けない程淺薄なもので之を良妻賢母主義から觀ましても到底時代の要求を充たすことは出來ないことが明であります。私は女子教育をして一日も早く、男子のそれに近からしめ、世界的の思想を理解し、男子の思想境遇を十分汲み取り得る樣、教育せねばならぬ事と思ひます。』

言々肺肝より出で熱心眉宇の間に溢れて、日頃『女房は愚なるを艮

しとす』といふ意見の識者をして女子高等教育の急務を覺らしめねば止まない慨があつた。

何のために英語を學ぶか『男子と謂はず女子と謂はず、彌生の花を餘所に見、秋の千草を賞でもせで、習ふに難く、學んで達し難い英語に憂身を窶するでせうか。更に一步を進めて、當局者が高等女學校に英語を入れたのは何の理由からでせうか、私は明かに是等に對する答を求め度いのです。現在英語を學ぶ人も、敎ふる人も、此點に對し明確な考を有つて居られるでせうか。私には總ての人が無自覺に、謂はゞ浮草の流れに從つて漂ふが如く、「英語を皆樣が學ぶから、私もやつて見やう」とか、「英語も少し位必要だ知らねば不自由だ」とか云ふ、漠然な考からやつてゐられるとしか思はれません。其證據には高等女學校丈に終つた人で語學を物にした人が殆んどなく、一昨年の高等女學校長會議を御覽なさい。高女の生徒に英語を敎へても何の効がないから、撤廢しやうではないかの議が起つたさうです。私は是れを聞いた時に餘りに情けなく心もとなく感じました。

一體英語のみならず、總ての學問は、其の學び得た智識夫自身を直ちに役に立てるものと、其學問に內在して居る思想、觀念が間接に役に立つものとの二つがあります。是れは、私の樣なものの申す迄もない事と思ひます。流行語を借りて申しますれば、前者は實用的學問で後者は修養的學問とでも云ふのでせう。此二つの學問は謂はゞ一つは現實で、一つは理想です。人間の人格には、高遠な理想がなければならぬが、又餘りに現實に迂な事も、賞めた事ではありません。學問も實際に用をなさぬから駄目だ、詰らないと、一概に排斥して修養方面を見なかつだなら、學問は實に奥行のない詰らないものとなつてしまひます。私は學問といふものは實用に供するのも勿論必要だが、修養に資する學問も亦同じ樣に必要だと思ひます。「英語が實際に用をなさぬから廢せ」と主張なさる方に、「それでは中學や高女の代數幾何或は物理化學は、實際にどれ程役に立つて居るか」と質問して見度いと思ひます。何故英語を撤廢する前に、數學も撤廢せぬのでせうか。私は數學を學ぶのは、代數、幾何夫自身が役に立つと

云ふ事よりも代數的觀念　幾何的觀念を吾人の精神的素質の中に入れ、人格を修養して行く事が、一層大切な目的であると思ひます。

英語を學ぶ根本目的　『然らば英語は何をするために學ぶのでせうか、私は英學ぶ目的が二つあると思ひます。前に申上げた通り、一は實用に供せんための目的で、其學び得た英語を實際に使用して本を讀み、或は外國人と交際し、或は飜譯を試み、或は外國に渡航する準備となす人です、一は修養に資するためです。即ち英語から得た觀念、思想によつて、自己の人格を開拓して行く事です。然らば如何樣にして人格の修養に資せんか、勿論學び得た智識を益々發達せしめ、原書によりて直接に外國の智識を得る事が出來れば至極結構な事ではあるが然し現在の儘の高女卒業生謂はゞ無自覺な女に對し、是れを求むる事は少し無理かも知れません。私は假令女學校で讀む書が少いにしても、其讀んだreaderの三冊なり四冊なり、或は傳記物一冊なりの英文其者でなくして、其內容の思想、即ち世界的の思想に直接接觸するのが計り知るべからざる貴重な

ものだと思ひます。此世界的の氣分世界的の思想が假令僅少であつても、それが手引となつて、女子をば因襲的の思想習性から解放し、世界的の思想を理解し得る素質を得しむる事は實に大なる賜と思ふ。斯様な譯で假令其の學び得た英語其者が、不幸にして全然忘却されても、此泰西の思想を理解し得る偉大なる素質丈は自分の精神組織の中に殘つて永劫に盡きないものと信じて居ります。私が英語を奨勵するのは、流行を追ふ輕浮な考からでもなければ、新規を衒ふ庸劣な考へからでもありません。其必要な一大眼目はこゝにあるので御座います。**人或は泰西思想に接觸する飜譯物によつても出來るではないかと申しませうが、外國語の表白の仕方などを知悉して居なければ、眞にその國民の思潮に觸れる事は不可能の樣ですから、矢張簡易なからも最初原語に直接接して置く事は肝腎な譯でせう。**』と靜かであるが強い響きのする聲で語られる。

　文學の方面迄進め『尚ほ一言して置き度い事は、英語を學び、單に會話が出來、英語で手紙が書ける事だけに終つたなら、英語は全く趣味のないものだと思ひ

ます。國語は獨り英語のみではありませんが、文學の方面に迄進み、其の幽趣美妙の所を味ひ、大家の面白く書かれたかの妙味を會得し、批判し、一方其文の内容によりて自己を修養して行かねば學び甲斐のないものと思はれます。私は英語を學ぶ人に、實用に供する事は大切な事であるから、其方面に努力して貰ひ度いが、尚ほ進んで文學の方面をも攻究して貰ひ度いと思ふ。殊に婦人には文學の研究が尤も適して居りますから、益々此方面の智識を開拓されん事を望みます。近時大陸文學とか申すものが非常に流行し出した樣ですが、中には甚だ如何はしいものがあり、社會を荼毒する憂のものも混つて居りますが、其選擇に十分の注意を拂つて貰ひ度いものです。其選擇にさへ注意すれば英語は思想に富んで居りますし、獨佛の方面の智識も完全に英譯されて居りますから、英語さへ知つて居れば、先づ遺憾なく泰西の文物を研究し、世界的の思想を攝取する事が出來ませう。

　英語の敎へ方『大體英語を學ぶ眼目は如上の點にあるのですから、英語の敎師も此點に注意して、敎鞭を

執らるゝ事が必要です。つまり英語夫自身を生徒に覺えさせ、將來自ら讀み得る素養を付けてやる事も勿論肝要な事で、又夫れが主なのには違ひはないが、若し不幸にして英語夫自身を役に立て兼ねても、其英語を教へながら西洋の文物に接觸させ、其內容等に關係を付け、出來る丈、西洋の思想や事物を理解させる樣努める事も亦重大な責務だと思ひます。私の學校などでは生徒を始終斯の樣に訓練して居ります。又一朝女學校の教鞭を執る曉には、是非生徒を斯樣に導く樣にと吳々注意を與へて居ります。

女學校の英語を如何に應用せんか 學校で學んだ英語がよし忘れても、尚ほ且つ修養の助けとなる事は、女史御說の通りであるだらうが、其僅かなりとも學び得た英語を應用し利用して行く方法はないものかしらと云ふ事が話の最中編者の頭に往來した疑問であつた。話の途切れ目を待兼ねて忘れぬ中にと矢を放つて見ると、女史は印象の深い眼を編者に向けられて『一體女學校の生徒も英語を無用視して、たゞ規則だからやつて居るとか、科目の中に這入つて居るから、止むを得ず暗誦して行かうと云ふ樣な愚な考を有つて居る樣ですが、是れは根本の間違です。元々恁麼他人視し、義務視した考を持つてやつて

居るのですもの、進步發達する筈はありませんよ。在學中旣に怎麼考ですから卒業と共に放拋するのは、怪しむに足らないのです。斯う云ふ人に利用も應用もあつたものではありますまい。註文する人の方が無理かも知れません。若し是れと反對に、自分の學び得た智識を基礎根抵として益々發達增進せしめ、成るべく澤山の本を讀む樣、心懸けたなら、將來に於て非常に稗益する時が來るに違ひないと思ひます。女學校の英語が低いものですから、難かしいものを讀む事は到底出來ますまいが、極く簡易なもので、そして興味のある本を澤山讀む樣に心掛けたなら、其中には英語に對する趣味が湧いて來て益々讀みたくなり、從て英語の力が發達し、遂に完全したものとする事が出來るのは疑ひないと思ひます。然し女學校を卒へたら最後夫れきり英語を省みない樣では到底應用も利用もあつたものではないと思はれます。要はたゞ其人の心掛けと忍耐努力の問題です。』と右手を卓上にのせて熱心に論じられた。

どうすれば本が讀めるか 是れは編者御馴染の質問であつた

史は机上を視凝めながら『力相當の本を讀むのは至極樂な

譯ですが、一般の人は非常に難かしい本をのみ讀みたがる習慣があるから駄目なのです。中學や女學校で、reader の三四冊を生嚙りにして、直ちに泰西の文學事物を讀み解かうするのは大なる間違ひです。一體日本人の英語の研究の仕方は根本に於て間違つて居るから本が讀めないのです。從て英語が進步しないのです少し英語を生嚙りにすると、直ちに難かしいものを夫れから夫れと讀みたがり、其癖簡易英語の基礎が一向にないのです。斯樣に間違つた徑路を辿つて居つては眞の英語を解し得る時期は、何時迄經つても來ないでせう。私をして曰はしむれば、此簡易英語の基礎根抵を作る時期である中學一二年の敎育が最も肝腎だと思ひます。此肝腎な英語の習ひ初めに簡易英語の基礎を作る樣、成るべく簡易なものを澤山廣く讀ましめなければ駄目です。然し簡易なものだとて、同一の本を繰返せば、直ちに倦怠の念を生じて來ますから、同程度のものを廣く、そして趣味のある本を選んで、最多く讀む事が大切です。斯樣にして其基礎を固め、然る後難かしいものに進ましめたなら、必ず讀書力が增進す

る事と思はれます。

　私の學校では此趣旨からして、生徒に獨習時間を與へて、敎科書以外の簡易なもので、趣味のある本を撰んで、自由に讀ませて居ます。そして其讀んだ本を確實にするために　これを一科目として試驗を致しますが idiom や grammar の說明は求めません。たゞ單に其書の梗槪を聞き、其本の趣味は何所にあつたか、著者は何のために其本を書いたのか、と云ふ樣な質問をするのみです。尙は餘りくどい樣ですが、此簡易英語に關してまう少し申し上げて置きます。私は英學生に是非簡易英語で基礎を作る事を勵行して貰ひ度いのです此簡易英語の必要と云ふ事に就ては、日本のみならず外國でも其必要を認めて來た樣に思はれます。其證據には非常に難かしかつた文學の本を、平易な小供の讀み物に書き換へて、盛んに出版されて來てゐます。學生は文學的のものと云へば、非常に難かしいものゝ樣に思ふて居る樣です。必ずしもさうではありませんから、趣味のあるもので、自分の力に相應したものを澤山讀む樣に心掛ける事が必要です。其間に英語に對す

る興味が湧いて來て、盆々讀みたくなります。さうなつたらもう占めたもので、盆々努力さへすれば、其中に完全に近づく事が出來ます。又一方教師は成るべく生徒を此道に導く樣力めて貰ひ度いものです。常に注意して居り、趣味豐富な文章や詩があつたなら、其の難かしい單語や idiomatic な expression を敎へて、其の美妙な詩文の妙味を生徒に味はしめ、生徒の趣味を喚起する樣にしたなら、生徒もそれに連れて知らず々々發達して行く事疑ひないと思はれます。若し此樣にして高女の生徒に英語を敎へたなら、假令一週三時間位の英語でも、四五年の間には屹度物にし得ると私は確信を持つてゐます。たゞ一級の生徒が多くも三十人を超へては、完全に行きませんから、五十人の生徒なら二組に分けてやらねば效果が擧りません。』と女史は女學校の英語敎授に對して多年の經驗より出でたる根據ある方針を確信を以て何の淀みもなく語られた。

　和文英譯『和文英譯の熟達は要するに多く讀み多く書く事にあるのですが、私の學校では上級生でなければ和文英譯はやらせません。これには私一個人として

深い理由と確信があるのですが、短い時間では申し盡されません。平たくかい撮んで申せば、第一頭の幼稚な生徒が reader の二三冊を讀んだ位の英語の智識では和文英譯などは出來るものではありません。よし英字を並べ、幸にして日本人には意が通じたとしても、それは日本の英語（?）であつて、眞の英語でない事は實際に於て明かな事です。恁ふ云ふ無益な事に幼稚な頭腦を惱ます事は、實に愚な事であるのみならず、間違つた英語を會得させ、そして間違つた觀念を固定する憂があります。英語と日本語は其の construction に於て大なる差があり、其の習慣に於て非常の逕庭があるから、最初讀書によつて、その邊を十分に呑み込ませ然る後和文英譯の練習をさせる方が、眞の英文を書かせる上に於て得策かと思はれます。

女子の英語教授法 女子英語の教へ方に男子の夫れと相違の點があるだらうか、是れが濱者の疑問であつた。女史は暫時無言の瞬たきを繰返して居られたが『男子の思想は一般に理論的に出來て居りますから、文法から理詰めに這入つて行かれる樣ですが、但し是れは間違つた學び方です）女子に

は理論的に、理屈から會得さする事は出來ません。假令出來たとしても不得策です。ですから最初先づ暗誦せしめ、然る後理屈張つた文法を敎へ込む樣にせねばいけません。普通敎育程度の英語で文法を穿鑿する事は害があるとも益のない事と思ひます。元來語學を文法から會得しやうとするのは根本の間違ひなんです。殊に女子の英語は文法を拔きにして遣る事が得策の樣です。」醇々として語り了られた。男優りの女として斯界に置きをなして居られる女史は流石に違つたものだ。（文責在編者）

受驗者の爲に
中央大學講師　長谷川康氏

[和文英譯] に際して▲逐字譯をしようと思ふな、原文の表す意味を英文に寫せば足る。(本日の問題に「和文英譯」とせずして「作文」としたるは此意を仄かしたるなり)―▲難澁の語句は之を他の平易なる日本語に改めて、それを英譯せよ(往年の高等學校の問題中の「蟲のいゝ男」の如きは此方法により「蟲のいゝ＝押の太い＝厚かましい＝impudent」とすべし)▲自己の書きたる英文に譯をつけて見よ、而して文法的に正確なるを期せよ(口調で分るといふ程に英語に親むでゐる人ならば小生如き者の助言は要せぬ故問題外なり)―▲問題中の一部分を成す語句に對する氣の利いた英語の言ひ廻しを知り居ればとて、それを活用せむと望む餘り全文を無理な英語にするな。―▲日本語に捉えらるゝな。(「私は今夜なら都合がよい」を I am convenient this evening. とする類。)(英語之日本模擬試驗講演席上に於て)

定り文句を會得せよ

神戸高等商業學校教授
山口造酒氏

中學時代正確にやれ——宙返り的解釋を避けよ——
直讀直解を勵行せよ——外國人敎師を增せ——英語の
良敎師を養へ——英米の差異——神戸高商の英語。

　九月五日、知恩院の鐘に思ひを殘し、秋立ちそめし嵯峨野の千草踏み分けて、小督局と橫笛との優しさと哀れさとを偲びつゝ、保津の溪流を逆つて、舞鶴から福地山に出で、山陰の奇勝に旅の疲れを忘れ、神戸に着いたのは九月の八日、夜も既に更けた十時過ぎであつた。其の翌日の午後湊川神社に詣で、「嗚呼忠臣楠子の墓」に懷古の淚を濺ぎ感激に燃ゆる心を磯風に吹かせながら濱に近いお邸に敎授を御訪ねした。

　敎授は風通しのいゝ二階で一寸素人離れをした喉を絞つて、謠曲の御稽古最中であつたが、豐かな双頰に笑を湛えながら心地よく編者を其席に通して下すつた。

　敎授は英獨兩語の造詣深く、現に神戸高商で兩語を擔任して居られる。藏書もなかなか多く、殊に辭書は內外一切を蒐集して居られた。編者の來訪をいたく悅ばれ、種々な便宜を與へて下された厚情に對しては讀者と共に深甚なる感謝を捧げねばなるまい。

　Formula を會得せよ『New York の本校卒業生の校友會から、最近 practical english をもつと獎勵して吳れ、確實に眞劍にやらして吳れと云ふ注文が來た。其

の理由として、「日本の學校で確實にやつた積りでも、さて米國へ來て見ると, Chicago, Philadelphia, California Vancouver, など云ふ固有名詞さへ通じない樣な始末、殆んど根抵から直してかからねばならない。商業上の全般に渉り高等敎育を受けて來た人が、たゞ一科目の英語位で慘めな程苦しまねばならぬと云ふのは、餘りと云へば情けない話であるから、在學中にもつと督勵して確實にやらして貰ひ度いと云ふ事であつた。さもあるべき事と大に同情し、一層の努力を傾けて敎授してやらうと覺悟して居ます。一體語學を七年も八年も稽古して尙憑麽憐れな結果を齎らしたと云ふのは怎うした譯であらうか、私は考いて見るに勿論種々な所に缺陷があらうが、要するに英語修得の發程に於て用意が足りなかつたからでなからうかと思ふ。高等專門學校に入つてから correct accent や correct pronunciation を敎はらうとするのは根本に於て誤りだと思ふ。のみならず既に遲い。中學校時代に立派にやつて置かねば駄目である。所が入學した生徒を見ると七分通り物になつてない。未だ全然知らないのならまだ始

末がよいが、癖のある accent や pronunciation にはほと／＼閉口させられる。中學時代にはせめて怎う云ふ事丈なりとも確實に敎へて貰ひ度いものである。夫れにつけても切角官費で聘用し得られる外國敎師を態々廢して行く學校さへあるのは甚だ感心に堪えない事でなからうか accent や pronunciation は日本人敎師が正してやる事は勿論必要で、又さうあるべき筈だが、外國人の敎師に直させる事が最も正確で、そして最も效果のある事であると思ふ。所が又こゝに困つた事は一般外國敎師は日本人の癖を知つてゐるものだから、あゝこれは例の癖だ、とばかり之を矯正してやらうと云ふ勞を敢てしない傾きがある事である。これではいかぬ誤りは根抵から直して呉れなければ、何時になつても直らう筈はない。それは兎もあれ correct accent や correct pronunciation で話さねば、外國人には到底解るものでない。外國敎師のゐない學校では、日本人敎師が專ら之に當つて、極力矯正してやらねばならぬ。夫れから發音でも會話でも、作文でも formula と云ふものがあるから、出來る丈早く會得せしめてしまはねば

ならぬ。一度 formula を會得してしまへば、後は割合無難作に解つて來るものである。夫れに就て一寸參考迄に申して置くが、明治十七年私が米國へ留學する際同行者は確か七人あつて、其中二三名は今の明治學院の前身の出身者であつたが、外國汽船に乘込んで見ると、どうも話が解らない。上陸して見ると更らに解らなかつた。酷く困り果てゝ彼地に在留してゐる邦人を依賴した所、無學な人ではあつに拘らず何でもよく通じた。それから不熟な私の獨逸語の方が却て通じたと云ふ奇態な事があつた。私は其時に初めて氣がついた獨逸語の發音は多少樂でもあらうが、私は敎はる時に獨逸人から formula を諳記させられたものであつたが、それがどうやら効果を奏したのであると。それから無學な日本人の方は、理屈を扱きにしてたゞ外國人の云ふ事をソツクリ其儘諳記した居るのであるが、豈に計らんや、それが formula とも云ふべきものを諳記し會得してゐるのである事が判つた。此理由から學生にも或程度迄會話作文などの根本となるべき formula は成るべく早く、そして確實に會得させる事が最も必

要な事だらうと思ふ。

　宙返り的釋解を避けよ『昔日の英語は、なんでもかでも宙返りせねば意味がとれぬものとして居つた。その餘弊が今尚ほゞ殘つてゐて、宙返りの解釋をしてる樣だが、速かに矯正すべきであると思ふ。英語修得の最初より譯讀は棒讀にして解る樣、敎へもし習ひもすべきである。卽ち reading して直ちに解る training を常から養つて置く事が肝腎である。此意味に於て私は一高の村田祐治氏の直讀直解に贊成し、英學生のために同氏の著『直讀直解法』を推薦するに躊躇しない一人です。我が國の漢文なんと云ふものも若し宙返りせずに棒讀みにして意味が解つたものであつたなら、今頃は立派に完成もし又大に普及されて居つた事だと思ふ何んぞ知らん傳來して旣に千有餘年、今尚は平易な漢文さへ讀み下せるものが少ないと云ふではないか。一昨秋の事であつた、李白儂と云ふ支那人で、能筆な書家が神戸に來られた際、私も一軸書いて貰つたが、此書家は一度筆を握れば、出師表でも歸去來辭でも皆諳んじてゐて、手本なし下書せずに書く人であつた。

其時に私は驚いた。如何に記憶力の強い人でもよく一字も違はずに暗記してゐられるものであると、つくづく感心して、其の理由を篤と考へて見た。結局支那人は漢文を棒讀みに讀み下して、直ちに意味が解るものだし、書く時にも返點などなしに、其の讀みの通りに書いてゆかれるものだから、暗記するのが樂で、書く時にも、下書の要なしに難なく字を列べて行かれるからであると云ふ事に歸着した。多分此理由が誤りなからうと思ふ。若し眞に然りとすれば、日本の漢文も宙返りせずに棒讀みにして意味が解つたなら、李白僊の如く出來得たに違いないと思ふ。又我が國の英語も支那人の漢文を讀み書きする夫の如く棒讀みにして直ちに意味が解る樣、即ち直譯直解の練習を積んでゐたなら一層速かに進步發達して今日では既に自由自在に英語が使はれてゐたに違ひないと云ふ確信を持つと同時に、宙返り解譯矯正の急を感じた次第です」と語氣一段の力を増した。初秋の陽は西に傾いて歸路をいそぐ白帆の影凉しく防波堤あたりに響く、漁笛のウナリが愁はしい。斯うした所に斯うした人と語つてゐる自分と云ふものが奇しく思はずにゐられない。

外國人教師を増せ『昔は外國語のみでなく物理、化學に至る迄外國人の教師を招聘して教へしめたものだが、近頃は物理化學は勿論の事、外國語も日本人の教師で澤山である。左程遺憾なく否な十分に出來ると云ふ見解からと、一つには經費の都合から漸次外國人を減じて來た。地方中學などには外國人の居る所は珍らしい位である。其結果怎うであるかと調べて見ると、英語の教授法が進歩した割合に發達しない樣だ。以前の札幌出に語學者が多かつたのは、外國人の御蔭であると云ふ事は世の定評である。又 mission school が他の普通學校より英語が進んで居り。殊に會話などが著しく巧みで、そして自然であると云ふ事も事實である樣だ。これらから判斷して見ても、外國語は外國人に教はる事が如何に得策であるか窺はれる。殊に Pronunciation や accent 其他口調、話す態度、耳を馴らす事などは、外國人からでなければ眞個に會得され得るものではない樣だ。經費の都合もある事だから澤山の外人を聘する事も不能の事だらうが、一校に一人位は是非置いて一週に一時間なりとも會話や reading を教へ

させる方がどれ丈進步が早く且つ確實に覺へるか知れない。たゞこゝに遺憾な事は日本へ來る外國人は、勉强盛りの人が多いので、勉强の都合上一校に長くゐて吳れず、一年ならずして他校に轉じ、或は歸國されるのは敎授上甚だ不得策な事である。因に外人敎師の俸給を參考迄に申して置くが、大阪府では米國の大學卒業したばかりの學士を九十五圓で二校を受持たせ、兵庫縣では月百圓で三ツの學校を兼務せしめてゐるさうであるから、大した經費でもなからうと思ふ。

英語の良敎師を養へ『私は思ふに、英語の敎育の實績を眞個に擧げる方法は、敎師を精選し選良する事が最も肝腎最も有効な事で、亦焦眉の急であらうと思ふ敎師さへ手腕あり技倆あつたなら、成績は疑ひもなく擧ると思ふ。此意味に於て私は極力良敎師の養成を希望します。

次に一人の英語の先生に一年の時から英語の課目を全部受持せた其級と共に五年迄引き續き全部を擔任せしめる方法と、各先生に課目を分擔させ、先生を更へて行く方法との二つがある樣だ。其何れが善良な方法

であるかと云ふ事に就ては、議論が二つに分れて居る私は若し教師にして眞に技倆あり、素養が豊富であつたなら前者に賛成するが、一般の教師には長所と短所とあり一長一短あるから、前者を採る事は甚だ危険であらうと思ふ。寧ろ教師の長所を利用して課目を分擔して各先生に教へしめ成るべく其長所を生徒に得させる方法が安全な教授法だと思ふ。尤も今宮中學の内田勇助氏は、前者を採つてその結果を檢べて見た所、遙かに良成績を擧げ得たと云ふ事であるが、これは教師其人を得た特別の場合に過ぎないのだらうと思ふ。これを以て一般に適用する事は甚だ早計であらうと思ふ。

英米語の差異『同じ英語でも米國で使はれるものと英本國で使はれるものとの間には少しく相違がある。殊に最近米國では綴字などを發音の通りに直して必要のない語を省略して來て居る。例へば honour を honor ならまだしもであるが、though を tho としやうなど云ふ極端な議論さへ起つて來て居る。其他構文の上にも相違が認められて來た。然し英學生が一々恁麼事を氣にして居つては大變だから、自分の敎つた英語のま

ゝを勉強して行けばよい。然し單に英米の言語の使ひ方に一寸した異ひがあるから、夫れ丈は心得て置くべきである。例へば

England.	America.
Booking office.	Ticket office.
Luggage.	Baggage.
Bag.	Trunk.
Coach.	Car.
Guard.	Conductor.

なご云ふ樣なものは、實業方面に活動する人は尚ほの事、一般の人でも其異同を心得て置く事は必要である。最後に英國流米國流と云ふ二つに分けて其の何れに從つたならよいかと云ふ事は、一朝一夕に明言し難いが、在留者は米人の方が多く、貿易も米國との方が頻繁であるから其邊などは大に考慮すべき所であらうと思ふ併し日英同盟でも發展して來れば、或は此逆現象を見ないとも限らない。

神戸高商の英語 『何かの參考になれば結構であると云ふ婆心から、神戸高商の英語の敎へ方をほんの大體紹介し置きませう。本校は文部省からの指圖もあつて

英語に重きを置き、殊に practical english に重きを置いて居る。從て日本人教師が四人の所に外國人英語教師が七人もゐます。日本人は重に譯解、和文英譯を受持つて、外國人は重に會話と作文と擔任して居る。本校では他日海外貿易に從事する人の便宜を考へて、英米の風俗習慣を會得せしめる事に不尠注意を拂つて、そして英米の諸事に於ける差異を知らしめるために外國人教師も英米各半分宛に配付してゐます。其他別に取立てゝ云ふ程の事もないが、一般の學校では近頃 idiom を輕視して來た傾きがある樣だが。本校では大に其必要を認めて奬勵し極めて確實に敎へてゐます。それから外字新聞雜誌を見る事を勸め、殊に參考になる、雜誌を指定してやり、論文を書く場合などには一層の注意と指導とを執つてゐます。第二外國語として german を入れて居る。私は german も擔任してゐますが、獨逸語の時間に英語を活かして使はせやうと云ふ考から、英獨の對譯をなさしめてゐます。獨逸を習はせると共に英語の進步發展を促す事が出來、一擧にして兩得な方法だと信じてゐます。英語の知識ある人が

獨逸語を學ぶ時には、英語を利用する樣心懸ける事が有利であらうと思ふ。第二外國語は英獨の外に支那語佛語も入れてあるが、適當な對譯の物が見當らないのと其他の都合から日本語で講義してゐる。因に本校の卒業生は海外に發展してゐるものが多く濠洲、佛、米北米、南米、加奈陀地方の外國貿易に從事してゐるものもあれば、外交官になつてゐるものも尠くはない。是等卒業生は大體に於いて practical english が巧みであると云ふので、到る所歡迎されてゐます。」語り了つて話は東京の空に飛び、趣味多き英友會などに及んだ。盡きせぬ名殘を惜みながら黄昏頃に旅舎に着いた。(文責在編者)

受験生に

編者

[英文法に就て] 中學卒業生は英文法を英文法として知つてゐても應用する力がない。とは試驗官が口を揃へて云ふ苦言の一つである。實際 tense や mood の表を作らせるとどうやらやつてのけるが。和文英譯、英文解釋の際には恰かも文法を知らざる人の如しださうだ。詰り book の上の文法は知つてゐても活用する事が出來ぬらしい。智識は應用の出來ぬものであつたならこれ程詰らぬものはあるまい。之れに對する矯正方法は初歩の文法を正確に會得する事。第二文法は和文英譯、英文解釋と關聯せしめて研究を進めて行く事である。

實用英語を主とせよ

ジャパンタイムス學生號主幹
ヘラルド、オヴ、エーシヤ社長

衆議院議員 頭本元貞氏

中等教育と高等教育の連絡——舊式と無方針なる教授法を排斥す——實用英語。

故 Brinkley に三人の秘藏弟子があつた。頭本元貞、佐々木文美、武信由太郎の三氏である。頭本氏は新聞記者として天賦の才筆を有し、佐々木氏は和文の妙味を英文に寫すに獨得の技能があり、武信氏は普遍的に達者な英文家である、とは故人が三氏を評した言葉であるさうな。

一月十八日、空は紺碧の色を流し、地にはそよとの風もない。日比谷公園の廣場を Overcoat なして、足も輕げに急ぐ異人の後ろから Spring! spring の耳語が聞えて來る。一昨日「英友會」席上で初めて頭本先生の聲咳に接し數語の交換、百年の親みと畏敬の念とを覺えたので、今しも先生を有樂町のジヤパンタイムス學生號編輯所に御訪ねしやうとして居るのである。

魁偉な風貌に古典的な頤髯、英學者といふより大政治家と云ふ方がふさはしく思はれた。編者來訪の趣旨を話せば、溫乎たる双頬に微笑を浮べて御謙遜のお言葉があつたが、編者はたつての御願に下の如き意見を述べられた。

中等敎育と高等敎育の連絡をとれ『高等學校程度の諸學校の敎授法と、中學程度の敎授法とが何等の連絡

ない樣に思はれる。此點は現時教育制度の甚だ嘆すべき大缺陷ではあるまいか。此兩階級に十分の連絡を付けねばならぬとは、余の年來の主張である。余の見る所では高等學校程度の學校では、本を讀んで意味を取る事にのみ、全力を傾注し、他の作文、會話などには、更に注意しない樣に思はれる。恰かも私等が小供の時分に漢學の先生から、漢文の素讀を敎はつて居た時代に彷彿たる所がある。斯の如き敎授法を採つて居る當然の結果として、發音、讀方、會話及び作文などの方面に於ては、些かの効果も顯はれてない樣に思はれる第一、高等學校の敎授諸賢の中には遺憾ながら發音讀みの方の力が甚だ乏しい方がある樣に思はれる。又此方面の小言や嘆聲を耳にする事が一再でない。斯の如き先生に敎はる生徒諸君こそ情けないものである。切角中學に於て殆んど精力の七分を傾倒して、矯正し覺え込むだ發音や讀み方が、すつかり壞れ、惡い習慣がこれに代り、やがて益々增長し、固定し遂に治療を施す術なきに至る場合が少くない。實に遺憾の次第である。』と語り來つて天井を見上げた儘默想する事暫時、再び語を繼

けられて『下つて中學校にも此傾向がある。尤も中學校には、高等程度の學校程の軒輊はないが、矢張遺憾の點が少くない樣に見受ける。即ち中學校の一二年の英語と三年四年及び五年の英語に連絡を缺いで居る所があると云ふのである。何故なれば、中學一二年の英語は近來非常に進步して實際的になつて來た樣に思ふが、三年四年と進むに從つて、漸次不注意になり折角の良習慣が取りのけられる樣に思はれる。

　以上の樣な傾向は何等の原因に歸着するかと云ふに第一、中學校に於ても一二年の敎師は比較的新らしい敎育を受けた、實際的の實力のある方が敎鞭を取つて居られるが、三年四年更に五年と進むに從つて、二十年三十年前に出た先生が受持つて居る。二十年三十年前に卒業したからとて、强ち古いとか、英語の素養が乏しいと一言の下に輕蔑さるわけでは無論ない。中には老いて益々勉强し、圓熟されつゝある方も亦尠なくない樣だが、其多くは自足偸安、現代の風潮や新智識に一向に無頓着で、二十年三十年前の英語其儘を敎へてお茶を濁し、舊套を脫せざる譯を付けたり、實際の

英語に頗る遠ざかつた事を敎へて、恬として恥ぢない人も亦尠なくない樣に見受ける。否寧ろ此方が多くはあるまいかと失禮ながら考へるのである。兎角級が進むに從つて斯樣な溜り水のやうな先生に敎はるものだから、切角の玉に磨き上げやうと努力した生徒も、遂に瓦と化するに至るのである。

舊式と無方針な敎育法を排斥す『中學校に於て幸に、發音讀み方等に注意し且つ實際的の英語に注意した生徒もいざ進んで、高等學校程度の學校に入學せんとする場合には、前申した通りの舊式な敎授連の舊式は試驗法の難關を通らねばならぬ。胸の中では實際的英語の必要を悟り、口では主張しても不合格の非運を見ては鄕里鄕黨に對して面目がない。止むを得す實際から掛け離れた舊式の入學試驗を通過するために舊式な勉強方法、卽ち舊式な本を手にしたり、何等の用をなさぬもの迄も矻々として硏究せねばならぬ。幸にして直ちに入學が出來れば、結構だが人員の超過は必す失意者を產まねば止まない。そして失意者は斯の如き殆んど無用の勉強を二年三年甚だしきに至つては、四年五

年と續ける。其間に實用英語は根底から破壞され、其の痕跡をさへ止めぬに至るのである。又二年三年の後入學するも、入學試驗準備の時よりも旣に舊式の試驗を通過するために努力し、入學後は舊式の敎授法を受けるのであるから、實際から遠ざからんとするも得べからざるや明かである。』とこゝまで淀みなく語られて小首を傾け、頤鬚をしごきながら編者を凝視してをられたが、其眼には眞摯の同情の光が溢れて居た。

『斯の如き無方針なる敎育制度を探つて居る事は、甚だ無責任極まる事で、如何してもこれを統一し、首尾一貫させねばならぬ。然らずんば、今後幾年を經過するも、到底日本には、役に立つ英語が普及するの日が來ないと確信する。

　實用英語の必要『余は此事を或當路の有力者に語つて大に其反省を促がした事があるが、其の人の云ふには、「大體は貴說の通りであるが、今日の場合止むを得ん」と云つて居る。其理由を反問すれば、「實際的英語、即ち會話、作文などを、十分敎へ込むには、勢ひ外國の敎師を招聘せねばならぬ。それは今日の財政として

到底不可能である。故に實際的の英語を敎授する事は乍遺憾出來ぬ。something is better than nothsng で寧ろ本丈なりとも、讀み得る樣にする方針である。」と云つて居る。此意見も一應尤もだが、余は此の意見に贊成は出來ぬ。其理由はせめて本だけなりとも讀み得る樣に敎へ込む方針であると云ふが高等學校を出た學生で普通の英書が不自由なく讀み得るものが果して幾人あるだらうか。私の見る所では少數の秀才を除くの外大學に進んでから、原書の參考書を自由に繙讀し得る人は殆んどない樣に思はれる。然らば本が讀めず、實際の英語も出來ずアブハチとらずに陷りはせぬかと甚だ懸念に堪えないのである。』と語氣に一段の力を入れて申されたが憂色面に溢れて見えた。

『然らば如何にして實用英語を敎へて行くか、是れはなか々々の重大問題である。勿論完全の方法は、高等學校其他の諸學校に於て、外國人の敎師を増加し、そして會話、作文及び其他の事も出來得る丈外國人に一任したなら、必ず實用英語が發達する事と思ふが、是れは現在の日本に於ては、出來ぬとあれば、第二の方

法と云ふのは、日本人の教師を用ゐて外國人の教師と同一の良成績を擧げやうと努力するのである。其の方針は、中學校の上級乃至高等學校程度に於ても中學一二年の敎授方法の如く發音讀み方に努力し、一方及ぶ限り外國人の敎師を入れて、會話作文を敎へさせる方法を探るのである。是れと同時に舊式の敎師、即ち二十年も三十年も前に出で現代の新らしい英語に甚だ遠ざかつた先生をドシ々々解職し、之に代ふるに、新らしい實際的の敎師を入れるのである。そして又一方敎師を此方針に適合する樣殊更らに敎育せねばならぬ。此養成所を高等師範學校に置いて、現在の中學の先生を一年なり半年なり實際的の英語を敎授する素養を與へ、尚時々講習會を開いて此の方面に遠ざからない樣督勵して置くのである。更に又色々なお役人風の規定などは打破つて中學の先生中の秀才を拔擢して高等學校の敎授に任命し、大に其驥足を伸ばさしめたなら、學生の英語の成績も必ずや長足の進步を見る事と信ずと、而してこれは又時代の要求たる人材登用の趣旨にも副ひ、國家の慶事である。高等學校の先生は官等の

み、高くして力は一向これに伴なはぬ樣に思はれる。謂はゆる尸位素餐の徒が尠なくない樣に思はれる。』と語られて其古雅な顔龐を無雜作にしごいて居られたる處政治家らしい處がある。

『私は何故斯樣に口を酸くして發音讀方を社會に警告督勵するかと云ふに、發音や讀み方が正しくなれば本を理解する力が自然とつく樣になり、それから學校を卒業して、實際社會に出てからも英語を書き對話をせねばならぬ場合になつた秋。易々樂々と實習する事が出來るからである。此の英語の發音讀み方を正しくすると云ふ事は取りも直さず、會話作文の習熟を意味するのである。此必要條件を是認せずに、何年間苦學しても到底眞の英語を學ぶ事が出來ないと思ふ。又一度發音上の惡習慣に感染せんか、矯正頗る困難で、到底直す事が出來ぬ場合が非常に多い。一度此惡習慣に侵された人は眞實の會話作文の出來ぬ人と斷言しても差支ないと確信する』云々と

實際社會に活動して居られる方は屹度實用英語の必要を說くが、學校の先生方は修養英語に重きを置く樣だ。然し要するに歸する一點が何所かにあるだらうと思ふ。この歸する一點を發見する事が現下の急務であるまいか。(文責在編者)

附録

英學生の座右銘

附錄

陸軍大學教授
岡田哲藏氏

Help comes often from mottoes you read.

Life springs only when you make your own motto.

東京高等師範學校教授
岡倉由三郎氏

" Let me know all! Prate not of most or least, Painful or easy! Even to the crumbs I'd fain eat up the feast, Ay, nor feel queasy."

(*R. Browning.*)

日本人たる事を最大の誇とし、既往の日本人に一層の名聲を加へんが爲に、如上の意氣あらましく候。

早稻田大學教授
伊地知純正氏

1. 毎日三十分間音讀す可き事。
2. 英文にて日記を誌す可き事。

3. 教科書以外の本を毎月一冊宛讀み終る可き事。

<small>英文タイムス 主幹
英語精習</small>
岩堂　保氏

Know what you are about. It's the first Goal on the Way. And above all work-hard!

<small>賣文社長</small>
堺　利彦氏

1. 骨を折れ。　　2. 多く讀め。
3. 正直に讀め。
4. 本當に心から底から分つたと得心の行くまで考へよ。

<small>ヘラルド、オヴ、エーシヤ記者</small>
花園兼定氏

私の云ふことなごが直ぐに座右銘になるかごうかは分らないが、英語の研究は積み重ねでなければならないとおもふ。一生かゝつてぽつり々々々と積んで行くのでなければならない。積んで行くのは何でも英語でありさへすればいゝのである。だからある人は何故あ

んな字を知らないのだらうと云はれても平氣でやつぱり積み重ねをつゞけて行く人が勝である。やさしいものを讀むこと、いゝ字引を用ゐること、英米人に聞くこと、英文を常に作ること、英米の雜誌新聞を常に讀むことが大切である。英語を研究したから英語の必要な職業に從事しやうとする考はよす方がいゝ。

國民英學會長
磯邊彌一郎氏

Practice, practice, and nothing but practice.

實習、實習、唯だ夫れ實習あるのみ。

Facility comes from practice.

容易は實習より出づ。

東京高等工業學校敎授
泉哲氏

每日數分間音讀する事を忘るゝ勿れ。

第四高等學校敎授
大谷正信氏

英語研究に志す靑年の座右銘として特に適切と思は

るゝもの持合せ居らず。座右の銘なごいふもの書きつけ置きてそれにて怠慢心を鞭たんなごいふこと夫れ自身が余には好ましからず思はる。強いて簡潔なものを何かと望まるゝならば（句としては月並なるが）「今日になつて菊つくらふと思ひけり」とでも認め、人の成功を羨み、自己の不勉強を悔いざらんやう力むるもよからん。英語でとならば、唯今思ひ出した Addison の

If you wish success in life, make perseverance your bosom friend, experience your wise councellor, caution your elder brother, and hope your guardian genius.

も可ならん、もつと短く Perseverance と一語でも可ならん、一向適切な銘らしいもの思ひつかず。

第六高等學校敎授
落合貞三郞氏

「韋編三絕」「勞而不怨」「讀書百遍意義自通」

上揭の數句が示す敎訓は old-fashioned なやうなれごも, eternally true のものと存じ候、既に斯道に志す以上 painstaking を避くることのみを考へず、寧ろ歡迎する覺

悟肝要に候。

萬朝報英文欄記者
今 井 信 之 氏

△文英解釋について

精讀すべし、又多讀すべし。

讀書の際に於て精讀の必要なる言を俟たず、英作文力の根柢を培ふには是非精讀主義に依らざるべからず而かも讀書の要は多讀にあり、英書を讀みて英語が眼に入らぬやうにならでは未だ讀書の妙諦に達せりと云ふべからず。

△英作文について

力作すべし、又多作すべし。

英文を草するに當り推敲の要ある勿論也、遲く巧みに書くはやがて早く巧みに書く基となれば也。而かも同時に多作の効沒し難し、英語にて日記を認むるが如き英文多作の一方便ならん。

東京高等商業學校教授
舟 橋 雄 氏

是迄は只管模倣と非批評的研究に憂身をやつしてゐ

た吾國の青年も今や進んで英語を通じて何等か世界に貢献する所なければならぬ。そこで自分はいかなる使命があるか。日本思想の紹介か、西洋文明の批評か、東西洋感情の融和か、新文學の建設か、但しは國風の開發か、各自の使命を見出し得る迄に研究して見たらよからう。

ヘラルド、オヴ、エーシヤ
ジヤパンタイムス學生號　社長

頭 本 元 貞 氏

一、樂に學ぶことを望むなかれ。

一、工夫と努力を怠る勿れ。

一、斯の如くなれば語學研究は自ら一の樂みとなるべし。

神戸高等商業學校教授

山 口 造 酒 氏

拜啓陳者御館刊行の「英語の日本」來春創刊十週年を御迎への由大慶至極に存じ候就ては新年號に英語研究に志す青年の座右銘御揭載の由にて御照會有之正に拜承仕候小生は幼時六合雜誌に揭げたる「フランクリン」

氏の座右銘を讀み大に利益せる事ありき因つて茲に同氏の言 "Diligence is the mother of good luck" 及其他是れに類似せる言葉たる "Industry is the parent of success." "Patience canquers the world." "Practice makes perfect." 等を青年諸君に御推薦仕候。英譯、會話、作文等何れの學科に適用するも眞理たる事を信じて疑はす候。先は右御返事迄, 匆々不一。

海軍教授
川井田藤助氏

Ten Precepts for English Students:—

1. Reading maketh a full man, conversation a ready man, and writing an exact man.

2. Practice makes the master.

3. Perseverance brings success.

4. Labour conquers all things.

5. Something is learned everytime a book is opened.

6. A good book is the best of friends, the same to-day and forever.

7. What youth learns age does not forget.

8. Heavy work in youth is quick rest in old age.

9. A man becomes learned by asking questions.

10. Have thy study full of books rather than thy purse full of money.

関西學院教授

岸　波　常　藏氏

Languages are learned only by reading, talking and writing as much as possible. Remember that what is at first an exercise becomes at length an entertainment.

東京高等師範學校教授

鹽　谷　榮氏

（一）極力研究の精神を守り信頼すべき基礎より自得するに努むべし。

（二）辭典はかゝる基礎の一なれども凡て原書に依り、邦語のものは勿論のこと、原書のものと雖怪しきものは避ることを要す。

（三）精讀して前後の關係より徹底せる見解を下すと共に、又多讀して事實を集むるにつとめ、データの多ければ多き程、斷案の正確を増すと知るべし。

（四）　英語の背景として外國事情、歐洲神話、バイブルに通ずることをつとむべし。

（五）　文學的思想を涵養すべし、英語を讀むにも又用ふるにも語學の盡きざる趣味は一に茲にあり。

立教大學學長
元田作之進氏

（一）　學校にて共同的に學ぶ時でも、個人に就て單獨に學ぶときでも成るべく多く話し又讀む機會を求めなさい。當てられたら困るとか、間違つたら恥しいとか思つて居る間は上達しまん。

（二）　毎日間違ても構はないから英語で日記をおつけなさい。始の中は日本語と英語とを混へても宜しい。

（三）　獨り勉強するとき他を防げないかぎり聲を出して御讀みなさい。自分で自分の發音を訂することが出來ます。

（四）　成るべく發音のよい方に就て御勉強なさい。

早稻田大學敎授
岸本能武太氏

一、譯語の善惡よりも意味の正確を期すべし。

二、日本語で考へずして英語で考へる習慣を養ふべし。

三、苟も意味を知つて居るだけの語の發音は正確ならざるべからず。

東京朝日新聞記者
杉村楚人冠氏

In principle, Believe in English. In pra tice, Think in English. The mastery of a language is not to a juggler nor to an acrobat.

東京帝國大學文科大學助敎授
市河三喜氏

語學の硏究に休日無し。

山口高等商業學校敎授
宍倉保氏

There is nothing like translation for familiarising the student with the peculiarities of a foreign tongue.

これは故ロイド先生が英語研究に志す學生に對して始終執られた主義であつたのです。

女子大學校學長
松 浦 政 泰 氏

「第二の聖書」の稱あるチャンニング全集や淡泊の中一種味あること豆腐の如きアヂソンや、其他ラムの如き、ホーソルンの如き、初學者が眞似ても虎を畫いて猫に類する憂のない文體の優雅なるものを撰び毎日能く嚼み碎いて眞味を味ひ、會心の所は暗誦をも試むべし。而して之と同時に教科書より幾段もやさしいものを撰び、リーヂングして所謂直讀直解の習慣を養ふことを怠る勿れ。

平 田 禿 木 氏

今日のやうに英語研究に對する方法が遺憾なく整つて而かも英語を學ぶ者の學力の劣つてゐるといふことは實に不思議の現象と云はねばなりません。これは中學の英語の先生にならうと云ふ方々を養成する師範教育と、一般學生の英語教育が甚だしく混同されてゐる結果ではないかと思はれます。「國語は即ち思想なり」で、英學生は文學なり科學なり哲學なり政治なり、自

— 11 —

分の好みに從つて、思想を中心の興味として書を讀むことに心懸けられたい事です。

山口高等商業學校教授
奈 倉 次 郎 氏

Suki koso mono no jozu nare. Suki ni nare! Suki ni nare! Suki ni nare!

ジヤパンアドヴアタイザ記者
秋 元 俊 吉 氏

Think clearly!

Read great and good books such as may promote clear thinking, enrich your imagination, and ennoble your thoughts!

Master the faculty of concentration!

小樽高等商業學校教授
中 村 和 之 雄 氏

修身齊家治國平天下は吾人の先代が講學の精神なりき。漢學者に於て然り、而して初代の洋學者は之に加ふるに世界親密と窮理格物との理想を以てしたり。吾

人當代の英語研究に志す者、須らく我國家民族の世界的地位を自覺し、此汎用語に依りて宇内の形勢を察知し、內我民族の向上を圖り、外我國粹の美を紹介しかの人種的偏見と掠奪的鬪爭との如き人類史上の悲劇を永久に除去して同胞悦樂の理想鄕を建設する動力に貢献するを期すべきなり。此世界的大業に貢献するの利便は特に英學者の最も多く有するところのものにして發音研鑽の微も文法推敲の妙も、皆この理想より割出して後吾人初めて地下先人に見ゆるの顔を有すと謂ふべきなり。

早稻田大學講師
日　高　只　一　氏

"Reason and Language Inseparable."

これは言語學者の常に唱へる言葉で語學習得の士が常に服膺すべき言葉であると思ひます。此言葉の意味を徹底さして行けば、千百の語學習得法も皆其中に含まれて仕舞ふと思ひます。殊に世界的の英語否少なくも我邦人に最も親しい外國語最も有力な文明運搬者たる英語を學ばうとする士は殊に此句を忘れてはならな

いと思ひます。

慶應義塾大學教授
宮森麻太郎氏

「やすきふみ
　　をほくまなびて
　　　さらにまたそらんじゆかば
　　　　みちすゝみなむ」

「をたまきのくりかへしては
　　よみやすき
　　　ふみをばおほく
　　　　ならへ世の人」

平易な書物を多く讀み、また其の文句を暗記せば學力進まんとの義に御座候。」

山口高等商業學校教授
木村重治氏

迂生の感想として特に申上る程の價値のもの無之候唯 Longfellow の

　　" Taste the joy
　　　That springs from labor."

の一句を座右銘として呈し度候早々。

東京音樂學校校長
前文部省督學官
茨木清次郎氏
" There is no royal road to learning."

神戸高等商業學校教授
小川忠藏氏
Make a dictionary your constant friend and companion.

神戸高等商業學校教授
小久保定之助氏
" Practice makes perfect."

東京高等商業學校教授
山口鑢太氏
" Practice makes perfect."

學習院教授
南日恒太郎氏

1583, Takatamura

Dec. 8, 2576.

Gentlemen,

Of the many proverbs or maxims that might be found to serve as guides for students of English, I can, at this moment, think of only three, namely :

1. Read much, not many. (With regard to reading.)

2. Practice makes perfect. (With regard to grammar and composition.)

3. Nothing venture nothing gain. (With regard to conversation.)

The last one may be especially serviceable as an incentive to us Japanese who are naturally more shy and reserved than most foreign students in practical conversation.

Yours faithfully
T. Nannichi.

早稻田大學教授

高 杉 瀧 藏 氏

二三十年前私等の漢學を日本で學び又は米國の大學にて希臘語や羅甸語を學びし如く單に智力の訓練及其文學哲學を味はんとしたるど今日の英語研究は非常に

異なり此世界的言語を生かして學ばなければならぬ。從つて譯讀の力を盛んに養成して泰西の思想進步を了解するは必要なると共に日本の文學を外人に紹介し實業外交に自己の考を十分に徹通せしむるため英文を自由自在に書き得る能力を貯へざるべからず之れには出來得る丈け多くの本を幾度となく繰返して熟讀し其言語を自分の言葉とする樣にするは重要なり。又生きたる言語を學ぶ以上は學者となるも外交官となるも實業家となるも會話を巧妙になさゝるべからず。即ち先づ理想に近き英學者は此三つを平等に發達せしめざるべからず。之れが爲めには急かず氣を長くすべし。即ち Soon ripe, soon rotten なればなり。

早稻田大學教授
安 部 磯 雄 氏

佛國の語學者グーアンの某雜誌に寄せたる語學硏究者の心得は私が平常守つて居る所であります。

(1) 單語としてではなく文章として記憶すること。

(2) 動詞の使ひ方に最も多く注意すること。

(3) 幾度も幾度も繰返すこと。

(4) 要するに小兒が國語を學ぶ樣な風に外國語を習得すること。

――――――

第六高等學校教授
佐々木　邦氏

別に是れといふ考へは持合せ居らず、だが本人自ら苦心致すといふ事最も肝要と存候。知識を出來合で供給する書物澤山有之候が之等を讀むでも本人が自ら苦心致さねば確實に頭に殘るところ少しと存候。勞力を吝まず自ら苦心して勉強するやう勸め度存候。

東京高等師範學校教授
神　保　格氏

「英語がわかつた」と「英語を覺えた」とは別の事なりと思へ。

註に曰く、師に就きて英書の講義を聽き以て英語を學べりとなす者あり。大に誤れり。文を耳に聞き口に發し聲に讀み文字に書き反覆練習して熟するに非ざれば單に譯解のみなし得たりとて僅か一小部分を得たるに過ぎず。師に就いて英語研究に志す者講義の師と共

に訓練の師を求むるを忘るゝ事勿れ。

第三高等學校教授
伊藤小三郞氏

There is a fastidiousness in the use of language that indicates an atrophy of mind. We must take words as the world presents them to us, without looking at the root.

From W. S. Sandor's Imaginary Conversation.

慶應義塾大學教授
畑　　功氏

First, Interest that spurs you on;

Next, Patience that does suffer long;

Then, Common Sense that'll always keep in mental water not too deep—

Have these, and you have won the tongue

Whose flower was the Bard of Avon.

早稻田大學講師
會津八一氏

英國には啞もあるべし吃もあるべし、啞にても吃に

ても英人の思想は懷くなるべし眞に英語を學ばんとするものは此の默々訥々の底より何物かをうかゞひ來るの用意あることを要す。

ヘラルド、オブ、エーシヤ記者
本 田 增 次 郎 氏

凡て研究は學習と異り少數學者畢生の事業なり。英語の研究は理解ある翫誦嘆美 (intelligent appreciation and admiration) に基くにあらずんば繪畵を化學的分析するが如きものとならん。

正則英語學校講師
佐 川 春 水 氏

" He who knows not a foreign language knows not his own."

「外國語を知らざる者は自國語をも知らず」。

右カーライルなりしにや。

英語界編輯主任
長 井 氏 晟 氏

一に曰く勉強、二に曰く勉強、三に曰く勉強。

第二高等學校教授
玉蟲一郎一氏

成るべく自學自修に依て會得することに努力せよ。

慶應義塾大學教授
廣井辰太郎氏

先づ耳と舌とを練習せよ，小供は讀む前に聞き又語る。聞より語に入り語より讀に進むは自然の過程なり。而して諸君は英語の前には常に小供たることを忘る可からず。

京都同志社大學教授
浦口文治氏

英語學及英文學研究者の一人として小生の同志青年諸君に御提供したき座右銘十則左の如し。

右不取敢御返事まで

一、語學を修むるに數學的精密を以てせよ。

一、新語に接する每に其意義を Dig and dig せよ。

一、自己の見解に殘れる曖昧は微塵にても敵と思へ

一、研究の相手のしかめ顔に避易する勿れ。

一、自説は飽まで主張せよ、其不備發見の捷徑玆にあり。

一、新知の語句は必ず速に應用せよ、これ實地的檢算法なり。

一、字引たよりの譯解は上滑べりに過ぎす。

一、非は自己の早合點を他人の作によみこむにあり

一、一句半文と雖文を解釋するに批評的態度を以てせよ。

一、最後讀破すべきは原文のあやと著者の精神にあり。

大阪府立市岡中學校教諭
上 田 畊 甫 氏

拜啓あまり御參考にもなりますまいが私がすいて居るものは下のやうなものです。

▲　Thre is no royal road to learning.

▲　Forsake not the market for the toll.

▲　Dry shoes won't catch fish.

▲　Nulla dies sine linea (L.) = Not a day without a line.

京城ソウルプレス主筆
山縣五十雄氏

Make haste slowly.

と云ふ金言が英語を研究する人々の一番守るべき訓と存じ候語學は急速に進步しがたく辛抱强く一步又一步進むが唯一の途と存じ候。

高橋五郞氏

抑も英語は――勿論英語には限らぬ諸々の外國語が皆さうでは有るが――學ぶ者自身が之に主となるを要す。客となつてはならぬ。譬へば獅子や虎を制御する如くである。之れを馴服するには其道があるとは雖も第一番に先づ之を威壓するを善しとす一たび之を能くすれば旣に七八分の成功である。外國語は猶酒の如くである。之れに飮まれてはならぬ。飮む人にして始めて之を味はひ得るのである。勉强は言ふも陳腐である語學は亦猶徒步旅行の如き者である。「百里を行く者は九十里に半ばす」といふ格言も亦服膺せねばならぬ。

附錄

東京高等師範學校教授
伊藤長七氏

Know thyself.

Pay attention to the futurity of our country.

Try to get adequate appreciation of the world.

古聖ソクラテスの金言を展開して上の三句を得たり眼を五大洲の形勢に注ぎ、國家民人の運命を推して思を自己の將來に致す青年は、百難を排しても外國語を學習せんとする雄心を起さん。況はんや今後の世界にありてはゲーテの言ひけん如く「少くとも一外國語を習し居らぬものは自國語をも十分に運用し得ず」の意愈適切なるものあるべければなり。既にこの了解ありこの着眼あらば青年諸君の心頭必ずや英語研究に對する細心精緻なる努勉を生ましむるを得ん。

正則英語學校講師
神崎保太郎氏

多く讀み、多く書き、多く話せ、斯くして絕へず周圍に語學的 Atmosphere を Create せよ。

附錄

學習院教授
金澤　久氏

Success lies in untiring application.

Read, write, listen, and speak to enjoy.

早稻田大學教授
武信由太郎氏

拜啓少し晩れ候へ共左に一二小生愛誦の句を申上候

Honour and shame from no condition rise,

Act well your part—there all the honour lies. *Pope.*

He, who ascends to mountain tops, shall find

Their loftiest peaks most wrapt in clouds of snow;

He, who surpasses or subdues mankind,

Must look down on the hats of those below. *Byron.*

東京帝國大學文科大學講師
千葉　勉氏

Good reading is the best instructor.

但し "Good" は廣義の意味にて良き本を興味と注意とを以てよく讀む事に候如何に立派な指導を受くるもよく讀みよき本に親しむにあらざれば折角の指導も

徒勞に歸する事多かるべし。要するに人に賴りて學ぶにあらず自ら學ぶものと覺悟せざるべからず。

商船學校教授
勝 田 孝 興 氏

座右銘ですか、別に珍しい事でも無いけれども、感じた儘を簡單に。

1. 選擇したる良書を成る可く多く譯讀し諳誦し是を基礎として成る可く多く作り又語れ。
2. 半解を避けて明解を得よ。
3. 譯讀、誦、作、語相携して進め。

明治專門學校教授
大 橋 榮 三 氏

拜啓御下問の「英語研究に志す青年の座右銘」に就き何等申上可き感想なきを遺憾に存候偶ま小生自ら座右銘と致居もの有之候に付之れを以て責を果たす事と致候。敬具

Learn to read slow: all other graces
Will follow in their proper places.

——Rev. Wm. Walker.

ゆるやかに讀むことを習はヾ語の氣品は自ら備はらむ

東京府立第三中學校教諭
木 下 芳 雄 氏

甚だ平凡で恥かしいものでありますが、お尋ねに甘へて申し上げます。

語學では

"Constant attention to small things is the master-key that unlocks every door of a language."

邦語では

「心は三歲の童子の如く、氣は砂金を求むる鑛夫の如く持て」

註に曰く、

語學研究に志す者は恥ずることなく臆することなく、what? why? の知識慾を片時も離すことなきは恰かも三歲の兒童の如く、根氣、辛棒を基礎として勞苦を厭はず、slow and steady なること鑛夫が河に砂金を探るすべきが如くである。

以上は唯自分の maxim として居るのみで他人に示す

程のものでありませぬ。從つて英文も邦文もてんでmaximの態をなして居りません。

學習院教授

野田幾三郎氏

多く讀み、多く書き、多く聽き、多く語る是れ語に達する唯一之道也。

陸軍士官學校教授

秋元正四氏

拜啓多忙のため御返事延引に相成り申譯無之候却說御尋ねの件は頗る大問題にて御答いたし難きも小生は自己の經驗より左の二項を以て常に後進の學生を戒め居り候。

一、一方に於て多讀すると同時に他方に於て精讀する事。

一、如何なる些事と雖も常に辭書を引く勞を惜まざる事。

學習院講師
山 田 巖 氏

Practice makes perfect.

乍延引御答まで匆々

英語研究編輯主任
吉 田 幾 次 郎 氏

昔は辭書一册買ふにも大金を要したので兀々寫して勉強して大成した人さへある。今の樣に在らゆると類の備つた時節に生れあはした學生は眞に幸福である。

A blind hen can sometimes find corn.

澤山ある書物を何なり讀めそしてどうにでも成功せよ。

東京帝國大學文科大學講師
齋 藤 勇 氏

肅啓御返事を全く失念致居り誠に申譯無之候もはや間に合はぬこと〻も察し候へ共とに角左に申上候不一

" Whoever devotes himself to the study of so comprehensive a science must try never to lose sight of two virtues : conscientiousness and modesty. (Max Müller)

日本大學講師

宇 高 兵 作 氏

Forget you mother tongue while you study a foreign language.

第二高等學校講師

飯 塚 陽 平 氏

第一、英文を讀むときは其言葉の表はせる事實を明確に腦裏に印し、其感情を充分に味ひ筆者と同じ心持に成りて後已むべし。言葉丈分りても心が筆者と同化せざる內は未だ充分に了解したりと云ふ能はず。

第二、英文を書き英語を語るときは日本語の媒介を經ず直ちに英語を以て、語らんと欲する事實又は感情を語るべし。

第三、英文小說を多讀して英人の人情風俗に通ずべし。

第一高等學校敎授
岡田　實麿氏

一、枝葉を去りて根幹に就け。

一、繁雜を避けて簡單に行け。

一、模倣は尊く理窟は卑し。

右三ヶ條は英語の各方面（英語邦譯、邦文英譯、文法會話、習字）の修得に際し常に心に銘し忘るべからず。

第一高等學校敎授
村田祐治氏

言の葉を學ばむ人は日々にこそ生けることばの新聞をよむべかりけれ。

In learning a language, first of all, peruse

Diurnal papers or hebdomadal,

For all thou find'st therein are living words.

中央大學講師
長谷川　康氏

（初學者の爲に）

○ In reading :

　　Read, Rehearse, and Reason.

附　　　錄

○ In conversation :

　　Don't be ashamed to say, " Beg pardon."

○ In writing :

　　Write as you speak.

大正七年二月一日印刷
大正七年二月三日發行
大正七年三月二十日再版

不許複製

改正定價金壹圓貳拾錢

並製定價金九十五錢

編者　　澁谷新平

發行者　　濱井松之助
　　　　東京市日本橋區數寄屋町

印刷者　　吉原良三
　　　　東京市有樂町二丁目一番地

印刷所　　報文社
　　　　東京市有樂町二丁目一番地

發兌　　大阪屋號書店
　　　　東京市日本橋區數寄屋町
　　　　電話本局三七三七番
　　　　電話本局四三八九番
　　　　振替口座東京一三七五番

例解詳説 英文典新釋

南日恒太郎先生閲
清水起正先生著（改訂十一版）

本書は官立學校受驗者の良師友たるを期しイングリッシュイディオムの研究に必要なる模範的引例を饒多にし全く一の組織的難句集と實例作文書たるを兼備したり

定價金九十錢
送料金八錢

自修 英語速成

マスターオブアーツ
ビーチャッペル先生閲
（日本學術速成會編）

本書は一讀何人にも英語を自修し得る樣英語のイロハより讀方に就ての秘訣發音正解及綴字法實用單語等最も親切に説明じたる理想的速成獨習書なり

定價金八十五錢
送料金八錢

大阪屋號
東京日本橋本町
振替東京一三七五番
電話本局四二八九番
電話本局三七三七番

商學士 吉成象外先生著

ペン商業書式習字帖

本書は著者が多年實際に應用し來れる新式帳簿の記載方諸表の作成方及書式を清楚なるペン字にて記帳はかやうに諸表は如此くと懇切に説明しつゝ習字せしむる實務界渇望習字兼用手本也。

菊判二度刷
定價金參拾錢
送料金二錢

黑田勳先生著

増補改刻 實用ペン習字帖

本書は楷行草を始め總ての書體を先生の流麗なる運筆と鮮明なる印刷とに依て何人も直に會得熟達せしむる習字手本にして既に諸版より再版に至る五千部を賣盡し今増補三版を發行す。

折本雅裝
定價金參拾五錢
送料金四錢

窪田北溟先生著

商用英字練習帖

本書は著者が米國にて多年研鑽せられたるフォースト流書法の商用英字の練習帳にして斯界稀なる新書法なり殊に本書には著者の添削を得るの特權あり

菊判横綴
定價金拾錢
送料貳錢

大阪屋號
東京日本橋區數寄屋町
電話本局一三七五番
電話本局四二八九番
振替東京一三七五番

解　題

江利川 春雄
（和歌山大学教育学部教授・日本英語教育史学会会長）

解題

　日本語と英語とは言語体系が著しく異なる。そのため、日本人に最適な英語学習法は、日本人の英語学習史から明らかになるのではないか。なかでも、大家とよばれる熟達者たちの学習歴からは、英語を極めるための豊富な手がかりが得られるのではないか。
　そうした観点から、本復刻シリーズの第6巻と第7巻には、大家たちの「英語学習法」に関する歴史的な名著を収めた。

『英語の学び方』の成立事情
　澁谷新平編の『英語の学び方』は背の表記で、扉の表記は『神田乃武・斎藤秀三郎・井上十吉外二十三大家述　英語の学び方　附英学生の座右銘』、表紙の表記はHow To Learn English And Mottoes For Students Of English BY S. SHIBUYAである。本書は1918（大正7）年2月3日に、東京の大阪屋號書店から刊行された。四六判で、内容構成は、緒言2ページ、目次10ページ、本篇372ページ、附録（その二）「英学生の座右銘」32ページから成る合計416ページである。なお、附録（その一）「受験談」および「英学生に対する注意」は、本篇の部にコラム形式で挿入されている。
　本書は、当時の日本英語教育界を代表する26人の大家による英語学習法を集大成しており、さらに2つの附録にも76人からの英語学習に関するアドバイスが掲載されている（ただし数名は本篇と重複）。そのほとんどが英語教師を経験しているため、教育的な観点も盛り込まれている。
　このように、本書は日本で刊行された英語学習法に関する書籍としては、質・量ともに最も充実したものであるといえよう。そのため、刊行の翌月には再版（本書の復刻原本）が出ている。それにもかかわらず、学術書の扱いを受けなかったためか、今日では本書を所蔵している大学等の図書館は6館にすぎない。まさに幻の名著といえよう。
　編者の澁谷新平は雑誌『英語の日本』（後述）の記者で、同誌の記事のために諸大家のもとを訪れて取材し、その談話筆記録を1915（大正4）年7月の同

I

誌第8巻第7号から1917（大正6）年5月の第10巻第9号まで「英語大家歴訪録」として24回にわたって連載した。ただし、同一号に2人の人物の談話を載せた場合もあり、また1人分を2回に分けて掲載した場合もある。

　附録の「英学生の座右銘」「受験談」および「英学生に対する注意」も『英語の日本』1917（大正6）年新年号附録などの記事である。

　このように、本書は『英語の日本』の連載記事を改訂・増補して収めたもので、その際に正則英語学校（現・正則学園高等学校）講師の長谷川康（やすし）が校閲加筆した。書籍化にあたっては、次の5点が改められた。

①雑誌連載時にはなかった井上十吉、村田祐治、斎藤秀三郎が加えられた。井上は著名な英学者であり、村田と斎藤は『英語の日本』と関係の深い正則英語学校の中心的人物だった。
②掲載の順序は雑誌連載時と異なり、村田祐治までが1回目の五十音順で、続く岡田哲蔵（275ページ）からも再び五十音に配列してある。
③雑誌の段階では大家ごとのタイトルはなかったが、書籍版では内容に即して付けられた。逆に、雑誌では付けられていた各大家の写真が削除された。
④大家の肩書きを、書籍刊行時のものに改めた。たとえば、神田乃武は雑誌では「東京高等商業学校教授・英語科中等教員検定委員長」だったが、書籍版では「東京高等師範学校名誉教授・男爵」となっている。
⑤雑誌での各談話の末尾に記されていた「文責在記者」が「文責在編者」に改められた。

　『英語の学び方』の本篇に登場する26人のうち、22人（85％）は旧制高等学校・高等専門学校等の英語教員である。例外は、公使館一等書記官の井上十吉、正則英語学校校主の斎藤秀三郎、大使館一等書記官の篠野乙次郎、英字新聞社の社長で衆議院議員の頭本元貞だけである（ただし、井上と斎藤は旧制高校教員経験者）。「緒言」に書かれているように、「各家の意見が必ずしもあらゆ

る点に於て一致しては居らぬ」のは当然である。

　本書に登場する人物の略歴を紹介したいところだが、のべ102人にも達するため、紙幅の関係で断念せざるを得ない。このうち、本篇に登場する岡倉由三郎（よしさぶろう）については本シリーズ第4巻の解題を、井上十吉、岸本能武太（のぶた）、熊本謙二郎、塩谷栄（しおや）、村井知至、村田祐治（ともよし）については第7巻の解題を、勝俣銓吉郎については第10巻の解題を参照されたい。

雑誌『英語の日本』

　雑誌『英語の日本』（第8巻第7号までは『英語之日本』という表記。英語名は *The Nippon*）は、1908（明治41）年1月の創刊号から1917（大正6）年10月の第11巻第8号まで、東京の建文館から発行された。長らく月刊だったが、第9巻第1号（1916年1月1日発行）から月2回の発行となった。

　『英語の日本』は、斎藤秀三郎が校主を務めた正則英語学校の準機関誌ともいうべきもので、そのため英語学習者、とりわけ旧制中学校上級生（現在の学齢で高校1・2年生）程度を主たる読者層とした。当然、『英語の学び方』に掲載された英語学習法も、これらの読者層を意識して語られたものだと判断できる。

　なお、同校系列の雑誌としては、旧制中学校1・2年生程度を読者に想定した『英語之友』が1909（明治42）年に創刊されたが、1916（大正5）年に『英語の日本』に吸収合併され、廃刊になった。

　『英語の日本』の寄稿者の多くは、当然ながら正則英語学校の関係者だった。編集主幹は同校の佐川春水と秋元俊吉で、編集陣には渋谷新平に加え、同校の長谷川康、村田祐治、山崎貞（さだ）、山田巌（いわお）、それに西条八十などといった錚々たるメンバーが加わっていた（大村1980）。そのため、同誌は「当時全盛を誇っていた正則英語学校の教材・教授法を伝える有力な雑誌であった」（出来1998、3ページ）。なお、1998（平成10）年には『英語の日本』の全巻が本の友社から復刻されている。

編者・澁谷新平について

　澁谷新平の伝記的な足跡は判明しないが、彼は『英語の日本』以外にも、1919(大正8)年11月に英語普及会(神田乃武会長)によって創刊された雑誌『英学生之友』の編集主幹となったほか、英語学習に関する以下のような著作がある。

『英語の学び方』大阪屋號書店、1918年（本書）
『どうすれば英語の試験に合格するか』誠文堂、1919年
『新々日英会話』大阪屋號書店、1919年（A.E.ムーロンと共著）
『暗誦の英文英詩：訳註並発音アクセント附』誠文堂、1922年
『基礎根柢英単語早わかり』誠文堂、1922年
『英語単語早わかり　続』誠文堂、1923年
『英語単語是丈は：連想心理応用単語新記憶法』文明社出版部、1924年
『かな付日英会話』大阪屋號書店、1924年
『英文解釈　誤訳より正訳へ：附録　最近十ケ年間高校試験問題並に解答』
　受験研究社、1925年
『新選日英米会話』大阪屋號書店、1935年（最上梅雄と共著）

大家の英語学習法に関する主要文献

　日本の英語大家（熟達者）たち自身による英語学習法に関する資料を大別すれば、①大家が自ら執筆した文献と、②取材記者に語った談話筆記に分けられる。戦前の主なものを列挙すれば、以下のようになる。

①大家が自ら執筆した文献
・内村鑑三『外国語之研究』東京独立雑誌社、1899年
・佐藤顕理『英語研究法』文聲社、1902年
・髙橋五郎『最新英語教習法』東文館、1903年

- 生田長江（いくたちょうこう）『英語独習法』新潮社、1910年
- 岡倉由三郎『英語教育』博文館、1911年（口述筆記だが文責は岡倉）
- 田中菊雄『英語学習法』研究社、1938年（改訂版1958年、1961年、1965年）
- 田中菊雄『英語研究者の為に』北光書房、1940年（改訂版1948年、1955年、1992年）

②取材記者に語った談話筆記
- 「英学者苦心談」『中学世界』第6巻に連載、1903（明治36）年
- 「英語研究談」『英語世界』に連載、1911（明治44）年前後
- 『英語界』編輯局編『余は如何にして英語を学びしか：附　如何にして英語を学ぶべきか』有楽社、1907（明治40）年　＊国立国会図書館デジタルコレクションで一般公開
- 「英語大家歴訪録」雑誌『英語の日本』に24回連載（1915〔大正4〕〜1917〔大正6〕）　＊のちに澁谷新平編『英語の学び方』（大阪屋號書店、1918〔大正7〕）として出版（本書）
- 第一外國語学校編纂『十六大家講演集　英語研究苦心談』文化生活研究会、1925（大正14）年（本シリーズ第7巻で復刻）

なお、戦後における英語学習に関する主な大家たちの回想記としては、以下のものがある。

- 市河三喜「英語学習時代」『カレント・オブ・ザ・ワールド』1947年5・6・7月号（『小山林堂随筆』1949に再録）
- 豊田實「生きた英語の体験」『文藝春秋』第24巻第4号、1946年
- 伊地知純正『英文修業五十五年』研究社出版、1956年
- 松本亨『英語と私』英友社、1958年
- 田中菊雄『わたしの英語遍歴：一英語教師のたどれる道』研究社、1960年

・岩崎民平『岩崎民平文集：英語ひとすじの生涯』研究社、1985年
・小川芳男『私はこうして英語を学んだ』TBSブリタニカ、1979年
・梶木隆一『縁に恵まれて：私の履歴書』私家版、1997年
・大橋健三郎『わが文学放浪の記』南雲堂、2004年

日本人英語大家の学習法

では、日本人の英語大家（熟達者）たちは、実際にどのような学習法を採用ないし推奨していたのだろうか。この分野では、斎藤（2000、2003）、松村（2005、2008）などの研究がある。そのため、ここでは『英語の学び方』をはじめとする前述の諸資料にもとづき、英語大家111人を抽出し、その学習法をデータベース化することで数値的に示してみた（青田・江利川2013）。

その際の評価基準は以下の通りである。

1点……該当学習項目について肯定的な意見が述べられている場合。
0点……該当学習項目について言及されていないか、中立的な立場がとられている場合。
－1点……該当学習項目について否定的な意見が述べられている場合。

集計の結果は、表1および図1の通りである。

このように、大家たちが採用・推奨する英語学習法で最も多いのは「多読」（52点）で、ほぼ半数の人が推奨しており、次点の「精読・英文和訳」の33点を19点も上回っている。3位の「母語話者の利用」（30点）、4位の「暗誦」（29点）までは大差がない。これに5位の「文法学習」（20点）と6位の「音読」（16点）が続く。

第1位の「多読」に関して、本書『英語の学び方』から代表的な2人の意見を紹介しよう。まず、塩谷栄（東京高等師範学校〔現・筑波大学〕教授）は「語学

順位	学習法	評価点
1	多読	52
2	精読・英文和訳	33
3	母語話者の利用	30
4	暗誦	29
5	文法学習	20
6	音読	16
7	新聞雑誌の利用	8
8	日記や手紙を書く	5
9	復文	5
10	レコードの利用	3

表1　英語大家が推奨する学習法

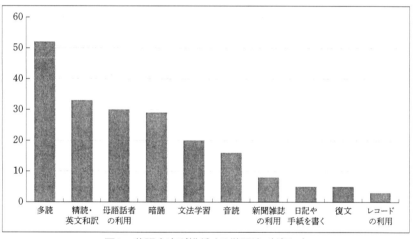

図1　英語大家が推奨する学習法（グラフ）

の習得は実地練習に在り」で次のように述べている（322〜323ページ。なお、旧漢字は新漢字に改めた。以下同様）。多読といっても、精読と組み合わせた学び方を推奨していることがわかる。

単語の一つや二つは判らなくとも、其のsentenceの意味だけ判れば夫れで満足し、どしゝヽ読んで行くのです。読んでゐる中に本の面白味も味はれ、又自分は本を読み得ると云ふ自信力を得る事が大なるものです。（中略）教科書は辞書を引き精読すべし。教科書以外の本（小説、伝記物、歴史、地理其他何んでも自分の趣好に適合した本）を必ず読む事、而して是れは辞書などを引かずに意味さへ判れば夫れに満足して、どしゝヽ読破する事です。

次に、津田梅子（津田英学塾長）も「女子と英語」で次のように述べている（349～350ページ）。

趣味のあるもので、自分の力に相応したものを沢山読む様に心掛ける事が必要です。其間に英語に対する興味が湧いて来て、益々読みたくなります。そうなったらもう占めたもので、益々努力さへすれば、其中に完全に近づく事が出来ます。

多読で大事なことは、「自分の趣好に適合した本」（塩谷）、「趣味のあるもので、自分の力に相応したもの」（津田）という点であろう。興味があればこそ読み進められるし、「面白味も味はれ」「益々読みたく」なるという内的動機付けが起こるのである。

ただし学習法は、学習者のレベル、学習目的、個人の認知特性などによって異なるため、安易な一般化はできない。そのため、上記の数字はあくまで参考値として扱う必要がある。本書の「緒言」も、次のように読者に注意を促している。

読者諸君は諸家の意見を通読して後、自己の目的、性質、周囲に稽へて会心のものを取って、之を大体の方針とし、更に諸家の所説を参酌加味せらるゝならば、茲に最良の研究法を発見さるゝに違ひないと信ず。

特に注意すべきは、学習の方法は目的に従属するということである。何のために学ぶか、どの側面を伸ばしたいかといった目的によって、ふさわしい学習法が決まるのである。その点に関して、本書の中から2人の意見を紹介しよう。
　まず、岡倉由三郎（東京高等師範学校教授）は「実用英語に始まり修養英語に終れ」（298ページ）で次のように述べている。

　最初は鵜呑(うのみ)的に英語を学び、理窟は一切ヌキにして或程度迄基礎智識が出来た暁に、修養的に研究をなし完全な学者とならんことを江湖の英学生諸子に切望するのである。中学校、師範学校の英語はgentlemanたる素質を造るためのEnglishであるから実用方面には多少欠くる処があっても修養方面に於いて之を補ふ処多ければそれで満足せねばならぬ。吾人はgentlemanたることを欲してgnide〔guideの誤植か〕たらむことを期せざるものであるから、須(すべか)く気品の高い英語を学ばねばならぬ。

　このように、当時のエリートたちが集まった中学校や師範学校（小学校教員の養成校）における英語教育の最終目的は「gentlemanたる素質を造るため」であるから、「実用方面には多少欠くる処があっても修養方面に於いて之を補ふ処多ければそれで満足せねばならぬ」と教養主義的な目的論を展開している。
　しかし、学校種ないし将来の職業によって学習目的は異なる。その点に関して、玉虫一郎一（第二高等学校教授）は「高等学校高等師範学校の様な学校は解釈本位で進め、高商〔高等商業学校〕の様な学校は実用本位で進めて行くべきものであらうと思ふ」（332ページ）と指摘している。前者は学術書を読み解くなどのアカデミックな目的が重視され、後者は外国貿易や商談の実務といった実用目的が重視されるのである。
　今日の日本では、学校教育でも「グローバル人材育成」といった実用的な運用力のみが強調される。しかし、仕事で英語を使う人は数パーセントに過

ぎないから、実用目的のみを過度に強調し、それに沿った学習法だけを一面的に強いることは危険ではないだろうか。

　以上、紙幅の関係でごく一部の紹介にとどめたが、本書全体を通読することで、日本人にふさわしい学習法はもとより、英語教授・学習の目的、理念、指導法などを考えるヒントを豊富に見出すことができるだろう。
　『英語の学び方』から主体的・批判的に学ばれることを願ってやまない。

参考文献

青田庄真・江利川春雄（2013）「戦前期における英語熟達者の学習方略に関する研究」日本英語教育史学会第242回研究例会（3月17日、於キャンパスプラザ京都）口頭発表レジュメ

江利川春雄（2011）『受験英語と日本人：入試問題と参考書からみる英語学習史』研究社

江利川春雄（2012）「日本人の英語学習史から学ぶ」日本英文学会第84回全国大会（5月27日、於専修大学）におけるシンポジウム「英語の学び方再考：オーラル・ヒストリーに学ぶ」口頭発表レジュメ

大村喜吉（1980）「『英語之日本』」大村ほか編『英語教育史資料5』東京法令出版、42～43ページ

斎藤兆史（2000）『英語達人列伝』中央公論社（中公新書）

斎藤兆史（2003）『日本人に一番合った英語学習法』祥伝社（祥伝社黄金文庫版2006）

出来成訓（1998）『復刻版　英語の日本　別冊（解題・総目次・索引）』本の友社

松村幹男（2005）『明治期英語教授学習編年史』私家版（『広島大学教育学部紀要』掲載の9論文を集約したもの）

松村幹男（2008）「英語学習史の視座」『英學史論叢』第11号、日本英学史学会中国・四国支部

英語教育史重要文献集成　第6巻
英語学習法1

2018年11月26日　初版発行

監修・解題　江利川 春雄

発　行　者　荒井秀夫

発　行　所　株式会社 ゆまに書房
　　　　　　東京都千代田区内神田 2-7-6
　　　　　　郵便番号　101-0047
　　　　　　電　話　03-5296-0491（代表）

印　　　刷　株式会社 平河工業社
製　　　本　東和製本 株式会社

定価：本体17,000円＋税
ISBN978-4-8433-5459-9 C3382

落丁・乱丁本はお取替えします。